LINKA NEUMANN

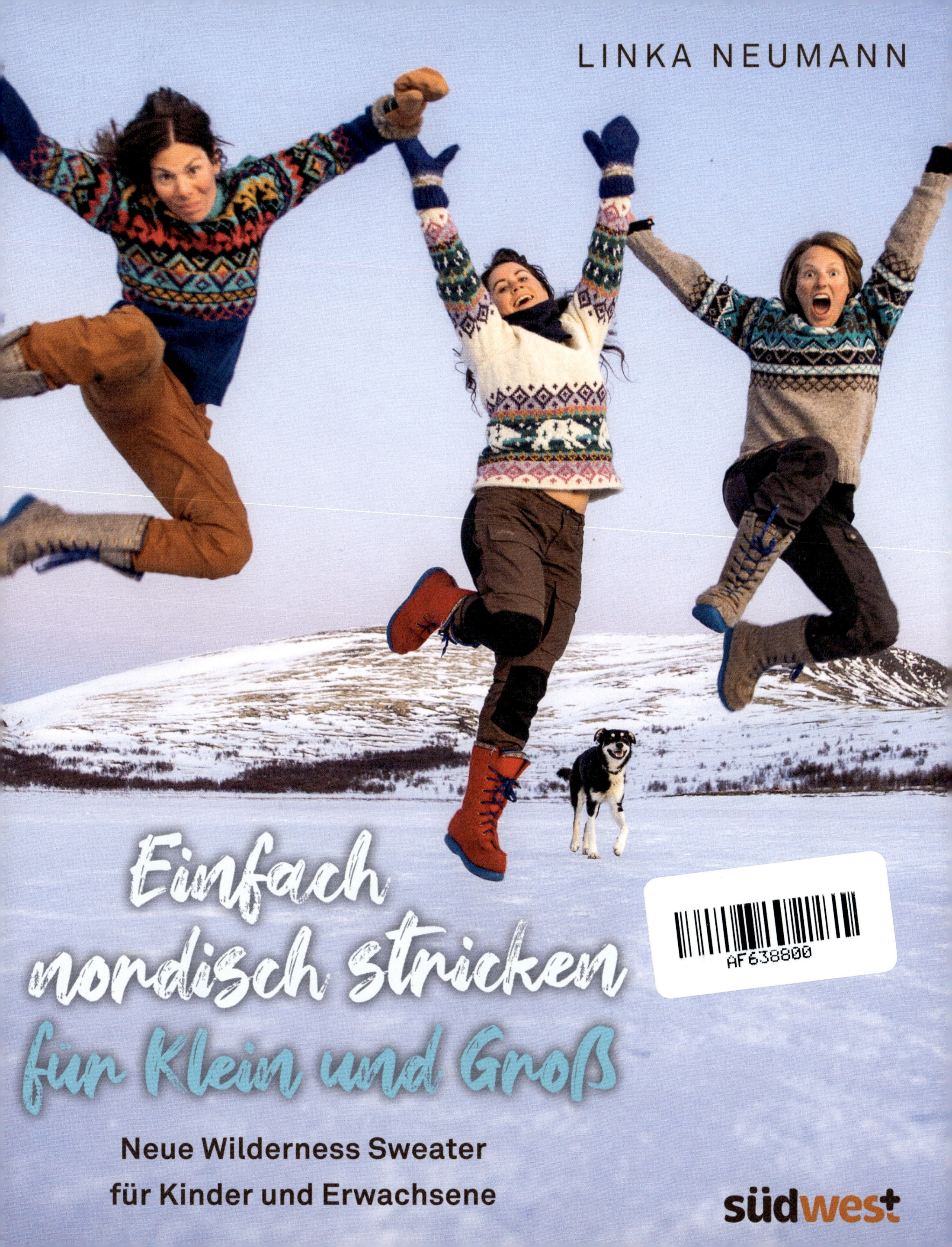

Einfach nordisch stricken für Klein und Groß

Neue Wilderness Sweater für Kinder und Erwachsene

südwest

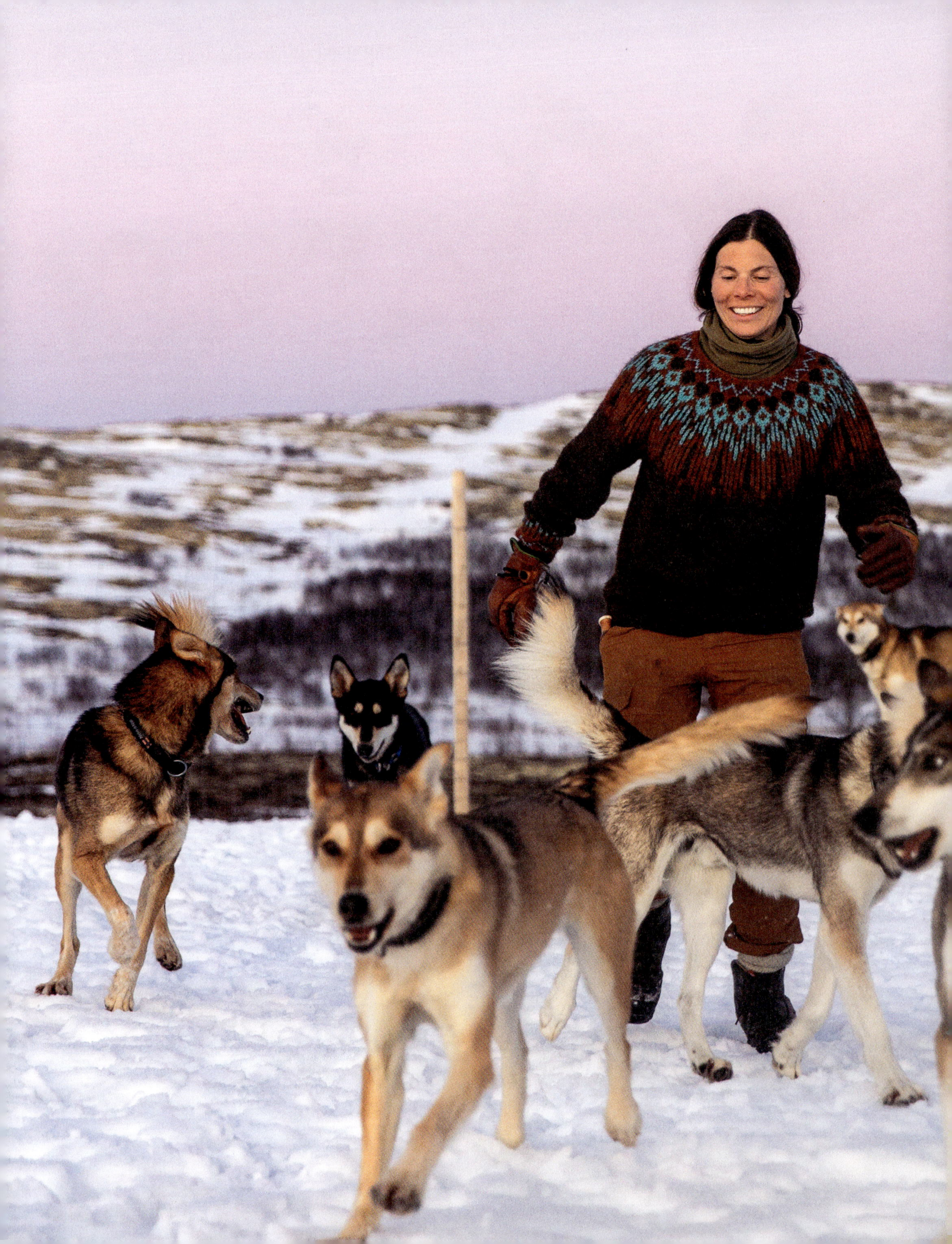

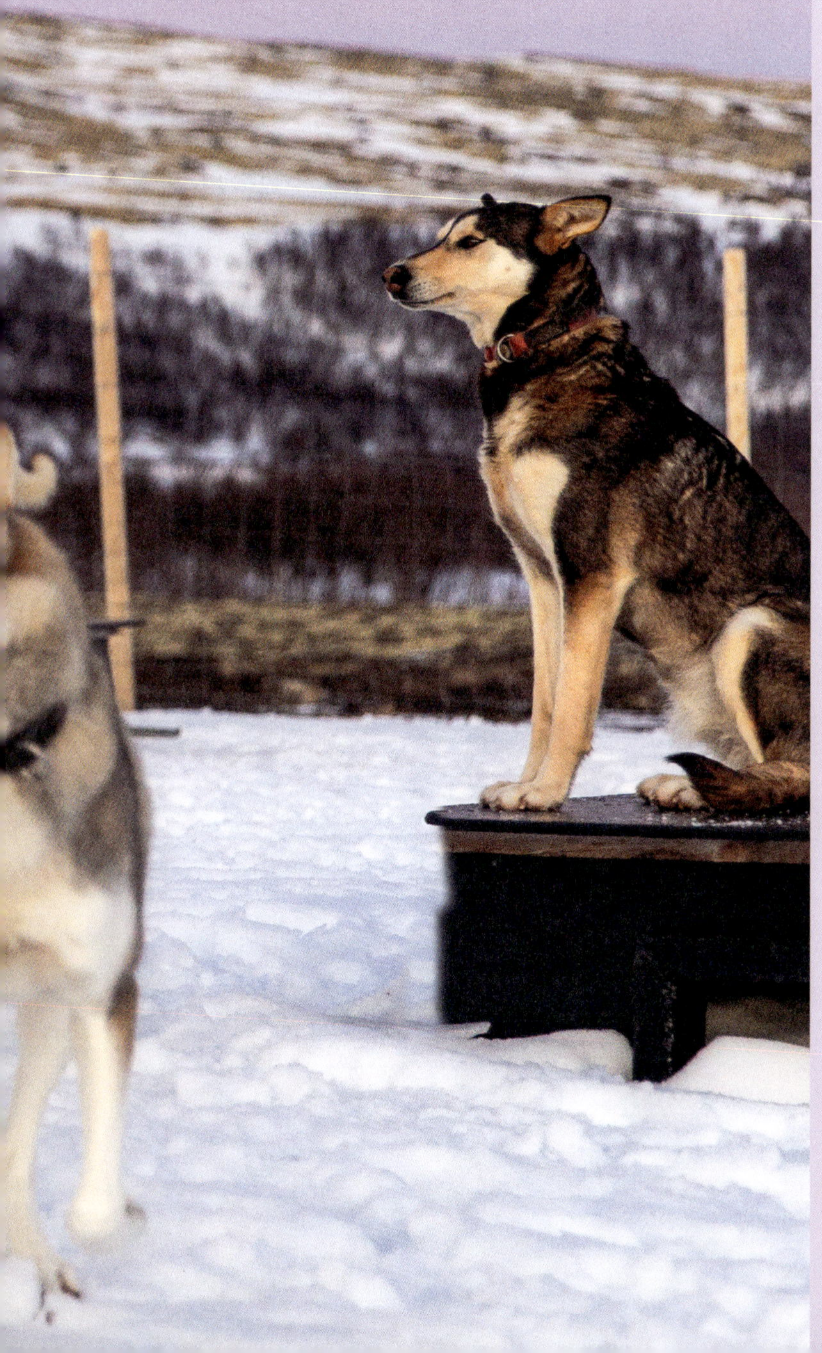

ISBN 978-3-517-10172-9

2. Auflage

Das Buch ist eine Übersetzung aus dem Norwegischen.
Originaltitel: Villmarksgensere 2. Varme gensere til små og store eventyrere.

Bildnachweis:
Fotos: Marte Stensland Jørgensen
Weitere Fotos:
Augustus Maltubakk: Seite 30, 59, 88, 89, 96, 101, 104, 108, 111, 128 und 131
Linka Neumann: Seite 8, 10, 22, 41, 102, 103, 105 und 117
Fredrik Granath: Seite 12–13 und 18
Charlotte Hansen: Seite 99, 106, 113, 114 und 118
Marcos Porcires: Seite 24–25
Waqas Ali: Seite 34
Even Enochsen: Seite 76

Models:
Lilly und Ella Erichsen
Elise und Oscar Neumann Ljubuncic
Melissa Schäfer
Theo Kalland
Trude Hohle
Line Sverdrup
Caroline Rosenberg
Waqas Ali
Erlend Johannessen, Odin und Sigrid Ekran
Marte Stensland Jørgensen
Markus Kristiansen Moltubakk
Ingebrigt und Margrethe Killi Jevne

Strickmusterdesign: Linka Neumann
Layout und Umschlag der norwegischen Originalausgabe: Kitty Ensby

Projektleitung: Vanessa Silbermann
Übersetzung: Regina Sidabras, Berlin
Redaktion: trans texas publishing services GmbH, Köln
Herstellung: Elke Cramer
Satz: Satzwerk Huber, Germering
Umschlaggestaltung für die deutschsprachige Ausgabe: Veruschkamia, München, www.veruschkamia.de
Druck und Bindung: Alföldi Nyomda Zrt., Debrecen
Printed in Hungary

MIX
Papier aus verantwortungsvollen Quellen
FSC® C010328

Penguin Random House Verlagsgruppe FSC® N001967

www.suedwest-verlag.de

Für Waqas, der mich in allem unterstützt
und stets das Beste für mich will.

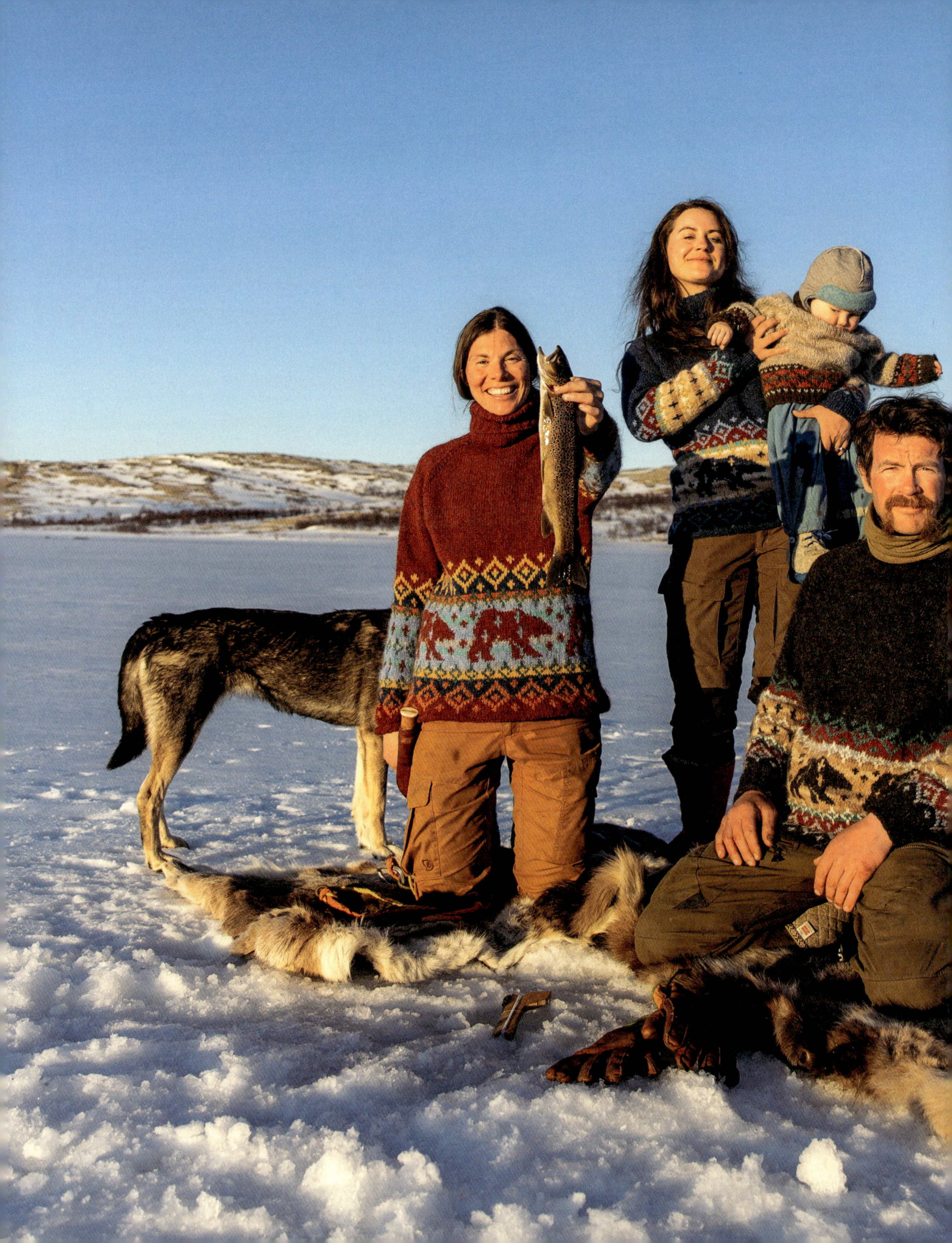

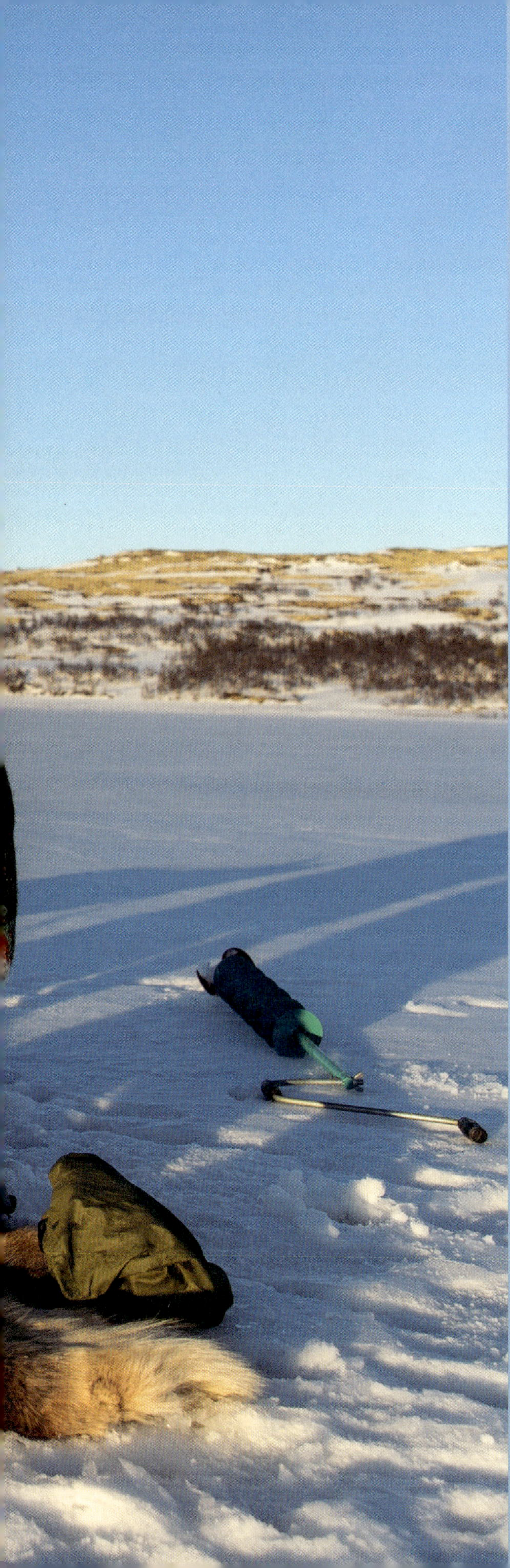

Inhalt

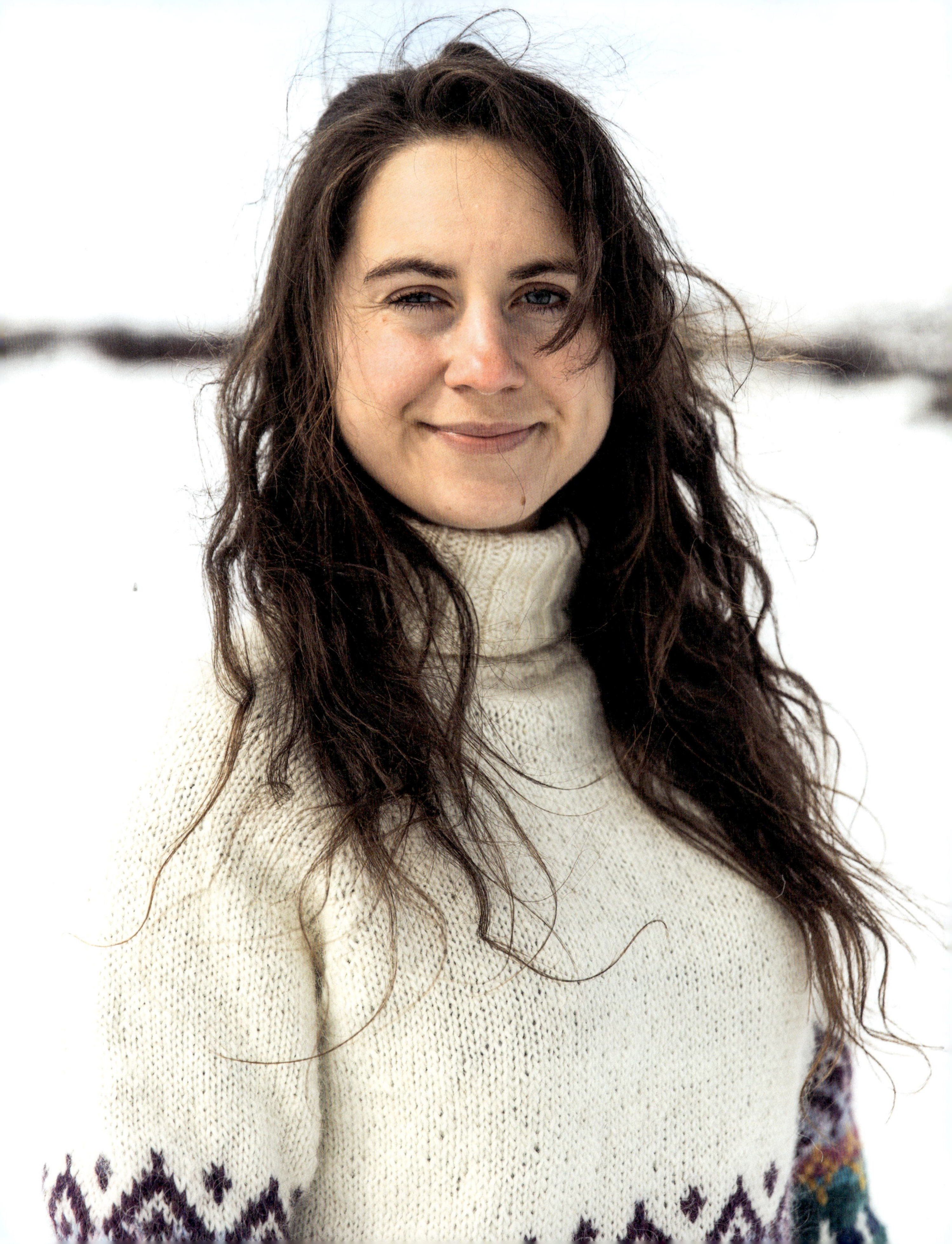

Vorwort

Ich bin immer noch begeistert von der großen Resonanz auf mein erstes Buch »Einfach nordisch stricken«. Es war überwältigend, all die Pullover auf Instagram zu sehen und zu verfolgen, wie meine Strickmuster in den fantastischsten Farbkombinationen gestrickt wurden. Danke, dass ihr das teilt.

Ein Buch zu schreiben, hat etwas von einem Marathonlauf, und ich war wirklich erschöpft, als das erste Buch in Druck ging. Aber schon bald begannen sich in meinem Kopf neue Ideen zu entwickeln. Und als meine Redakteurin Sirikit fragte, ob ich Lust auf ein zweites Buch hätte, da konnte ich nicht Nein sagen. Ich kündigte meinen Job in der Gemeinde, um mich voll und ganz aufs Stricken zu konzentrieren. Ich hatte dabei zuerst äußerst gemischte Gefühle, aber bis heute habe ich die Entscheidung nicht bereut. Ich verbrachte dafür viel Zeit in unserer einfachen Hütte in den Bergen, ohne Strom und Wasser. Hier fand ich Ruhe und konnte mich ganz dem kreativen Prozess widmen.

Bis ich ein Strickmuster erarbeitet habe, liegt ein langer Weg hinter mir. Am liebsten zeichne ich das Muster erst einmal auf Papier. Mir wurden dafür spezielle Computerprogramme empfohlen, aber ich arbeite gern auf die altmodische Weise mit Stift und Papier. Wenn das Zählmuster steht, beginne ich, meinen sogenannten Prototypen zu stricken. Oft ribbel ich dabei wieder Teile auf und tausche Farben aus. Zum Schluss sticke ich mit Maschenstich über die Stellen, wo ich nur Details verändern möchte. Ab und zu schneide ich auch auf und nähe, bis mir das Strickstück perfekt erscheint. Die gestrickten Prototypen sind etwas Besonderes – und in der Regel schenke ich sie jemandem, den ich sehr mag.

Auch kleine Abenteurer brauchen warme Pullover, darum habe ich für dieses Buch Kinderpullis mit einigen meiner beliebtesten Designs entworfen.

Lange habe ich ein norwegisches, umweltfreundliches Garn vermisst, das sich mit Nadelstärke Nr. 4,5 verstricken lässt. Als ich das gegenüber dem norwegischen Garnhersteller Hillesvåg Ullvarefabrikk erwähnte, bekam ich kurze Zeit später Proben vom Vidde Lammwollgarn und Varde Pelzschaf-Wollgarn. Es sind zwei superweiche und schöne Garne, genau wie ich sie mir gewünscht hatte.

Zuletzt danke ich allen, die zu diesem Buch beigetragen haben, denn ohne Unterstützung kommt man nicht weit!

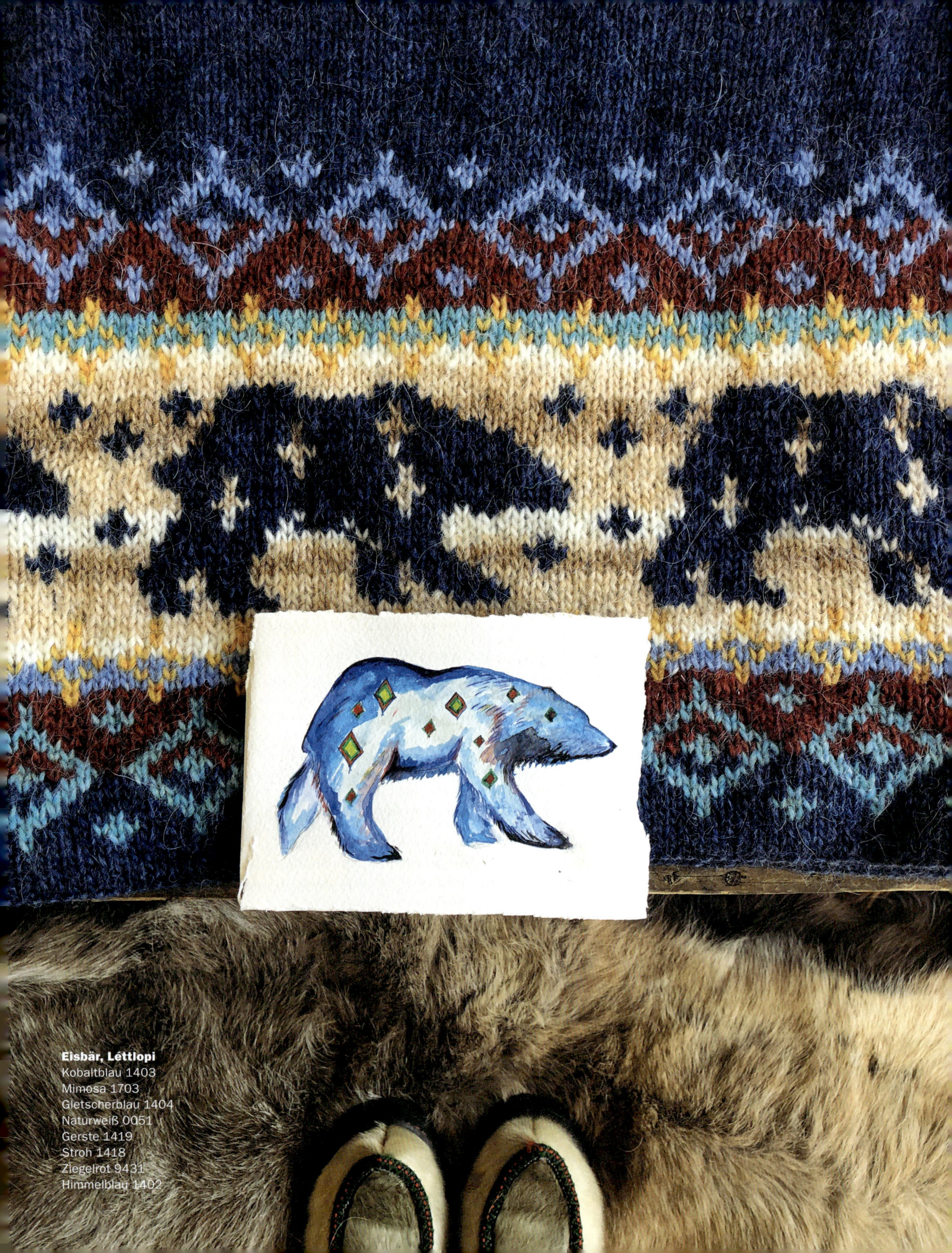

Eisbär, Léttlopi
Kobaltblau 1403
Mimosa 1703
Gletscherblau 1404
Naturweiß 0051
Gerste 1419
Stroh 1418
Ziegelrot 9431
Himmelblau 1402

Die Garne

Da meine Strickkleidung wind- und wettertauglich sein soll, verwende ich ausnahmslos Garne aus unbehandelter norwegischer und isländischer Schafwolle. Nordische Wolle ist robust und strapazierfähig. Die isländischen Garne Álafosslopi und Léttlopi enthalten sowohl Deckhaar als auch Unterwolle und sind deshalb wasserabweisend und unglaublich warm. Die übrigen von mir verwendeten Garne stammen von norwegischen Schafen. Die meisten dieser Garne enthalten nur Unterwolle und bestehen aus langen, stabilen Fasern, die viel aushalten.

Norwegische Garne, die für die Modelle in diesem Buch verwendet wurden:

3-tråds Strikkegarn von Rauma (Lauflänge 108 m/50 g)

Finull Pt2 von Rauma (Lauflänge ca. 175 m/50 g)

Das Pelzschaf-Wollgarn der Hillesvåg Ullvarefabrikk in drei Garnstärken:
Blåne (Lauflänge 114 m/100 g), Tinde (Lauflänge 260 m/100 g) und Varde (Lauflänge 200 m/100 g)

Troll von der Hillesvåg Ullvarefabrikk (Lauflänge 114 m/100 g)

Vidde Lammwollgarn von der Hillesvåg Ullvarefabrikk (Lauflänge 200 m/100 g)

Sol Lammwollgarn von der Hillesvåg Ullvarefabrikk (Lauflänge 290 m/100 g)

Isländische Garne, die für die Modelle in diesem Buch verwendet wurden:

Álafosslopi (Lauflänge ca. 100 m/100 g)

Léttlopi (Lauflänge ca. 100 m/50 g). Wenn du es mit doppeltem Faden verstrickst, entspricht es Álafosslopi; das ist gut zu wissen, wenn du eine Farbe von Léttlopi verwenden möchtest, die es von Álafosslopi nicht gibt.

Hinweis

Natürlich kann auch je nach Vorlieben und Verfügbarkeit jedes andere Garn verstrickt werden. Orientiere dich am besten an Lauflänge und Material der Wolle sowie an der Maschenprobe. Komplette Wollpakete für meine Modelle mit internationalem Versand, und auch viele weitere Infos zu verschiedenen Garnen, biete ich in meinem Online-Shop www.linkaneumann.com (in englischer und norwegischer Sprache) an.

Du hast empfindliche Haut?

Ich weiß, dass einige meinen, Wolle würde kratzen. Wolle wird nach dem Waschen und nach dem Tragen immer weicher – also verdamme Wolle nicht, bevor du das Kleidungsstück ausgespült hast.

Vor dem Tragen deines Strickstücks:

Lege deinen Pullover oder deine Jacke so lange in kaltes Wasser (max. 30 °C), bis keine Luft mehr darin ist. Zieh das Strickstück in Form und lass es dann flach liegend trocknen. Du solltest das Kleidungsstück keinesfalls zum Trocknen aufhängen, da es dabei ausleiert. Beim Waschen in der Waschmaschine unbedingt das Wollprogramm verwenden.

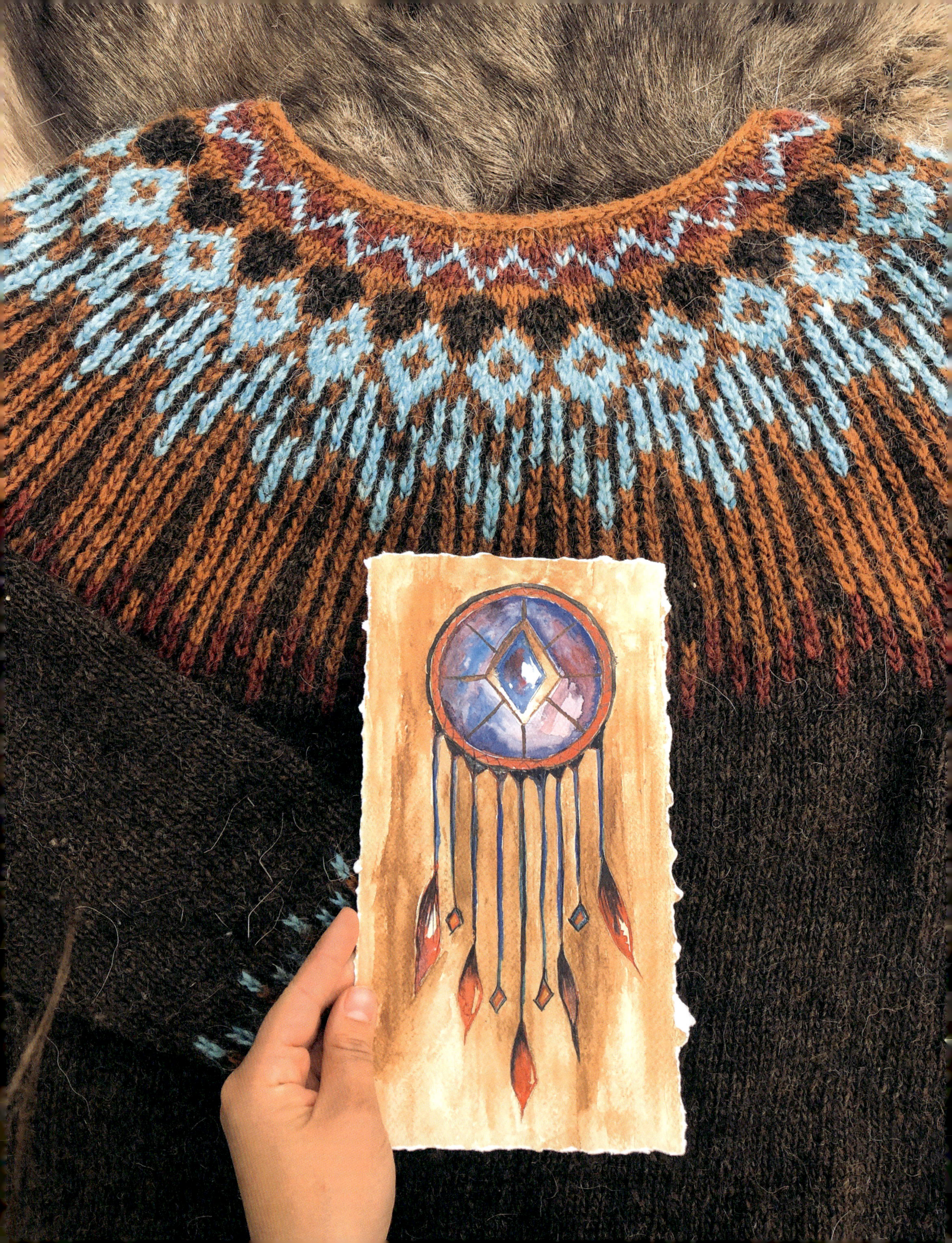

Bevor du beginnst

- Such das Hashtag zu den einzelnen Kleidungsstücken auf Instagram – dort findest du viele gute Ideen und Anregungen zur Farb- und Garnauswahl.
- Im Internet gibt es außerdem viele gut verständliche Anleitungsvideos zu unterschiedlichen Techniken und Vorgehensweisen.

MASS NEHMEN

Achte beim Maßnehmen darauf, dass du das **Maßband** nicht stramm ziehst.
Der **Brustumfang** wird über der breitesten Stelle der Brust gemessen.
Die **Ärmellänge** wird von der Achsel bis zu der Stelle gemessen, wo der Ärmel enden soll, das ist meist die Daumenwurzel.
Die **Gesamtlänge** wird von der Schulter bis zum Saumende des Pullovers gemessen.

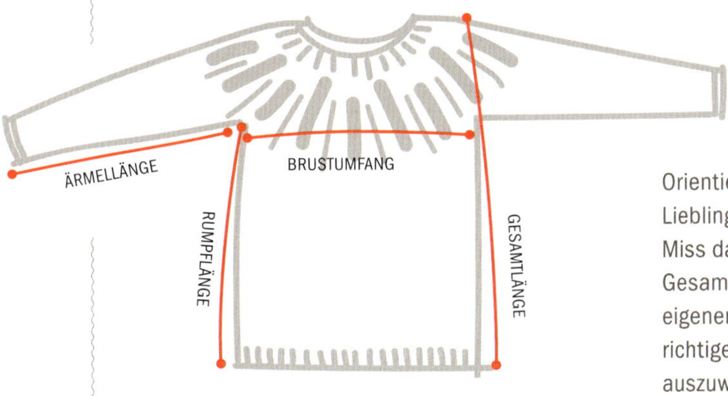

Orientiere dich an den Maßen deines Lieblingspullovers, der dir perfekt passt. Miss daran Brustumfang, Ärmellänge und Gesamtlänge. Diese Maße und deine eigenen Körpermaße helfen dir dabei, die richtige Größe für deinen Strickpullover auszuwählen.

Maschenprobe
Fertige immer eine Maschenprobe an. Zähle die Anzahl der Maschen auf 10 cm. Hast du mehr Maschen als angegeben, wähle dickere Nadeln. Hast du weniger Maschen als angegeben, wechsle zu dünneren Nadeln.

Gut ausgestattet
Hochwertige Stricknadeln, Nadelmaß, Maßband, Maschenmarkierer, Stopfnadel und Schere sind nützliche Werkzeuge, die stets beim Stricken bereitliegen sollten.

Abkürzungen
abk: abketten
Abn: Abnahme(n)
abn: abnehmen
herausstr: herausstricken
M: Masche(n)
Rd: Runde(n)
str: stricken
weiterstr: weiterstricken
Zun: Zunahme(n)
zun: zunehmen
zusstr: zusammenstricken

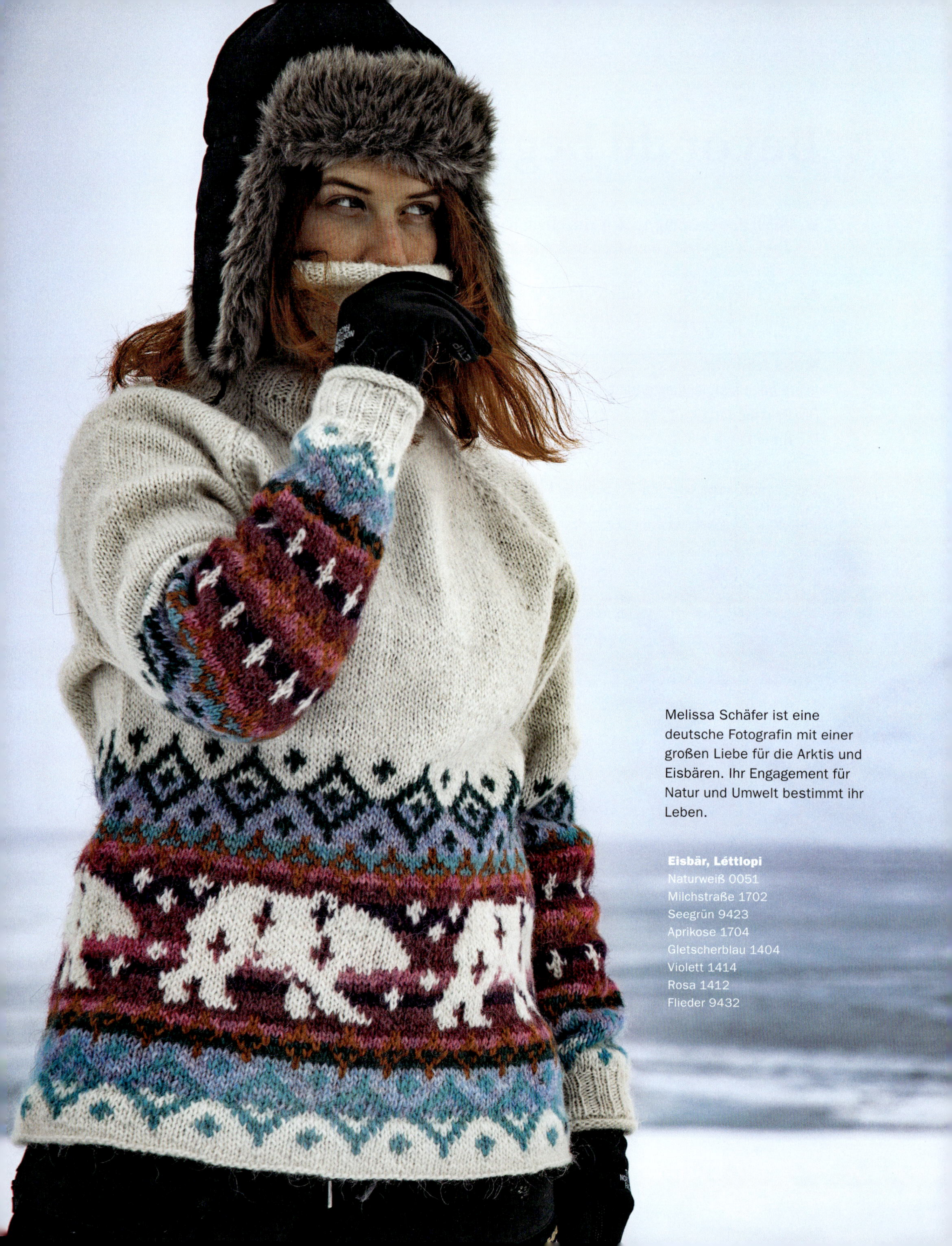

Melissa Schäfer ist eine deutsche Fotografin mit einer großen Liebe für die Arktis und Eisbären. Ihr Engagement für Natur und Umwelt bestimmt ihr Leben.

Eisbär, Léttlopi
Naturweiß 0051
Milchstraße 1702
Seegrün 9423
Aprikose 1704
Gletscherblau 1404
Violett 1414
Rosa 1412
Flieder 9432

Eisbär

Eisbären stehen für den wilden Norden, der schon immer eine besondere Anziehung auf mich ausgeübt hat. Das Eisbärdesign entstand während eines Spätdienstes in meinem alten Job. Einige meiner Kollegen schenkten mir ein Zeichenbuch, weil sie es nicht mehr mit ansehen konnten, dass ich auf allem, was greifbar war, herumkritzelte und -kleckste. Ich liebe eben Farben. Und hier habe ich wirklich zugegriffen und gleich acht Farben verwendet. Der Eisbärpullover (#kvitebjørngenser) ist ein perfektes Projekt, um Wollreste zu verarbeiten, und bietet unglaublich viele Möglichkeiten, Farben zu kombinieren.

Für den Fall, dass du das Stricken mit so vielen Farben anstrengend oder verwirrend findest, habe ich eine Variante mit nur vier Farben hinzugefügt (Seite 22–23).

Eisbär, Léttlopi
Ziegelrot 9431
Mimosa 1703
Kobaltblau 1403
Aprikose 1704
Seegrün 9423
Gletscherblau 1404
Eisblau 1700
Himmelblau 1402

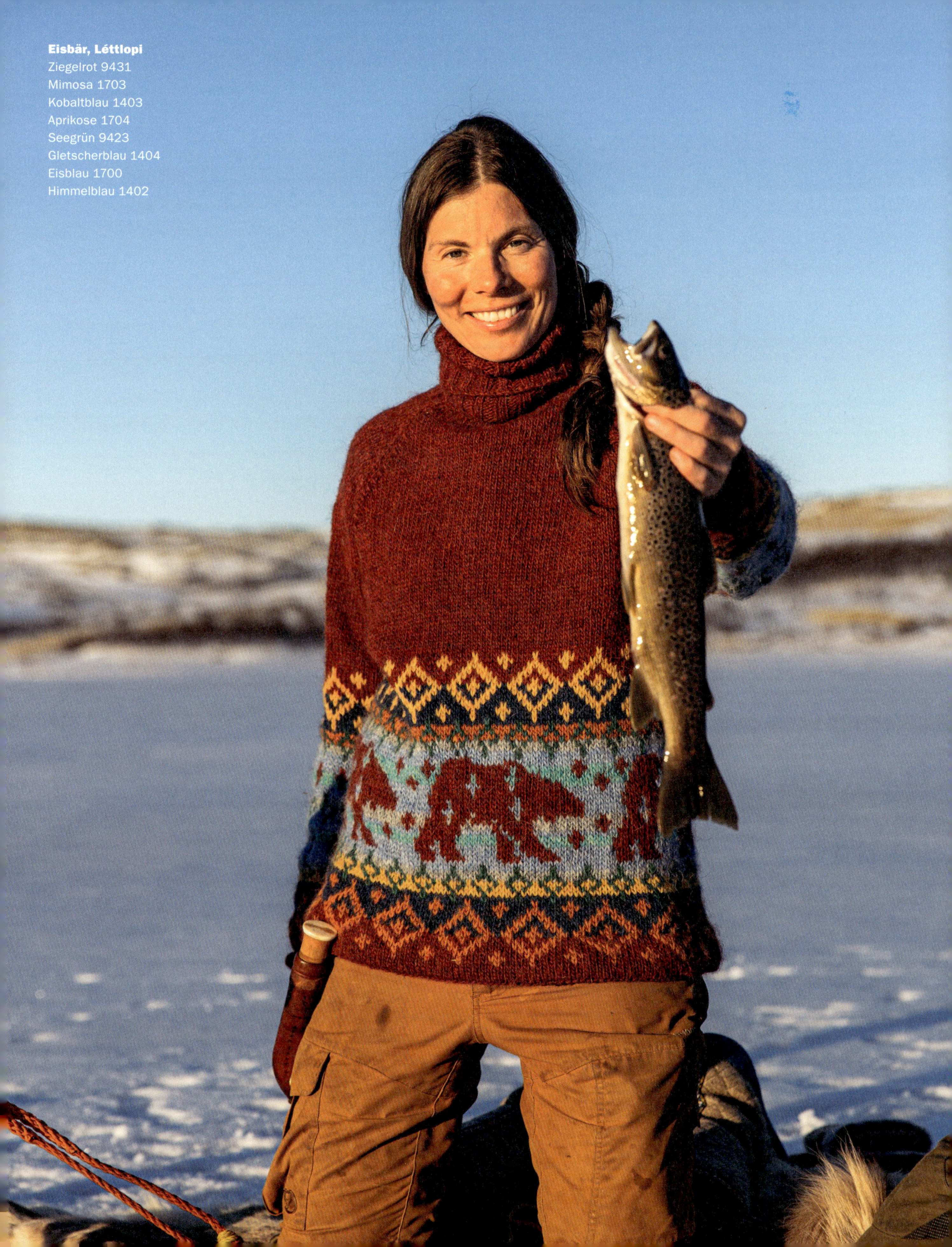

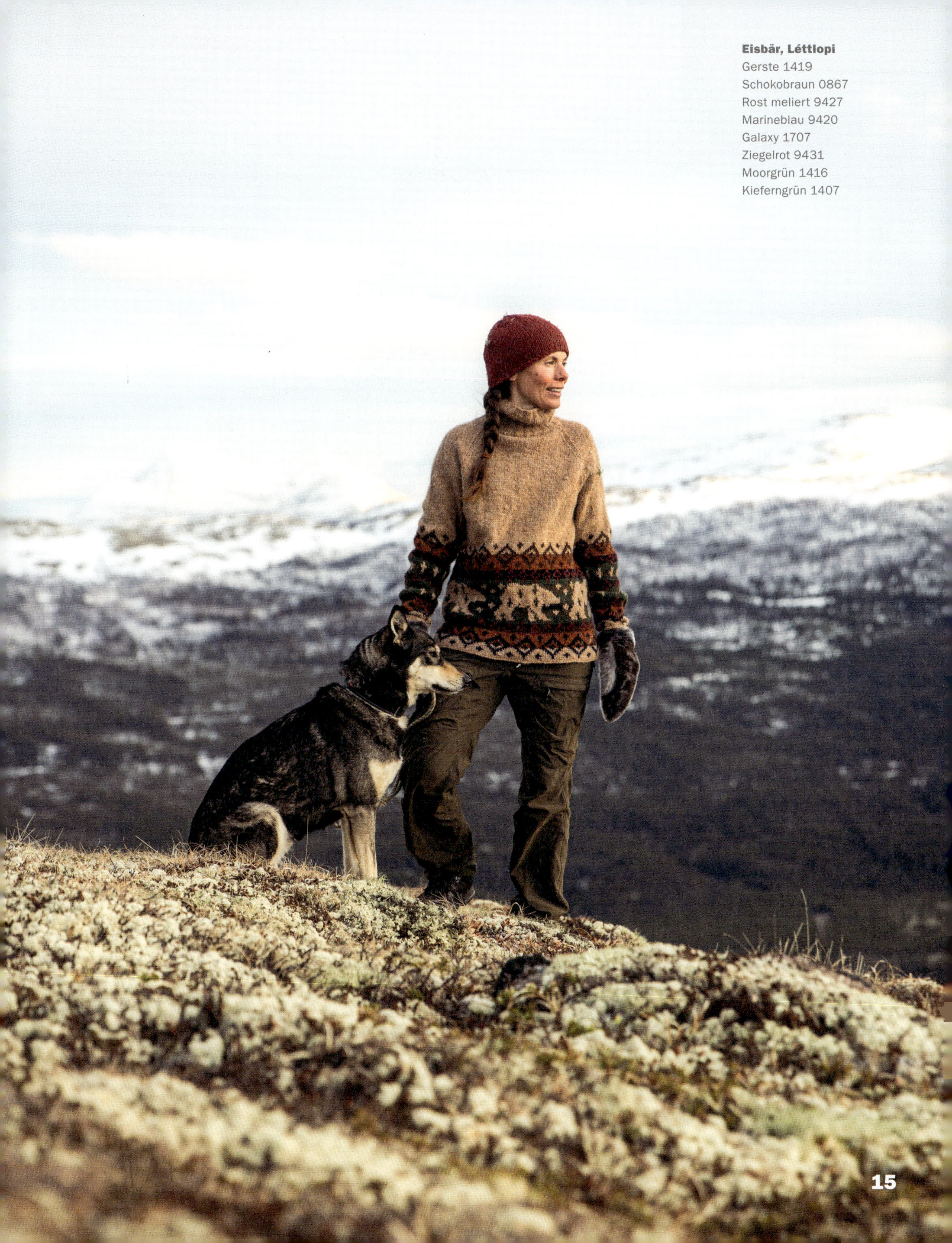

Eisbär, Léttlopi
Gerste 1419
Schokobraun 0867
Rost meliert 9427
Marineblau 9420
Galaxy 1707
Ziegelrot 9431
Moorgrün 1416
Kieferngrün 1407

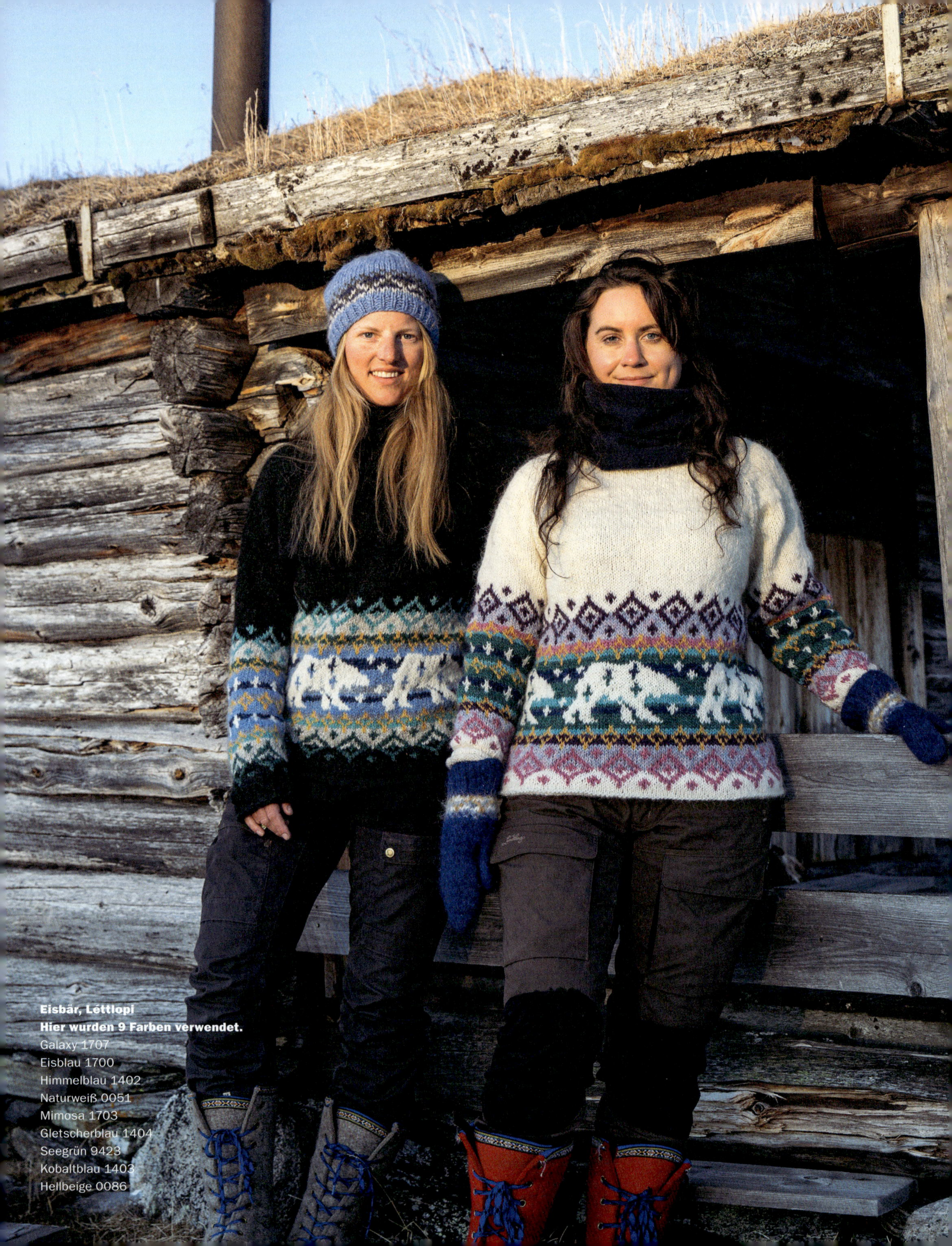

Eisbär, Léttlopi
Hier wurden 9 Farben verwendet.
Galaxy 1707
Eisblau 1700
Himmelblau 1402
Naturweiß 0051
Mimosa 1703
Gletscherblau 1404
Seegrün 9423
Kobaltblau 1403
Hellbeige 0086

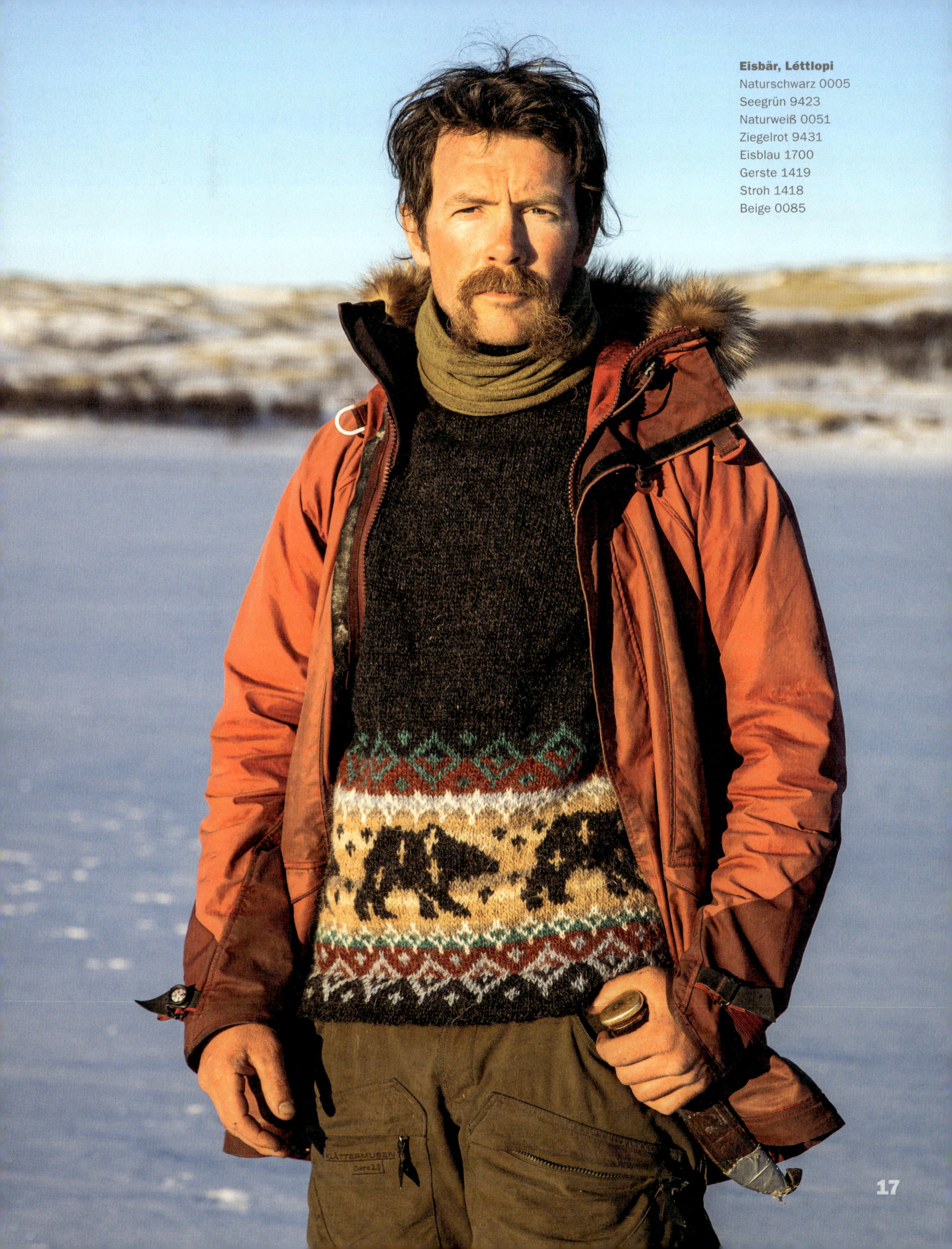

Eisbär, Léttlopi
Naturschwarz 0005
Seegrün 9423
Naturweiß 0051
Ziegelrot 9431
Eisblau 1700
Gerste 1419
Stroh 1418
Beige 0085

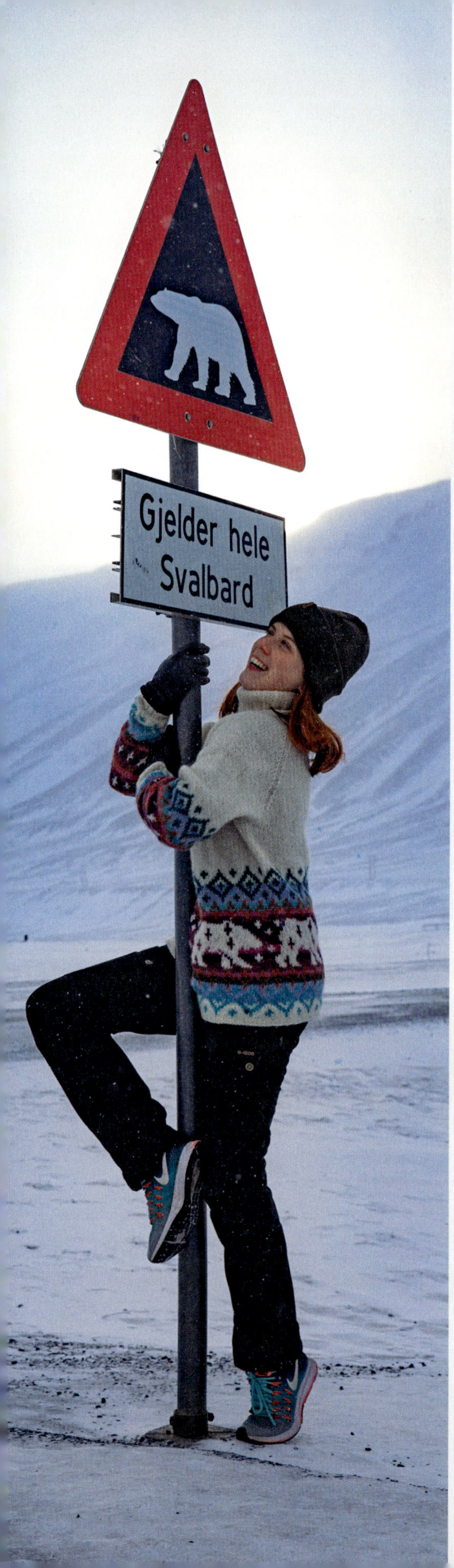

Eisbärpullover

Der Eisbärpullover kann in acht oder vier Farben gestrickt werden, siehe Zählmuster Seite 20 und 23.

Größen
S (M) L (XL) XXL
Die Größe ergibt sich aus der Maschenprobe und der Nadelstärke.

Maschenprobe
19 (18) 19 (18) 19 M mit Nadel Nr. 4 (4,5) 4 (4,5) 4 = 10 cm

Eisbär mit 8 Farben
Garn: Léttlopi oder Vidde und/oder Varde von Hillesvåg Ullvarefabrikk
Garnmenge
Grundfarbe: 350 (400) 450 (500) 550 g
Musterfarbe 1: 50 g für alle Größen
Musterfarbe 2: 50 (50) 50 (100) 100 g
Musterfarbe 3: 50 g für alle Größen
Musterfarbe 4: 50 g für alle Größen
Musterfarbe 5: 50 g für alle Größen
Musterfarbe 6: 50 g für alle Größen
Musterfarbe 7: 50 g für alle Größen

Eisbär mit 4 Farben
Garn: Léttlopi oder Vidde und/oder Varde von Hillesvåg Ullvarefabrikk
Garnmenge
Grundfarbe: 350 (400) 450 (500) 550 g
Musterfarbe 1: 100 (100) 150 (150) 150 g
Musterfarbe 2: 100 (100) 100 (100) 150 g
Musterfarbe 3: 100 g für alle Größen

Stricknadeln
Nadelspiel Nr. 3,5 und 4 (4,5) 4 (4,5) 4
Rundstricknadel Nr. 3,5 und 4 (4,5) 4 (4,5) 4, 40 cm lang
Rundstricknadel Nr. 3,5 und 4 (4,5) 4 (4,5) 4, 80 cm lang

Pullovermaße
Ärmellänge Damen: 48 cm / Ärmellänge Herren: 57 cm
Brustumfang: 94 (100) 113 (120) 132 cm
Rumpflänge Damen: 44 cm / Rumpflänge Herren: 48 cm

Anleitung für den Kinderpullover auf Seite 108.

RUMPF

180 (180) 216 (216) 252 M in der Grundfarbe mit Rundstricknadel Nr. 3,5 anschlagen, zur Runde schließen und 5 cm glatt rechts str. Mit Nadel Nr. 4 (4,5) 4 (4,5) 4 für die Umbruchkante 1 Rd linke M str. Nach Zählmuster A (8 oder 4 Farben) arbeiten (evtl. mit dickeren Nadeln). Dann in der Grundfarbe weiterstr, bis der Rumpf 44 cm für Damen bzw. 48 cm für Herren misst. Am Rd-Beginn und nach 90 (90) 108 (108) 126 M einen M-Markierer setzen = Vorder- und Rückenteil. Für die Armausschnitte 12 (12) 12 (12) 15 M auf jeder Seite stilllegen (die markierte M und gleich viele M beidseitig davon). Die Arbeit beiseitelegen.

ÄRMEL

40 (40) 44 (44) 44 M in der Grundfarbe mit Nadelspiel Nr. 3,5 anschlagen und 6 Rd glatt rechts str. Dann 5 (5) 6 (6) 7 cm im 2/2-Rippenmuster (= 2 M rechts, 2 M links im Wechsel) str. Zur Rundstricknadel Nr. 4 (4,5) 4 (4,5) 4 wechseln (ab jetzt wird glatt rechts gearbeitet) und in der 1. Rd gleichmäßig verteilt 8 (8) 12 (12) 14 M zun = 48 (48) 56 (56) 58 M. Nach Zählmuster B str (mit 8 oder 4 Farben), evtl. dickere Nadeln wählen. Die mittlere M unter dem Ärmel mit einem M-Markierer kennzeichnen (= Rd-Beginn). Diese markierte M stets links str. Alle 2 cm vor und nach dieser markierten Mittel-M 1 M zun, bis insgesamt 72 (72) 78 (78) 86 M vorhanden sind. Die zugenommenen M ins Muster integrieren. (Hinweis: Der Rapport geht unter dem Ärmel nicht auf.) Danach in der Grundfarbe weiterstr, bis der Ärmel 48 cm für Damen bzw. 57 cm für Herren misst. 12 (12) 12 (12) 14 M unter dem Ärmel stilllegen (die markierte M und gleich viele M beidseitig davon). Den zweiten Ärmel ebenso str.

PASSE MIT RAGLANABNAHMEN

Die Ärmel-M auf die Rundstricknadel mit den Rumpf-M str: Ärmel, Vorderteil, Ärmel, Rückenteil = 276 (276) 324 (324) 366 M. Dabei die M an den Übergängen vom Ärmel zum Rumpf und vom Rumpf zum Ärmel jeweils mit einem M-Markierer kennzeichnen = 4 markierte M. Der erste Übergang vom Ärmel zum Rumpf bildet den Rd-Beginn. 9 Rd glatt rechts str, dann mit den Raglan-Abn beginnen. Beidseitig der markierten M betont abn = 8 M in jeder Abn-Rd. Rechts von der markierten M linksgeneigt abn (2 M rechts verschränkt zusstr). Links von der markierten M rechtsgeneigt abn (2 M rechts zusstr). Diese Abn in jeder 2. Rd wiederholen, bis noch 84 (84) 92 (92) 102 M vorhanden sind.

HALSAUSSCHNITT

Mit Nadel Nr. 3,5 die M-Zahl auf 84 (84) 88 (88) 92 M anpassen.
Rollkragen: 20 cm im 2/2-Rippenmuster str, dann locker abk.
Rundhalsausschnitt: 3 cm im 2/2-Rippenmuster str.
Für den Rollrand 6 Rd glatt rechts str, dann locker abk.

FERTIGSTELLEN

Die 5 cm am unteren Rand an der Umbruchkante nach innen umschlagen und festnähen. Alle Fäden vernähen und die offenen Kanten unter den Ärmeln zusammen abk oder im M-Stich schließen. Den Pullover ausspülen und liegend trocknen lassen.

Eisbär mit 8 Farben

Bei diesem Pullover befindet sich das Muster am Rumpf. Die meisten stricken mehrfarbige Muster fester als einfädig glatt rechts. Bitte darauf achten, dass der Rumpf unten nicht zu eng wird, evtl. eine oder eine halbe Nadelstärke größer wählen.

Die langen Spannfäden auf der Rückseite in regelmäßigen Abständen verkreuzen.

Zählmuster A

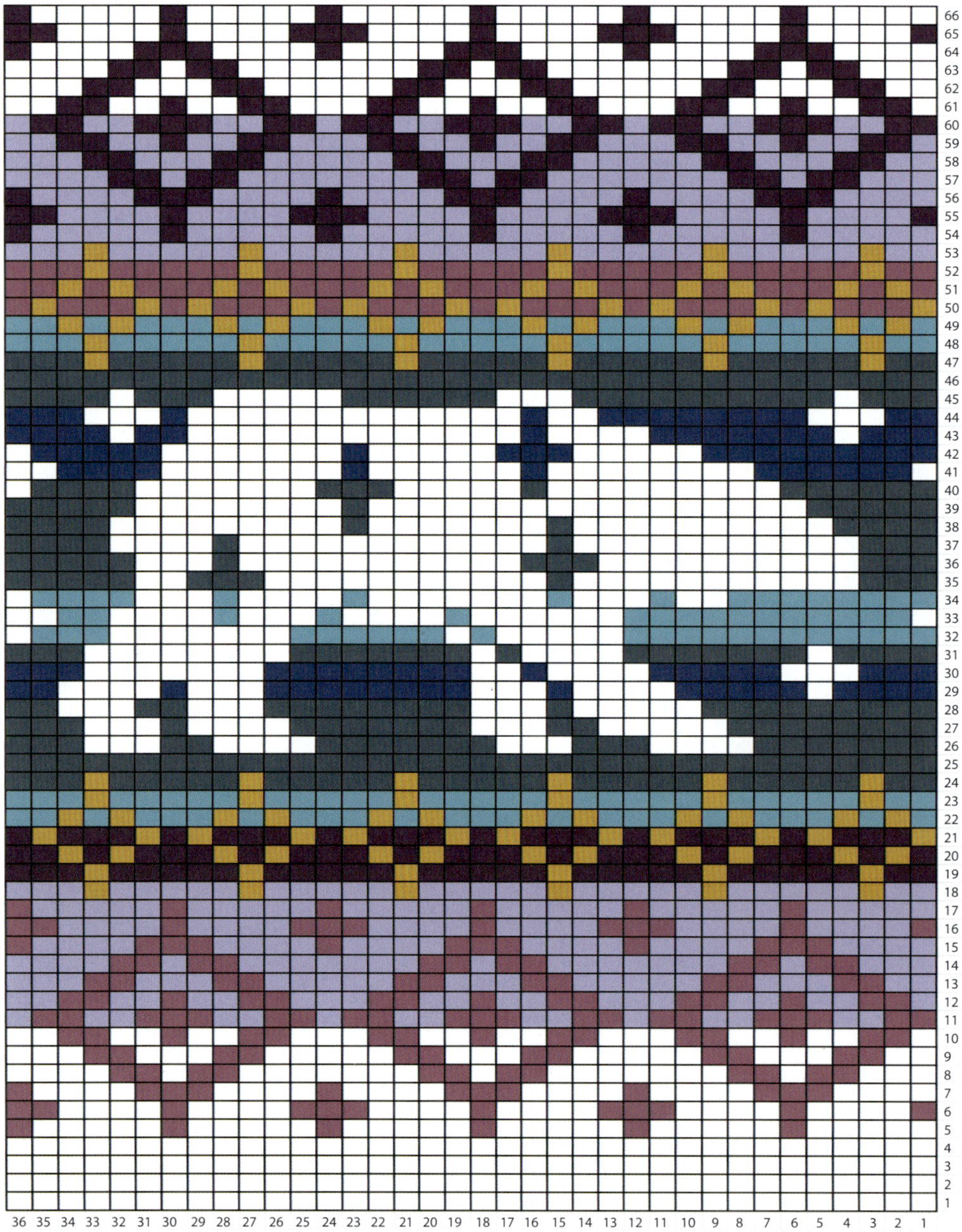

Zählmuster B

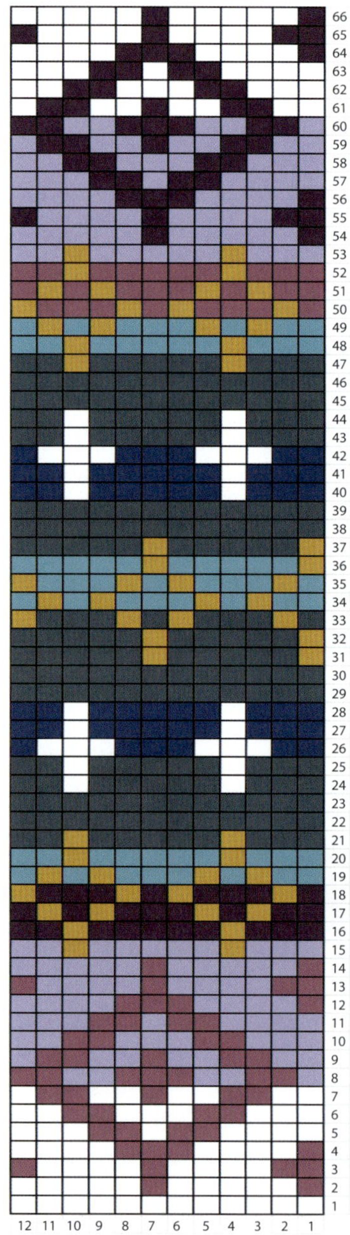

- **Grundfarbe**
- **Musterfarbe 1**
- **Musterfarbe 2**
- **Musterfarbe 3**
- **Musterfarbe 4**
- **Musterfarbe 5**
- **Musterfarbe 6**
- **Musterfarbe 7**

Eisbär, Léttlopi
Naturweiß 0051
Violett 1414
Rosa 1412
Mimosa 1703
Milchstraße 1702
Gletscherblau 1404
Seegrün 9423
Kobaltblau 1403

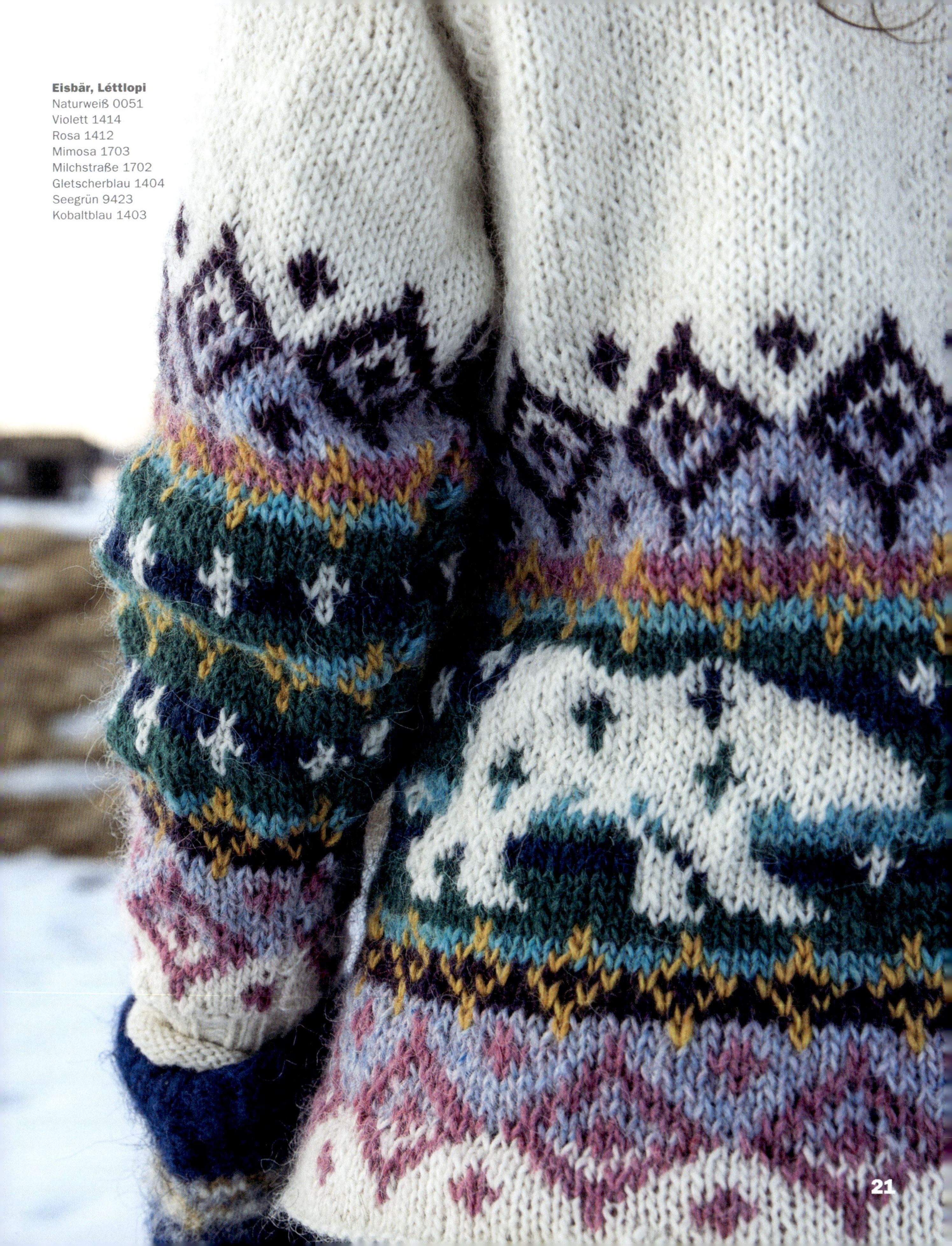

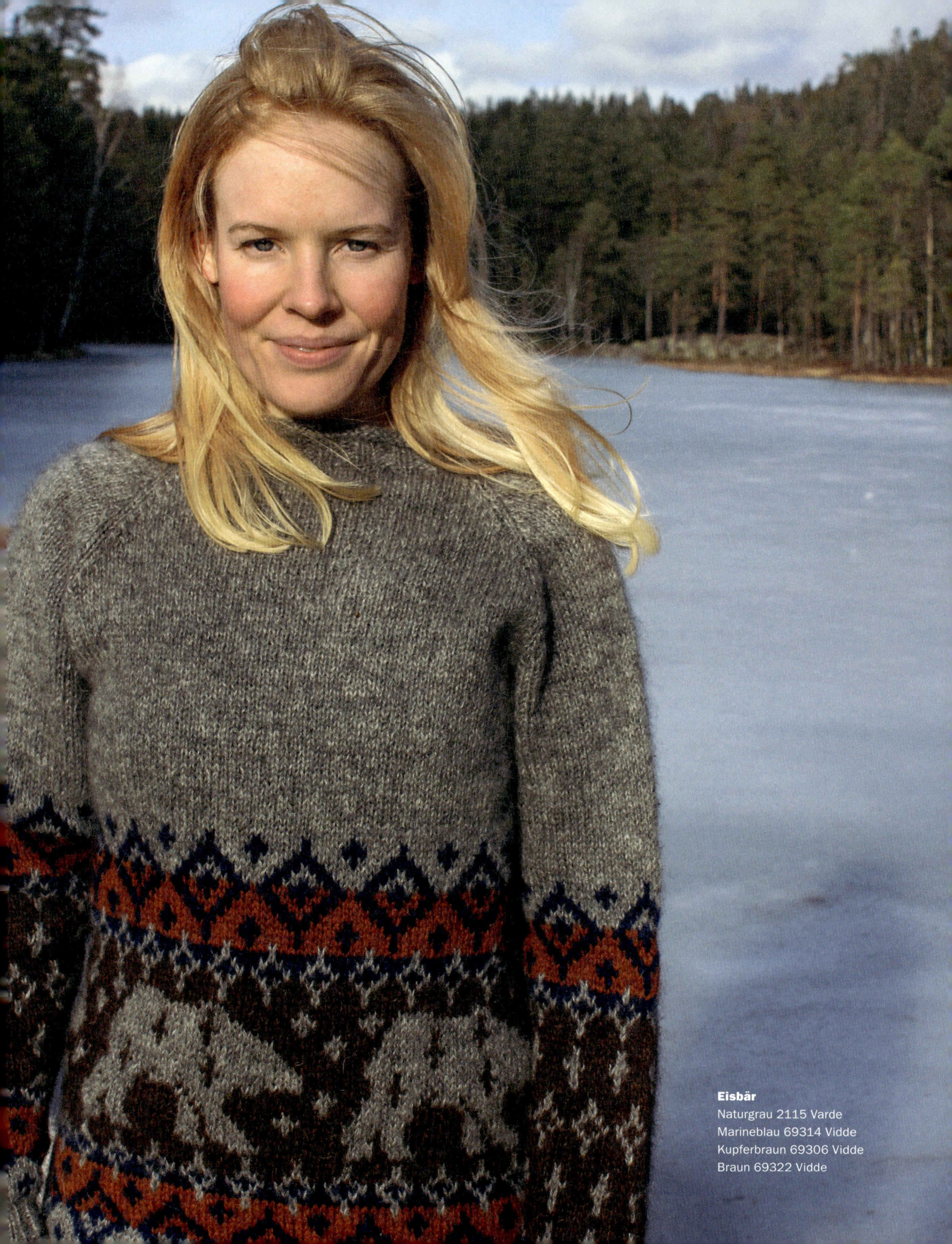

Eisbär
Naturgrau 2115 Varde
Marineblau 69314 Vidde
Kupferbraun 69306 Vidde
Braun 69322 Vidde

Eisbär mit 4 Farben

Zählmuster A

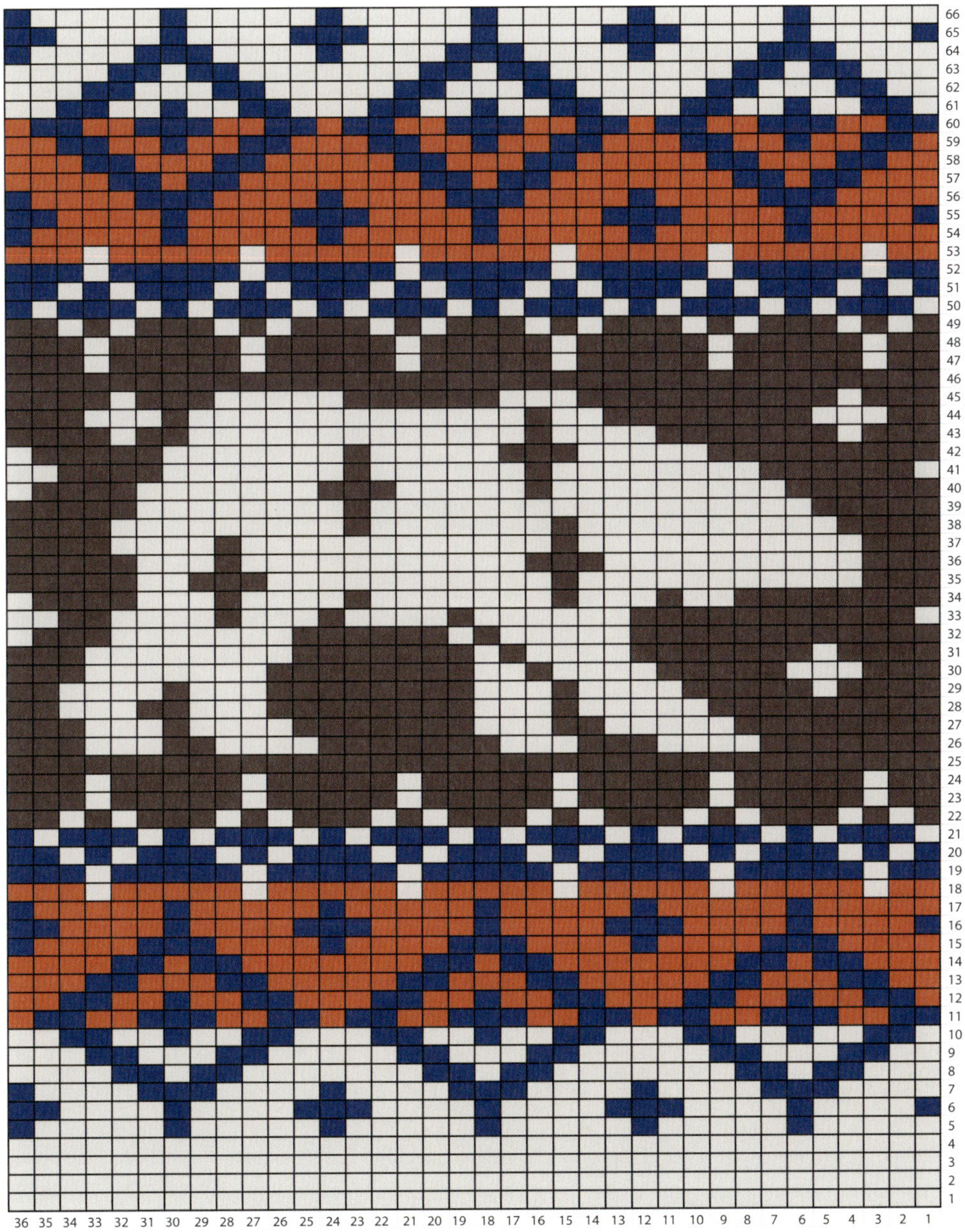

Zählmuster B

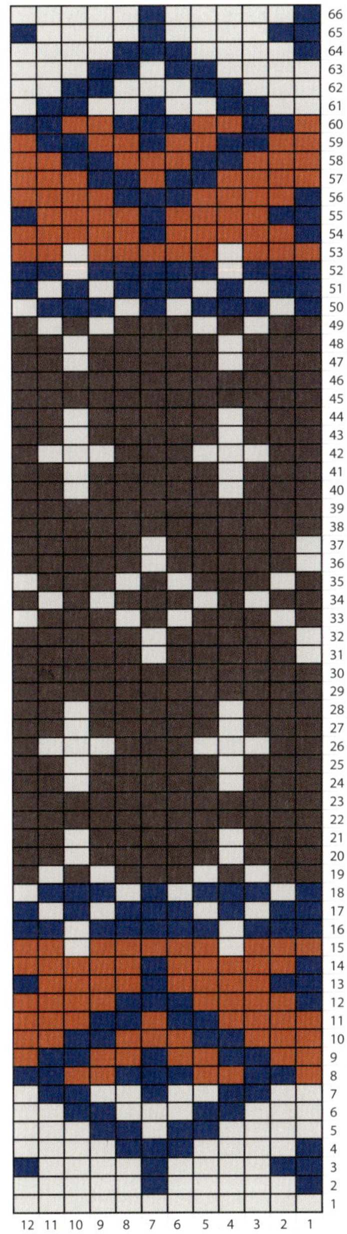

- Grundfarbe
- Musterfarbe 1
- Musterfarbe 2
- Musterfarbe 3

Arktischer Sommer

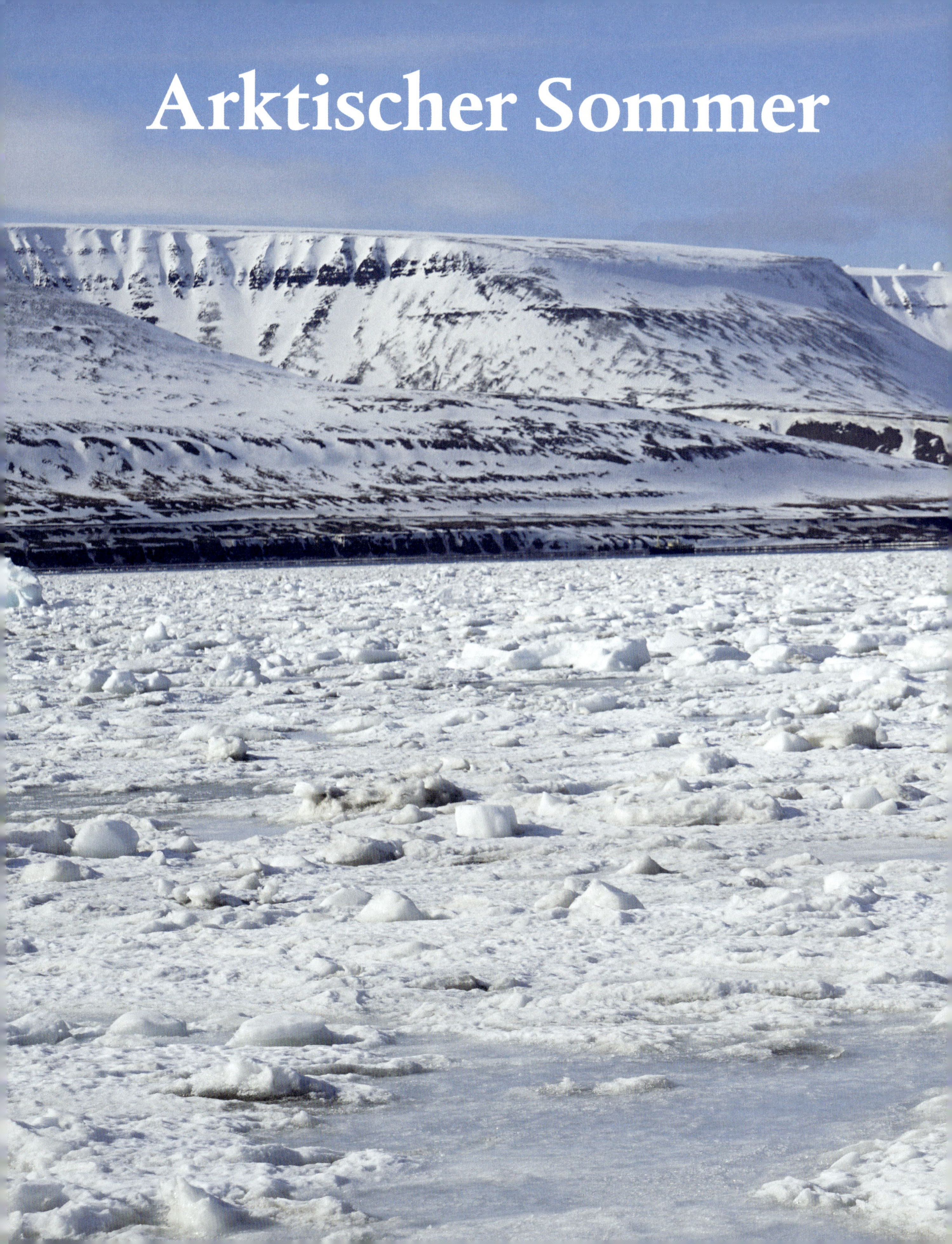

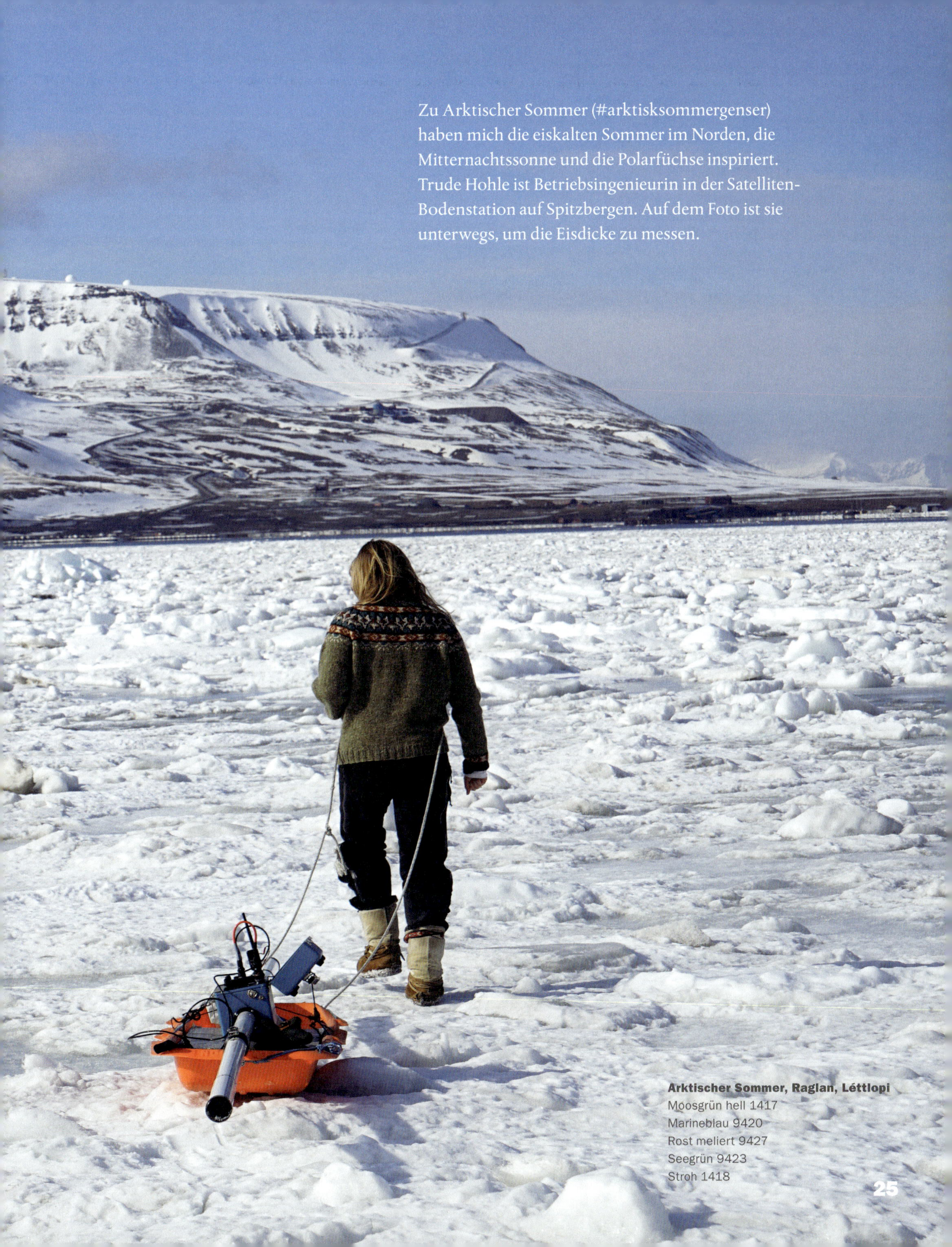

Zu Arktischer Sommer (#arktisksommergenser) haben mich die eiskalten Sommer im Norden, die Mitternachtssonne und die Polarfüchse inspiriert. Trude Hohle ist Betriebsingenieurin in der Satelliten-Bodenstation auf Spitzbergen. Auf dem Foto ist sie unterwegs, um die Eisdicke zu messen.

Arktischer Sommer, Raglan, Léttlopi
Moosgrün hell 1417
Marineblau 9420
Rost meliert 9427
Seegrün 9423
Stroh 1418

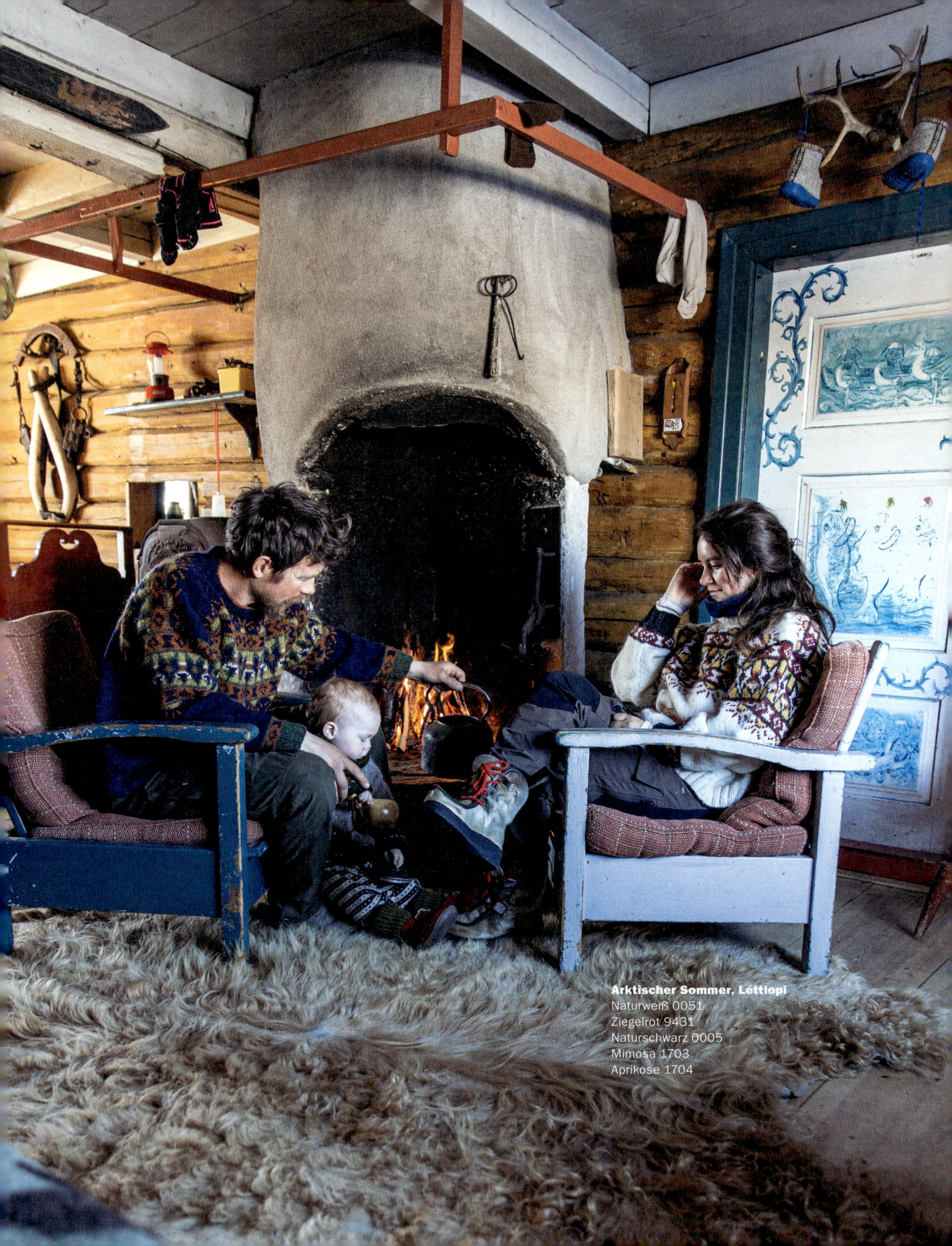

Arktischer Sommer, Léttlopi
Naturweiß 0051
Ziegelrot 9431
Naturschwarz 0005
Mimosa 1703
Aprikose 1704

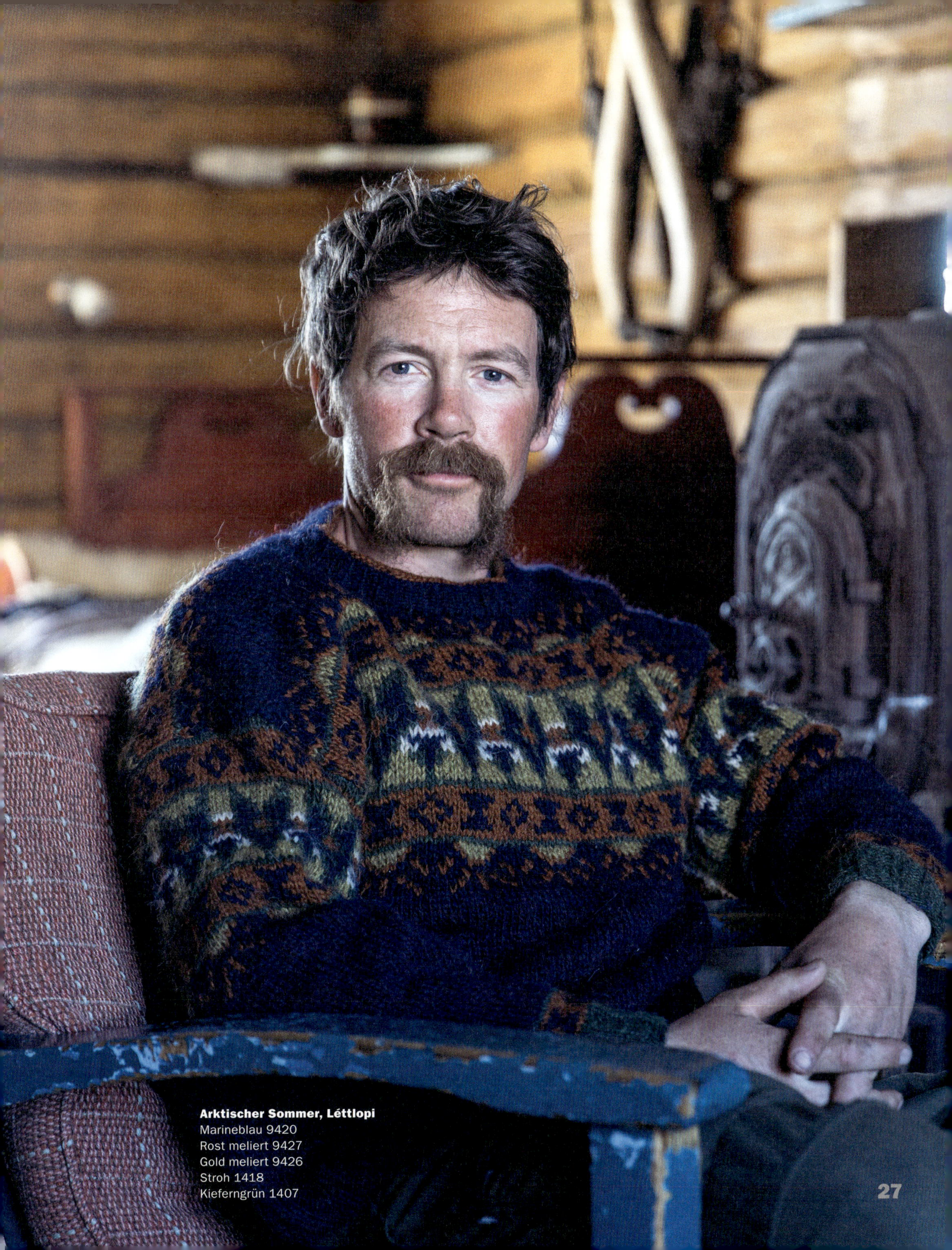

Arktischer Sommer, Léttlopi
Marineblau 9420
Rost meliert 9427
Gold meliert 9426
Stroh 1418
Kieferngrün 1407

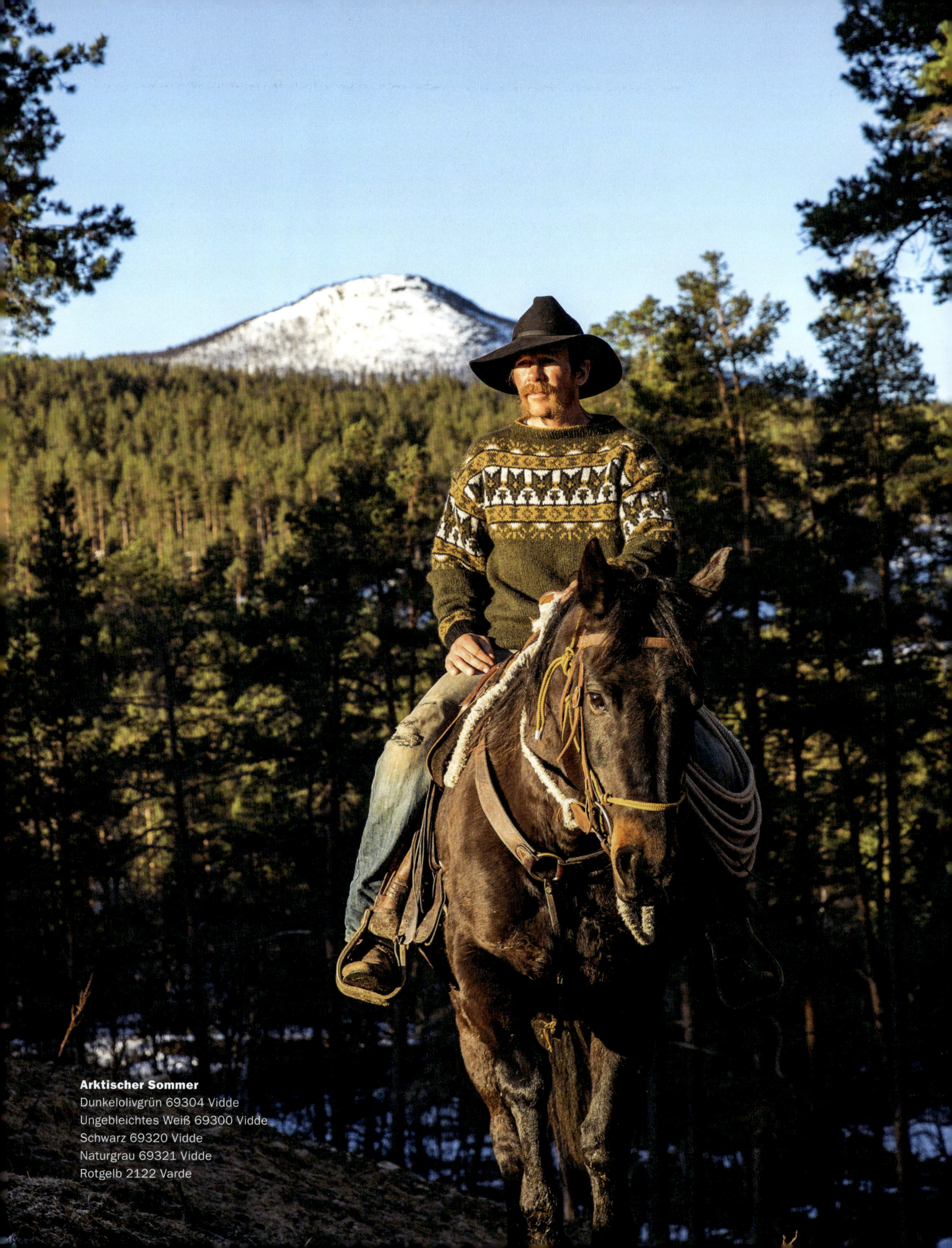

Arktischer Sommer
Dunkelolivgrün 69304 Vidde
Ungebleichtes Weiß 69300 Vidde
Schwarz 69320 Vidde
Naturgrau 69321 Vidde
Rotgelb 2122 Varde

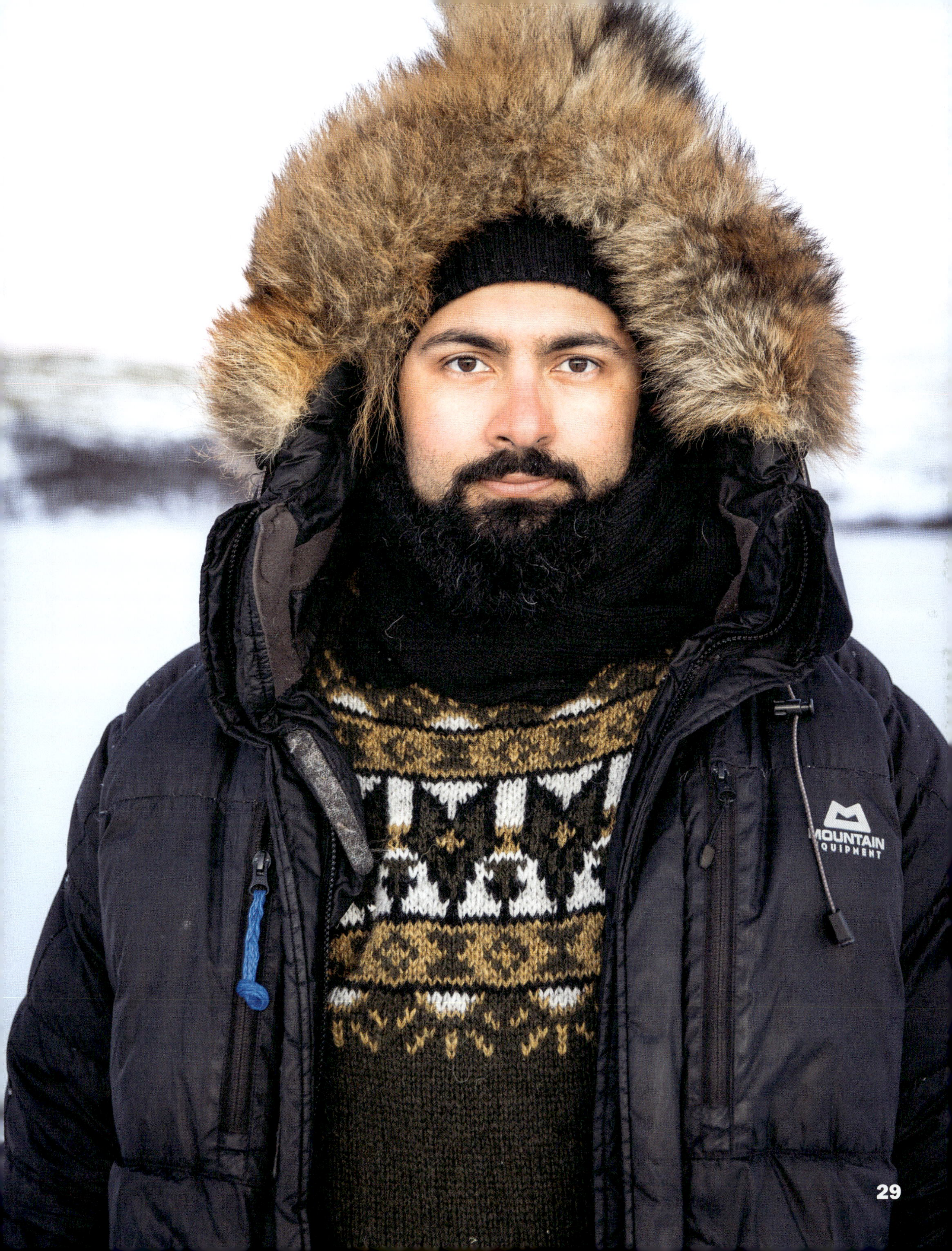
MOUNTAIN
EQUIPMENT

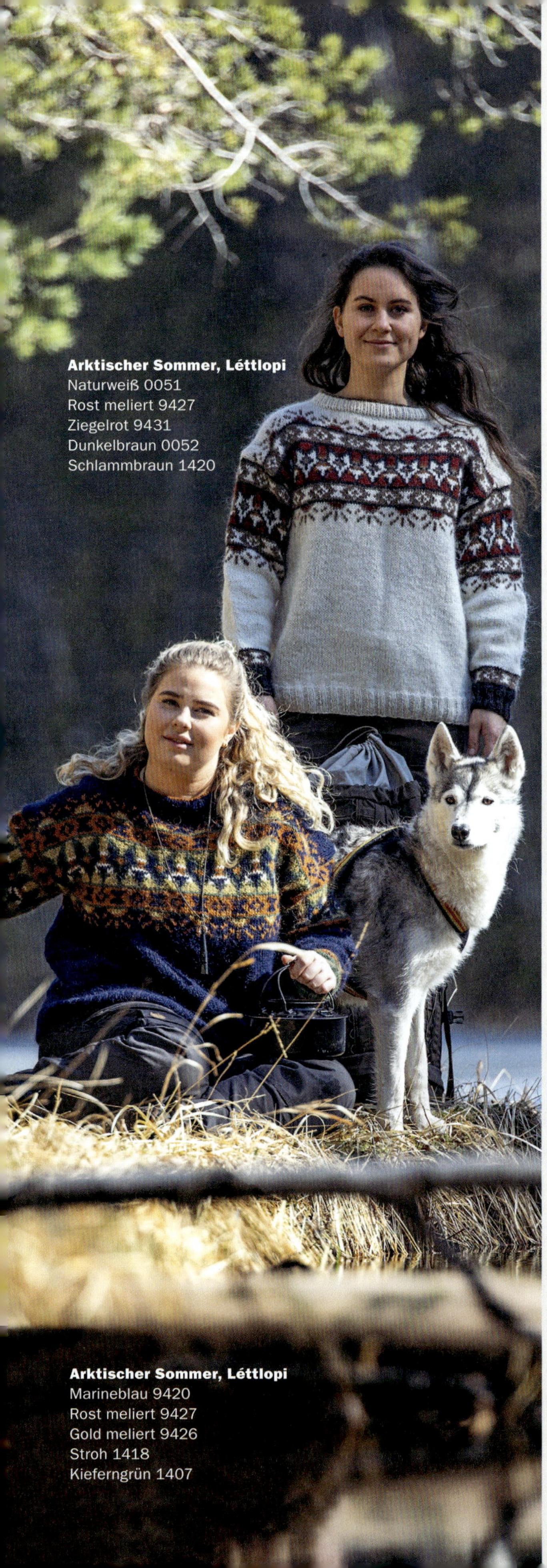

Arktischer Sommer, Léttlopi
Naturweiß 0051
Rost meliert 9427
Ziegelrot 9431
Dunkelbraun 0052
Schlammbraun 1420

Arktischer Sommer, Léttlopi
Marineblau 9420
Rost meliert 9427
Gold meliert 9426
Stroh 1418
Kieferngrün 1407

Arktischer Sommer

mit eingesetzten Ärmeln

Größen
S (M) L (XL) XXL

Maschenprobe
18 M mit Nadeln Nr. 4,5 = 10 cm

Garn
Léttlopi oder Vidde-Lammwollgarn und/oder Varde-Pelzschafwollgarn von Hillesvåg Ullvarefabrikk

Garnmenge
Grundfarbe: 400 (450) 450 (500) 550 g
Musterfarbe 1: 100 g für alle Größen
Musterfarbe 2: 100 (100) 100 (150) 150 g
Musterfarbe 3: 50 (50) 50 (50) 100 g
Musterfarbe 4: 50 g für alle Größen

Rollkragen: 50 g zusätzlich in der Grundfarbe

Stricknadeln
Nadelspiel Nr. 3,5 und 4,5
Rundstricknadel Nr. 3,5 und 4,5, 40 cm lang
Rundstricknadel Nr. 3,5 und 4,5, 80 cm lang

Pullovermaße
Pullover mit eingesetzten Ärmeln sitzen besser, wenn sie ein wenig weiter sind. Dafür den Brustumfang messen und 10 cm hinzurechnen.

Ärmellänge Damen: 49 (50) 51 (52) 53 cm
Ärmellänge Herren: 54 (55) 56 (57) 58 cm
Brustumfang (Damen und Herren): 93 (100) 113 (120) 133 cm
Gesamtlänge Damen: 63 (65) 66 (67) 69 cm
Gesamtlänge Herren: 67 (69) 70 (72) 74 cm

Anleitung für den Kinderpullover auf Seite 124.

VORDER- UND RÜCKENTEIL

168 (180) 204 (216) 240 M in der Grundfarbe mit Rundstricknadel Nr. 3,5 anschlagen und 6 cm im 2/2-Rippenmuster (= 2 M rechts, 2 M links im Wechsel) str. Zu Nadel Nr. 4,5 wechseln (ab jetzt wird glatt rechts gearbeitet). In der Grundfarbe str, bis Vorder- und Rückenteil 37 (39) 40 (41) 43 cm für Damen bzw. 41 (43) 44 (46) 48 cm für Herren lang sind. Auf beiden Seiten einen M-Markierer setzen = je 84 (90) 102 (108) 120 M für das Vorder- und Rückenteil. Nach Zählmuster A str (evtl. mit dickeren Nadeln). Die Arbeit beiseitelegen und die Ärmel str.

ÄRMEL

40 (40) 44 (48) 48 M in Musterfarbe 1 mit Nadelspiel Nr. 3,5 anschlagen und 6 cm im 2/2-Rippenmuster str. Zu Nadelspiel Nr. 4,5 wechseln (ab jetzt wird glatt rechts gestrickt) und gleichmäßig verteilt 8 (8) 10 (12) 12 M zun = 48 (48) 54 (60) 60 M. Nach Zählmuster B str (evtl. mit dickeren Nadeln). Hinweis: Der Rapport geht nicht für alle Größen auf. Die mittlere M unter dem Ärmel mit einem M-Markierer kennzeichnen. Die markierte M stets links str. Alle 2 cm jeweils vor und nach dieser markierten M 1 M zun, bis insgesamt 84 (84) 90 (96) 96 M vorhanden sind. In der Grundfarbe weiterstr, bis der Ärmel 29 (30) 31 (32) 33 cm für Damen bzw. 34 (35) 36 (37) 38 cm für Herren misst. Dann nach Zählmuster C str (evtl. mit dickeren Nadeln). Die neuen M stets ins Muster integrieren, bis die für die passende Größe angegebene M-Zahl erreicht ist. Der Ärmel sollte nun 49 (50) 51 (52) 53 cm für Damen bzw. 54 (55) 56 (57) 58 cm für Herren lang sein. Den Ärmel auf links drehen und für den Beleg 4 Rd glatt rechts str. Der Beleg wird beim Fertigstellen auf der Innenseite des Pullovers über die Schnittkante genäht. Die M locker abk. Den zweiten Ärmel ebenso str.

FERTIGSTELLEN

Alle Fäden vernähen und den Pullover leicht dämpfen (mit einem Bügeleisen und einem feuchten Tuch). Die Armausschnitte am Rumpfteil mit einem Kontrastfaden markieren (senkrechte Linie mit langen Vorstichen zwischen 2 M): Die Höhe muss dabei der Breite des Ärmels entsprechen. Rechts und links zur Markierung mit 1 M Abstand sowie die kurze Querverbindung mit der Nähmaschine nähen: Dreimal mit Geradstich und kurzer Stichlänge darübernähen. Dann die Schultern zusammen abk oder im M-Stich schließen (dabei die M für den Halsausschnitt auf eine Hilfsnadel legen, siehe unten). Nun die Arbeit zwischen den beiden Nähten aufschneiden. Die Ärmel einnähen. Zuletzt die Belege über die Schnittkante nähen.

HALSAUSSCHNITT

Die mittleren 45 (45) 47 (47) 49 M von Vorder- und Rückenteil auf die kurze Rundstricknadel Nr. 3,5 nehmen. Dabei je 1 M von jeder Schulternaht auffassen, damit am Übergang vom Halsausschnitt zur Schulter kein Loch bleibt = 92 (92) 96 (96) 100 M.

Rundhalsausschnitt: 3 cm in der Grundfarbe im 1/1-Rippenmuster (= 1 M rechts, 1 M links im Wechsel) str. Zu Musterfarbe 2 wechseln, 1 Rd rechte M und 1 Rd linke M str. Dann 3 cm glatt rechts str. Die M locker abk. Den Rand nach innen umschlagen und festnähen.
Rollkragen: 20 cm im 2/2-Rippenmuster in der Grundfarbe str. Die M locker abk.

Den Pullover ausspülen und liegend trocknen lassen.

Zählmuster A (Vorder- und Rückenteil)

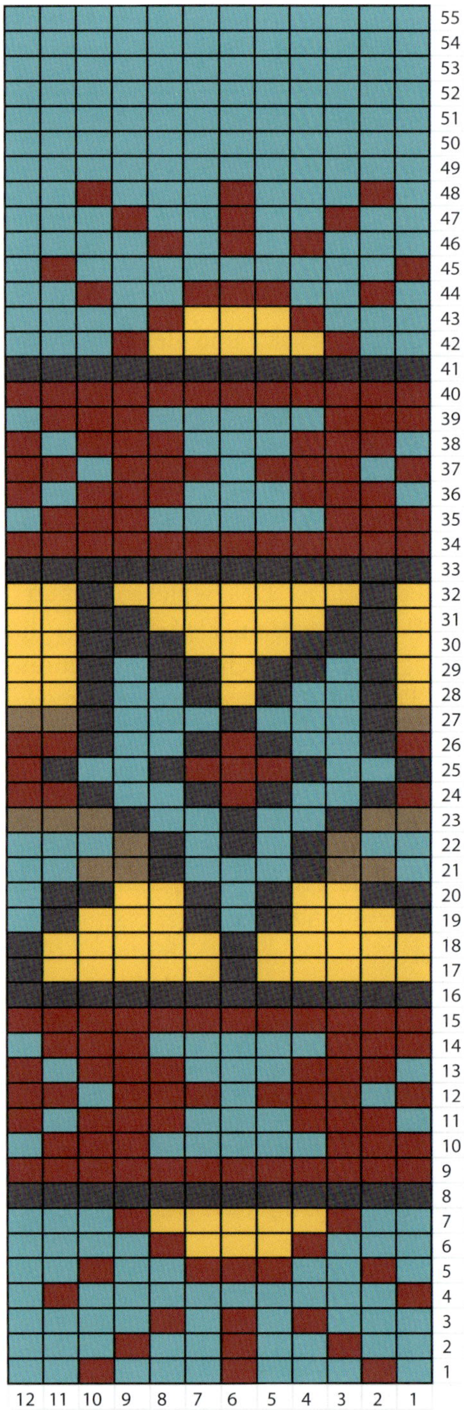

Zählmuster B (Ärmel)

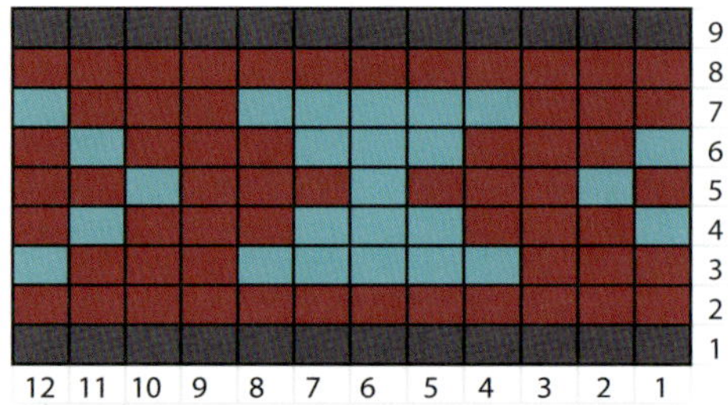

Zählmuster C (Ärmel)

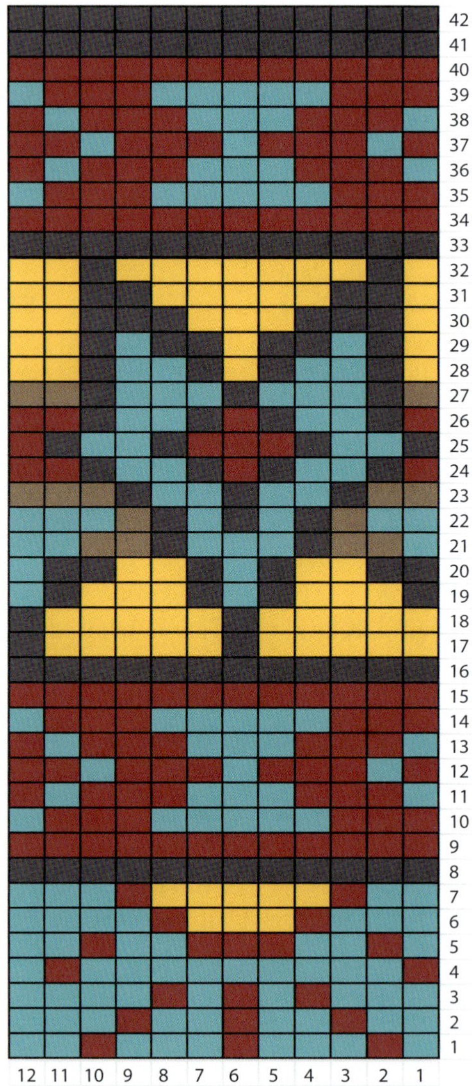

- **Grundfarbe**
- **Musterfarbe 1**
- **Musterfarbe 2**
- **Musterfarbe 3**
- **Musterfarbe 4**

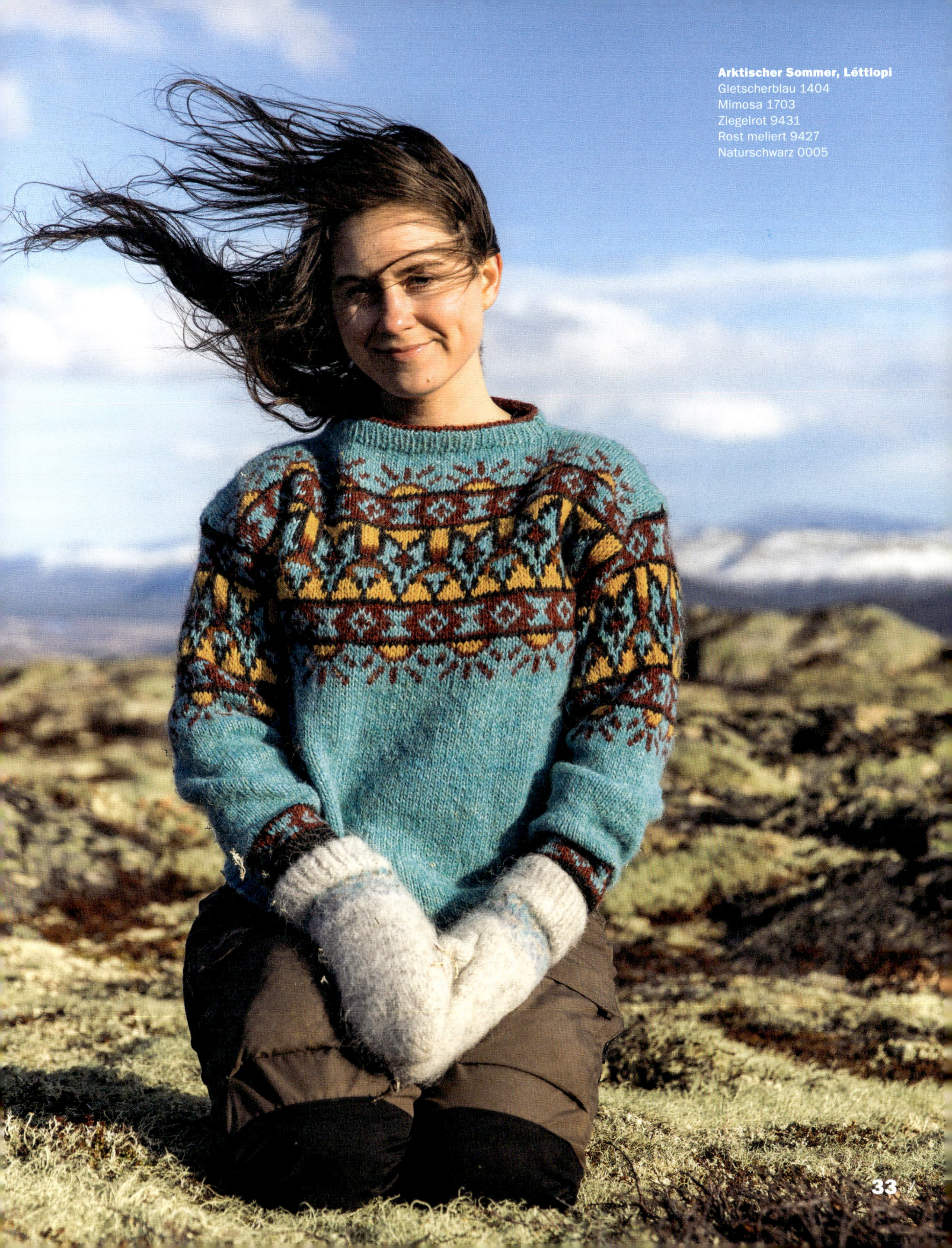

Arktischer Sommer, Léttlopi
Gletscherblau 1404
Mimosa 1703
Ziegelrot 9431
Rost meliert 9427
Naturschwarz 0005

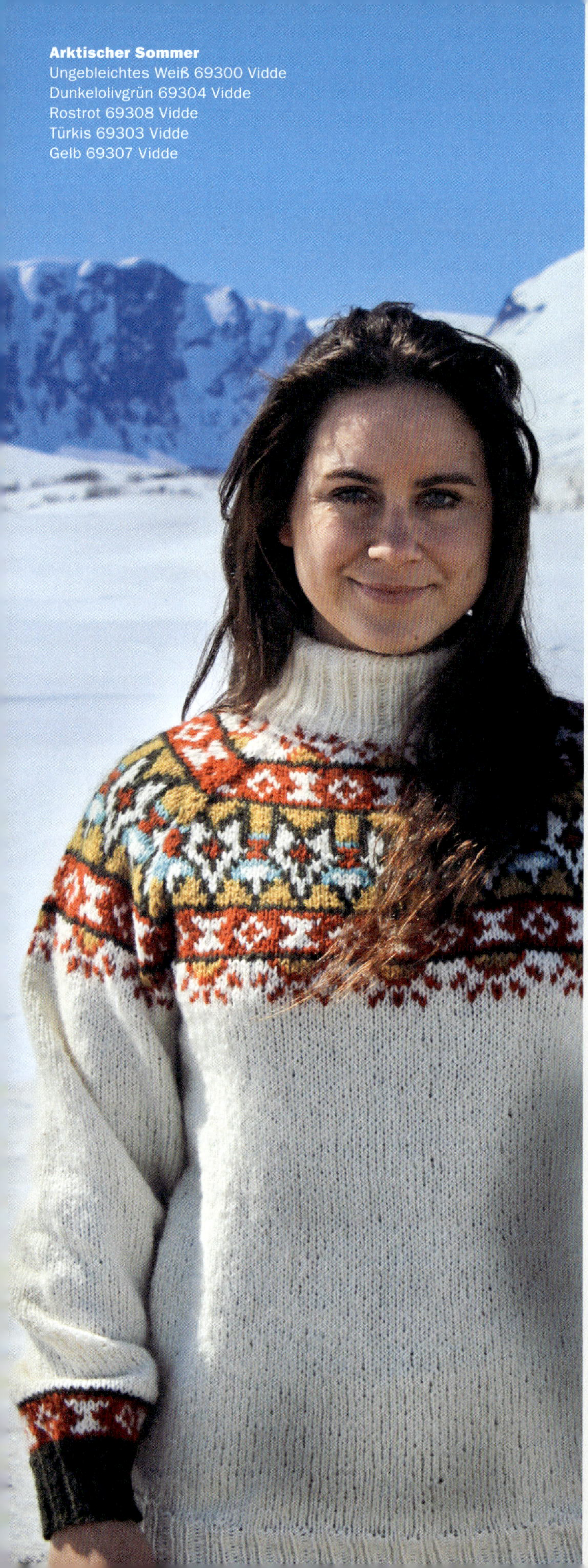

Arktischer Somme

mit Raglanärmeln

Größen
S (M) L (XL) XXL

Maschenprobe
18 M mit Nadel Nr. 4,5 = 10 cm

Garn
Léttlopi oder Vidde-Lammwollgarn und/oder Varde-Pelzschafwollgarn von Hillesvåg Ullvarefabrikk

Garnmenge
Grundfarbe: 450 (500) 500 (550) 600 g
Musterfarbe 1: 50 (50) 50 (100) 100 g
Musterfarbe 2: 50 (50) 50 (100) 100 g
Musterfarbe 3: 50 g für alle Größen
Musterfarbe 4: 50 g für alle Größen

Stricknadeln
Nadelspiel Nr. 3,5 und 4,5
Rundstricknadel Nr. 3,5 und 4,5, 40 cm lang
Rundstricknadel Nr. 3,5 und 4,5, 80 cm lang

Pullovermaße
Ärmel: 47 cm (oder andere gewünschte Länge)
Brustumfang: 91 (100) 111 (120) 128 cm
Rumpflänge: 42 cm (oder andere gewünschte Länge)

RUMPF

164 (180) 200 (216) 232 M in der Grundfarbe mit Rundstricknadel Nr. 3,5 anschlagen. 6 cm im 2/2-Rippenmuster (= 2 M rechts, 2 M links im Wechsel) str. Mit Nadel Nr. 4,5 weiter glatt rechts str, bis der Rumpf 42 cm lang ist (oder die gewünschte Länge hat). Am Rd-Beginn und nach 82 (90) 100 (108) 116 M einen M-Markierer setzen = Vorder- und Rückenteil. Für die Armausschnitte 9 (12) 11 (12) 12 M auf jeder Seite auf einem Faden oder M-Halter stilllegen (die markierte M und gleich viele M beidseitig davon). Die Arbeit beiseitelegen und die Ärmel str.

ÄRMEL

40 (40) 44 (44) 44 M mit Nadelspiel Nr. 3,5 in Musterfarbe 1 anschlagen und 6 cm im 2/2-Rippenmuster str. Mit Nadel Nr. 4,5 glatt rechts weiterstr und in der 1. Rd gleichmäßig verteilt 8 (8) 10 (10) 10 zun = 48 (48) 54 (54) 54 M. Nach Zählmuster A str (evtl. mit dickeren Nadeln). Hinweis: Der Rapport geht nicht für alle Größen auf. Die mittlere M unter dem Ärmel mit einem M-Markierer kennzeichnen. Diese markierte M stets links str. Alle 2 cm jeweils vor und nach dieser markierten M 1 M zun, bis insgesamt 68 (72) 72 (78) 82 M vorhanden sind. Nach Abschluss des Zählmusters in der Grundfarbe weiterstr, bis der Ärmel 47 cm misst (oder die gewünschte Länge hat). 9 (12) 11 (12) 12 M unter dem Ärmel auf einem Faden oder M-Halter stilllegen (die markierte M und gleich viele M beidseitig davon). Den zweiten Ärmel ebenso str.

PASSE MIT RAGLANABNAHMEN

Die Ärmel-M auf die Rundstricknadel mit den Rumpf-M str: ein Ärmel, Vorderteil, zweiter Ärmel, Rückenteil = 264 (276) 300 (324) 348 M. Dabei die M an den Übergängen vom Ärmel zum Rumpf und vom Rumpf zum Ärmel jeweils mit einem M-Markierer kennzeichnen = 4 markierte M. Nach Zählmuster B str und an der im Zählmuster angegebenen Stelle mit den Abn beginnen. Vor der markierten M 2 M rechts überzogen zusstr, nach der markierten M 2 M rechts zusstr. So werden 8 M in jeder Abn-Rd abgenommen. Diese M jeweils mit der vorherrschenden Farbe der Rd str bzw. abn. Diese Abn in jeder 2. Rd bis vor die 53. Rd des Zählmusters wiederholen. Es sind nun 112 (116) 124 (132) 140 M auf der Nadel. In der 53. R die M-Zahl auf 88 (88) 92 (92) 100 M für den Halsausschnitt anpassen.

STEHBÜNDCHEN

Zu Nadel Nr. 3,5 wechseln und 16 cm im 2/2-Rippenmuster str. Das Bündchen zur Hälfte nach innen umschlagen und mit lockeren Stichen an der Halsausschnittkante festnähen.

FERTIGSTELLEN

Alle Fäden vernähen und die offenen Kanten unter den Ärmeln zusammen abk oder im M-Stich schließen. Den Pullover ausspülen und liegend trocknen lassen.

Zählmuster A (Ärmel)

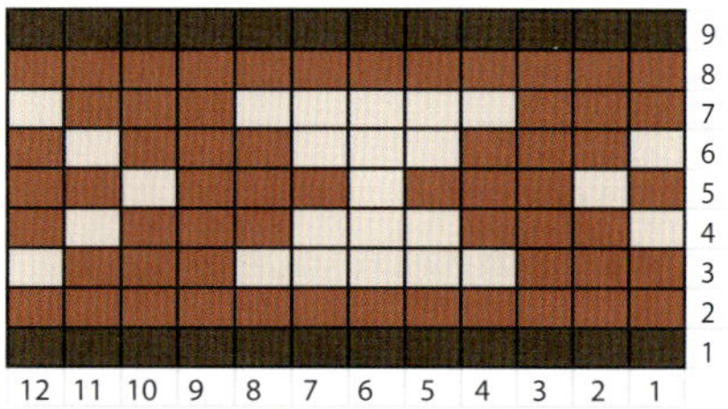

Zählmuster B (Vorder- und Rückenteil)

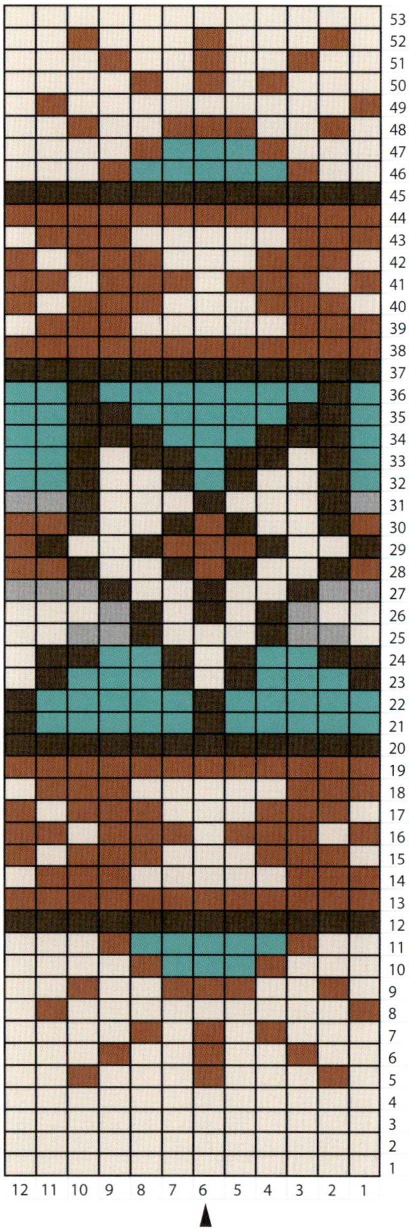

- **Grundfarbe**
- **Musterfarbe 1**
- **Musterfarbe 2**
- **Musterfarbe 3**
- **Musterfarbe 4**

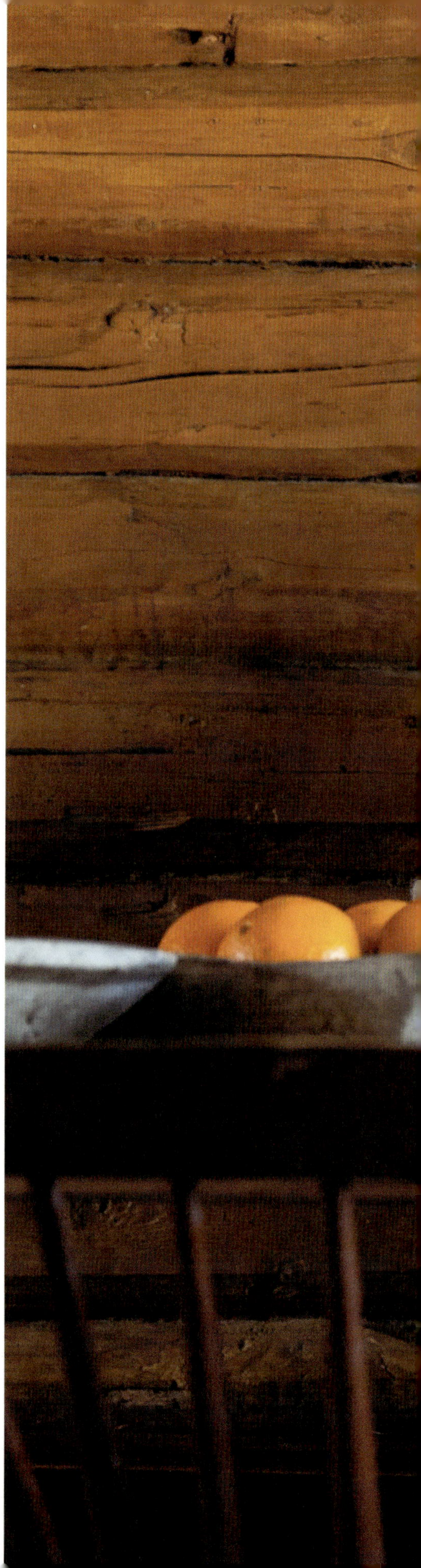

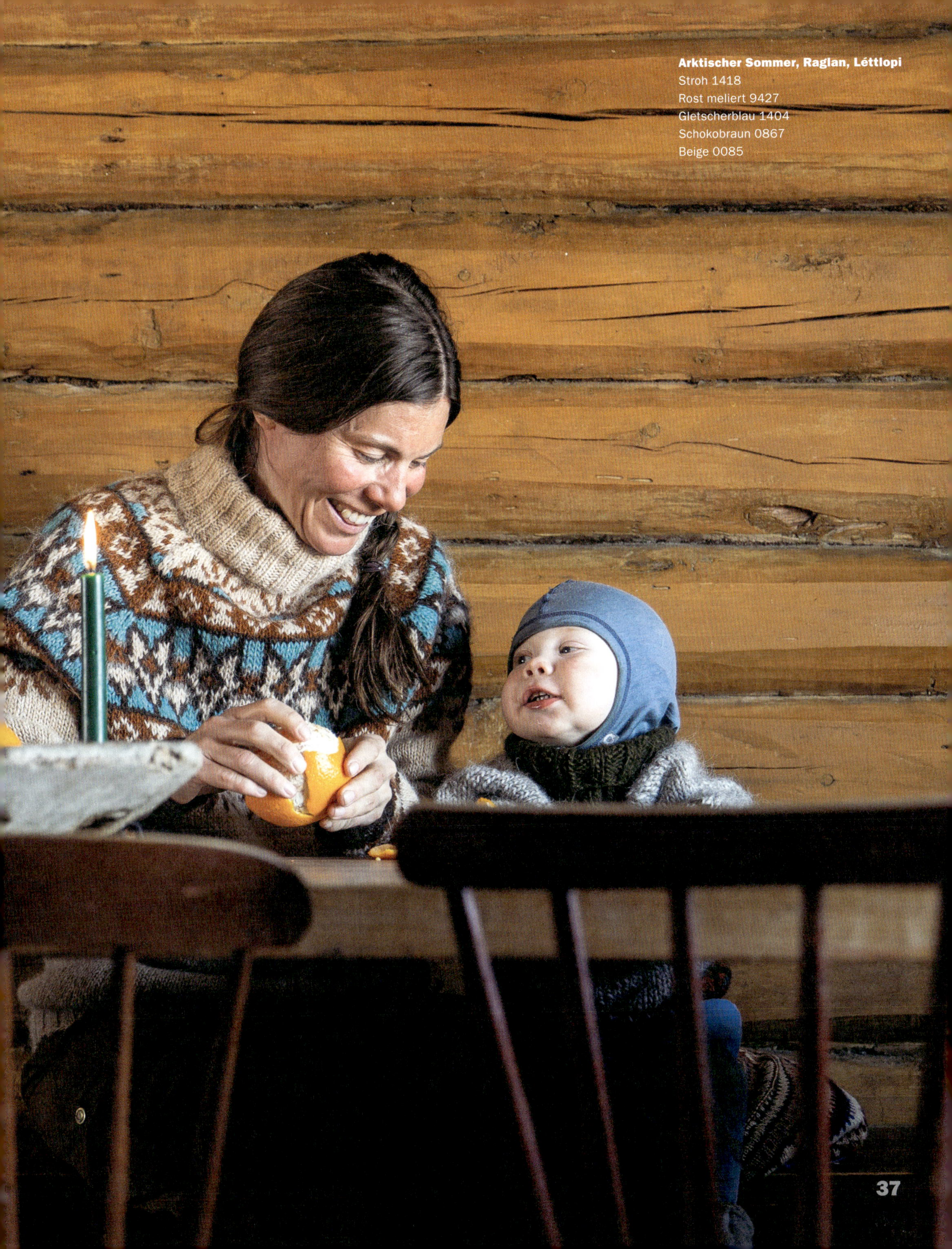
Arktischer Sommer, Raglan, Léttlopi
Stroh 1418
Rost meliert 9427
Gletscherblau 1404
Schokobraun 0867
Beige 0085

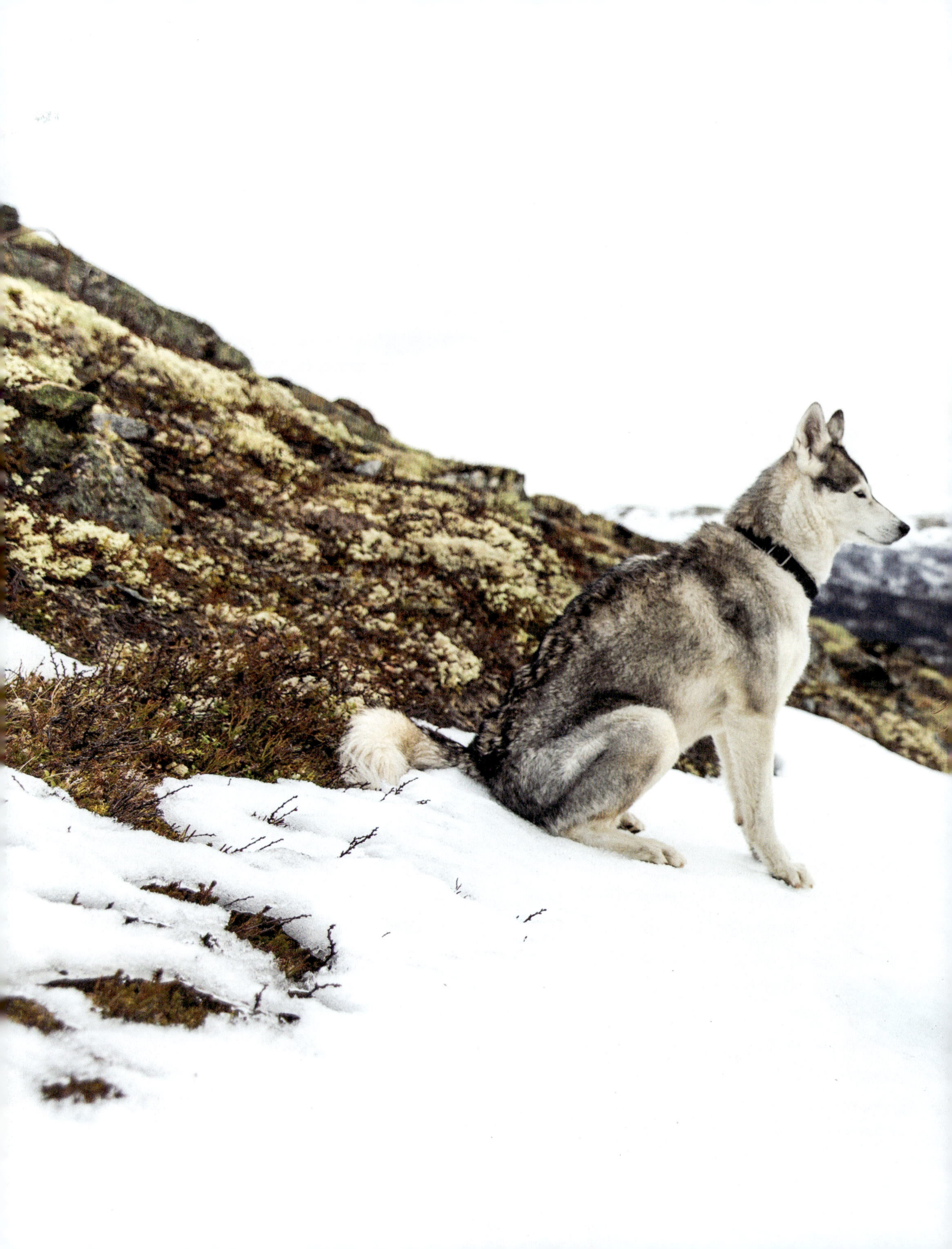

Hopi

Ich trage nur selten Schmuck, zum einen, weil ich ihn unpraktisch finde, zum anderen, weil ich meist dicke Pullover trage. Deshalb wollte ich einen Pullover entwerfen, der mir das Gefühl gab, ein Schmuckstück um den Hals zu haben. Ich ließ mich dabei von Traumfängern inspirieren und gab dem Pullover einen indianischen Namen. Ich trage meinen Hopi-Pullover (#hopigenser) sehr oft und fühle mich darin jedes Mal richtig schick.

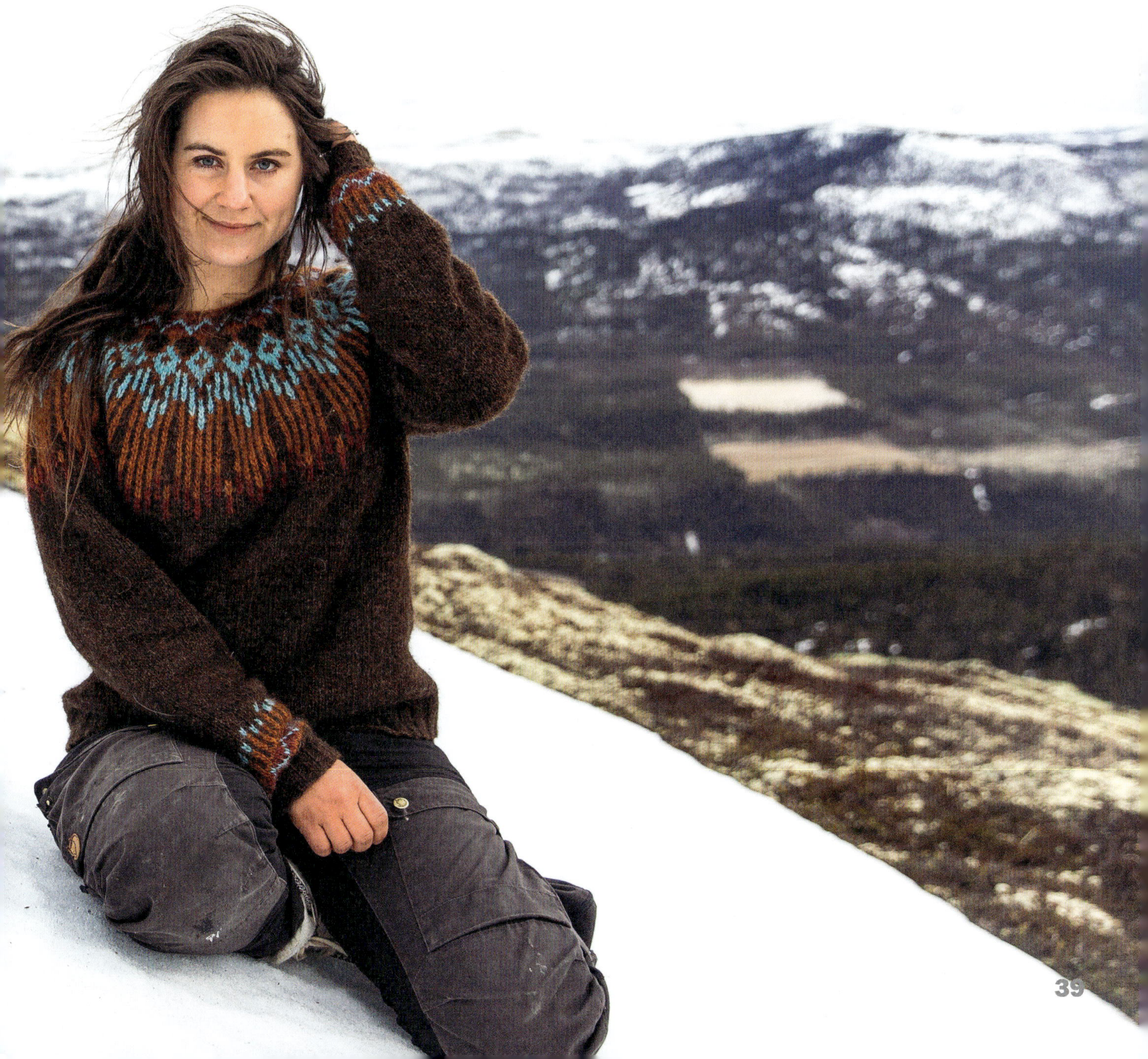

Hopi
Rotgelb 2122 Varde
Hellmarineblau 69301 Vidde
Türkis 69303 Vidde
Koralle 69312 Vidde

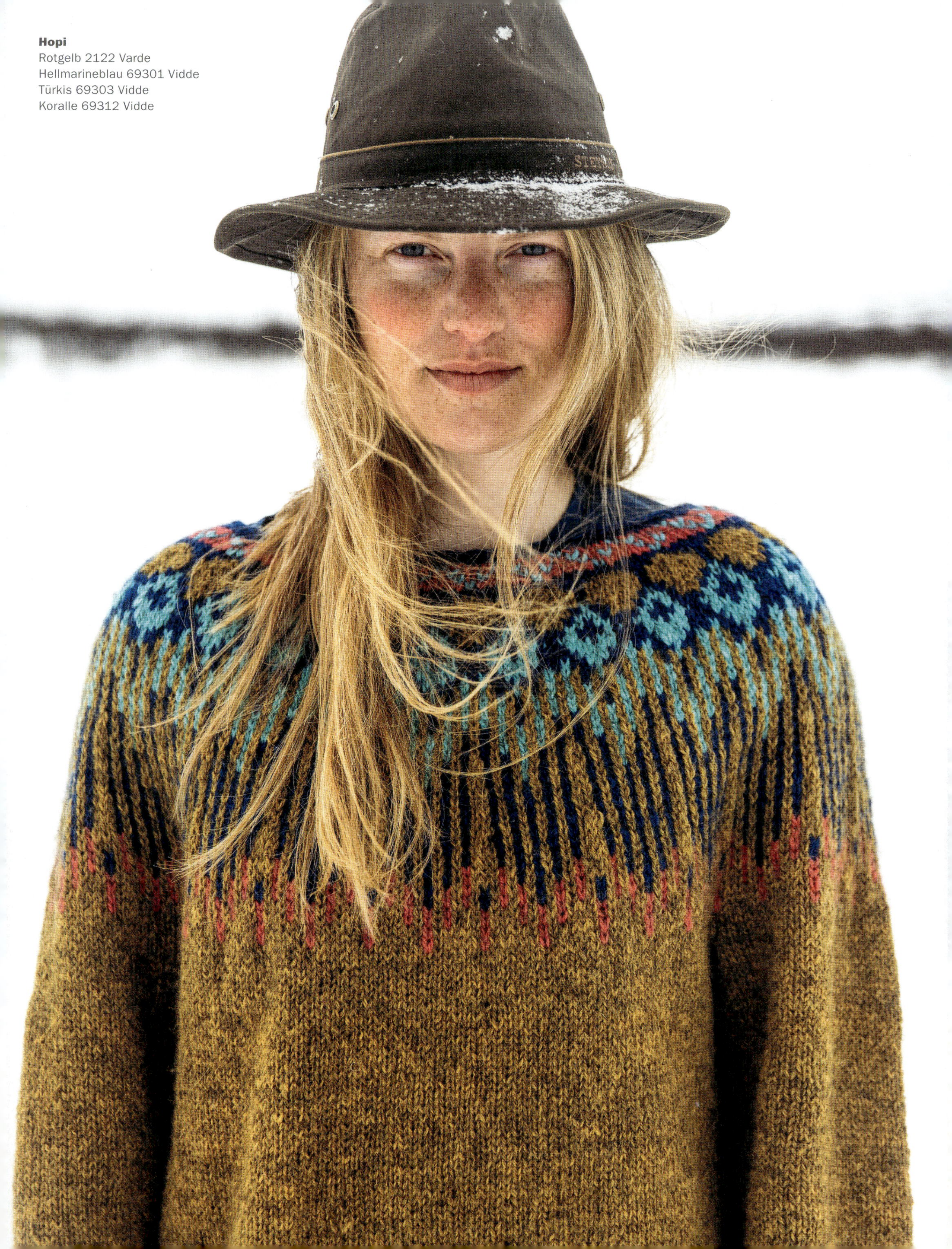

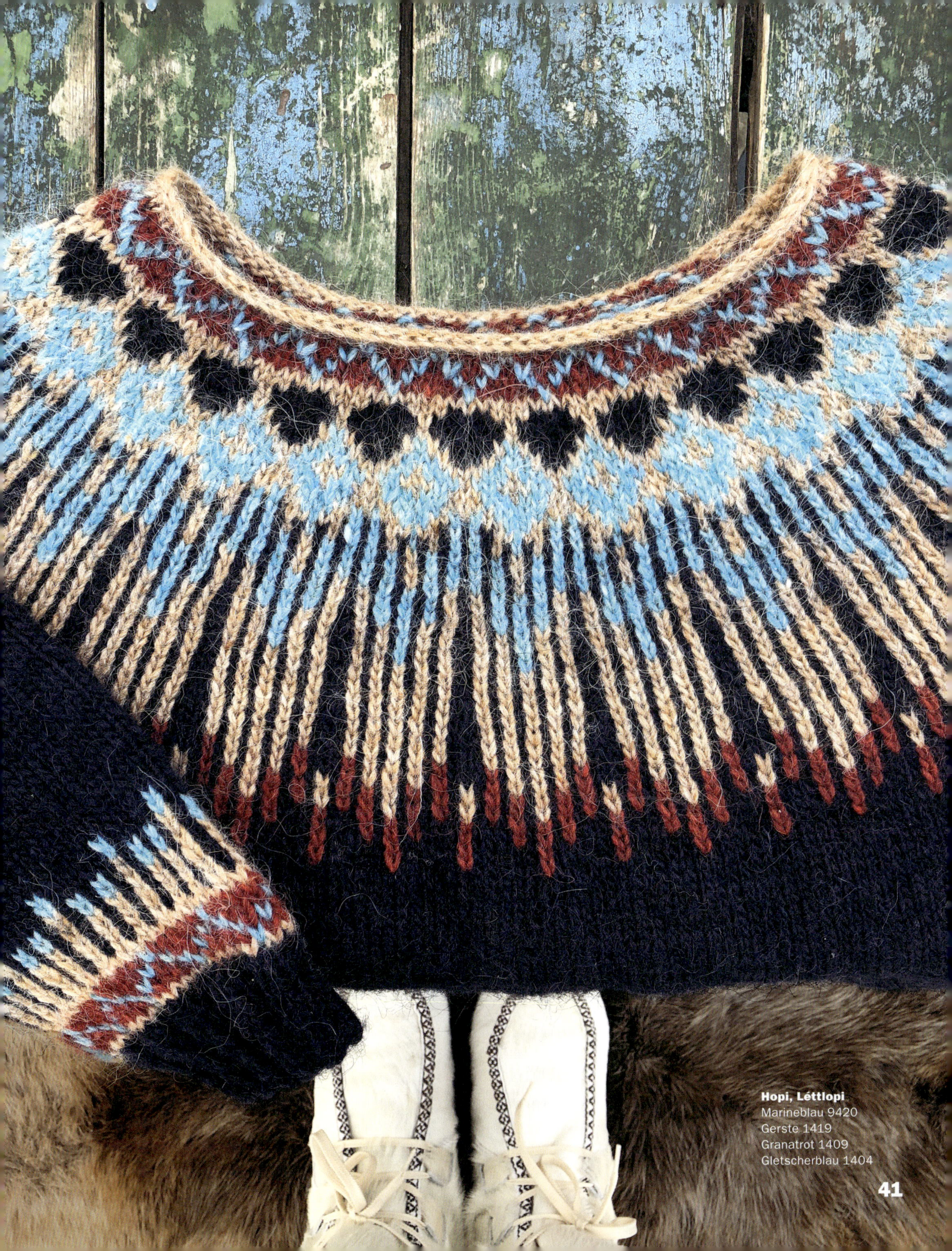

Hopi, Léttlopi
Marineblau 9420
Gerste 1419
Granatrot 1409
Gletscherblau 1404

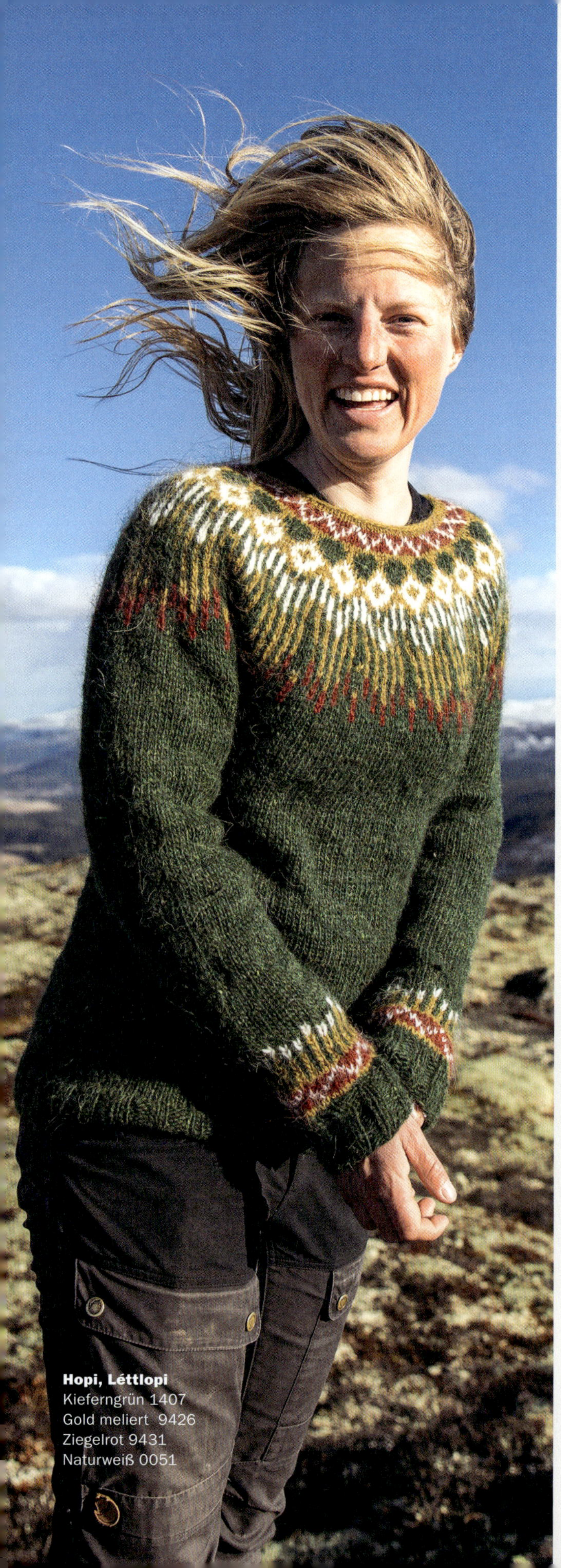

Hopi, Léttlopi
Kieferngrün 1407
Gold meliert 9426
Ziegelrot 9431
Naturweiß 0051

Hopi

Größen
S (M) L (XL) XXL

Maschenprobe
18 M mit Nadel Nr. 4,5 = 10 cm

Garn
Vidde-Lammwollgarn und/oder Varde-Pelzschafwollgarn von Hillesvåg Ullvarefabrikk oder Léttlopi

Garnmenge
Grundfarbe: 400 (400) 500 (600) 600 g
Musterfarbe 1: 50 g für alle Größen
Musterfarbe 2: 50 (50) 100 (100) 100 g
Musterfarbe 3: 50 g für alle Größen

Stricknadeln
Nadelspiel Nr. 3,5 und Nr. 4,5
Rundstricknadel Nr. 3,5 und 4,5, 40 cm lang
Rundstricknadel Nr. 3,5 und 4,5, 80 cm lang

Pullovermaße
Ärmellänge: 46 (47) 48 (49) 50 cm
Brustumfang: 91 (100) 111 (120) 128 cm
Rumpflänge: 40 (41) 42 (43) 44 cm

Bei diesem Muster passiert es leicht, dass man die Passe zu stramm strickt, deshalb empfehle ich sehr, dafür etwas dickere Nadeln zu wählen.

RUMPF

164 (180) 200 (216) 232 M in der Grundfarbe mit Rundstricknadel Nr. 3,5 anschlagen und für das Bündchen 5 cm im 2/2-Rippenmuster (= 2 M rechts, 2 M links im Wechsel) str. Mit Rundstricknadel Nr. 4,5 glatt rechts weiterstr, bis der Rumpf 40 (41) 42 (43) 44 cm misst (oder die gewünschte Länge hat). Nun am Rd-Beginn und nach 82 (90) 100 (108) 116 M einen M-Markierer setzen = Vorder- und Rückenteil. Für die Armausschnitte 9 (12) 11 (12) 12 M auf jeder Seite auf einem Faden oder M-Halter stilllegen (die markierte M und gleich viele M beidseitig davon). Die Arbeit beiseitelegen und die Ärmel str.

ÄRMEL

40 (40) 44 (44) 44 M mit Nadelspiel Nr. 3,5 in der Grundfarbe anschlagen und für das Bündchen 5 cm im 2/2-Rippenmuster str. Mit Nadelspiel Nr. 4,5 glatt rechts weiterstr und in der 1. Rd gleichmäßig verteilt 8 (8) 10 (10) 10 zun = 48 (48) 54 (54) 54 M. Nach Zählmuster A str (evtl. mit dickeren Nadeln). Die M unter dem Ärmel mit einem M-Markierer kennzeichnen und alle 2 cm jeweils vor und nach dieser markierten M 1 M zun, bis insgesamt 68 (72) 72 (78) 82 M vorhanden sind. Ohne weitere Zun in der Grundfarbe weiterstr, bis der Ärmel 46 (47) 48 (49) 50 cm lang ist (oder die gewünschte Länge hat). 9 (12) 11 (12) 12 M unter dem Ärmel auf einem Faden oder M-Halter stilllegen (die markierte M und gleich viele M beidseitig davon). Den zweiten Ärmel ebenso str.

RUNDPASSE

Die Ärmel-M auf die Rundstricknadel mit den Rumpf-M str: ein Ärmel, Vorderteil, zweiter Ärmel, Rückenteil = 264 (276) 300 (324) 348 M. Nach Zählmuster B für die Rundpasse str (evtl. mit dickeren Nadeln) und dabei wie im Zählmuster gekennzeichnet abn. Es sollten danach 84 (84) 88 (88) 88 M auf der Nadel liegen. Alle M locker abk.

FERTIGSTELLEN

Alle Fäden vernähen und die offenen Kanten unter den Ärmeln zusammen abk oder im M-Stich schließen. Den Pullover ausspülen und liegend trocknen lassen.

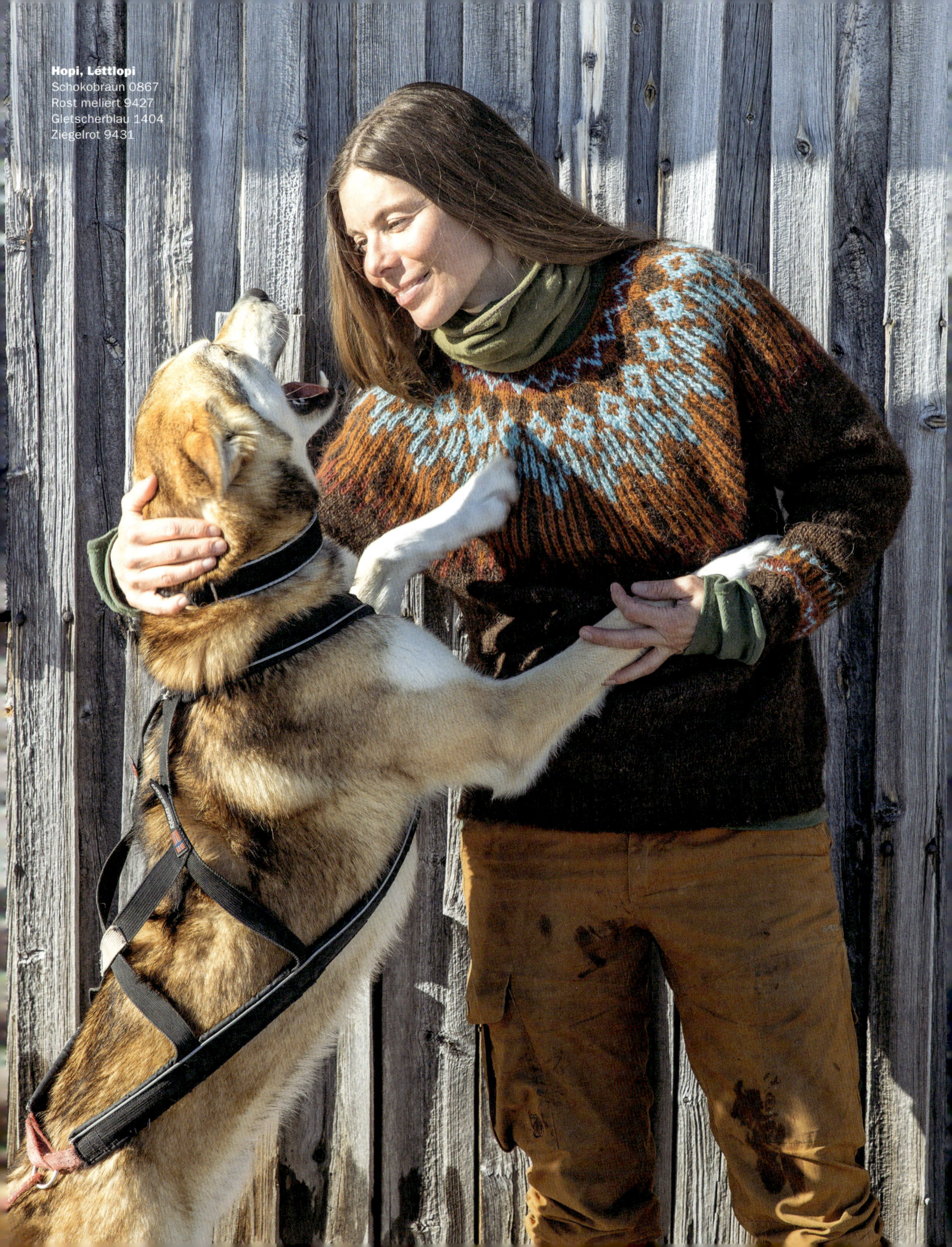

Hopi, Léttlopi
Schokobraun 0867
Rost meliert 9427
Gletscherblau 1404
Ziegelrot 9431

Zählmuster A

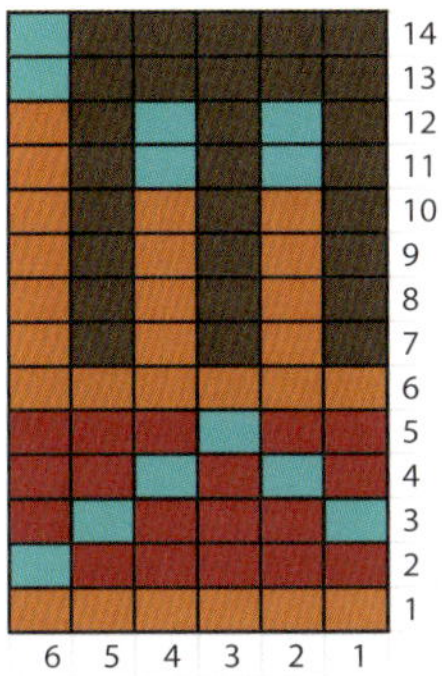

Zählmuster B

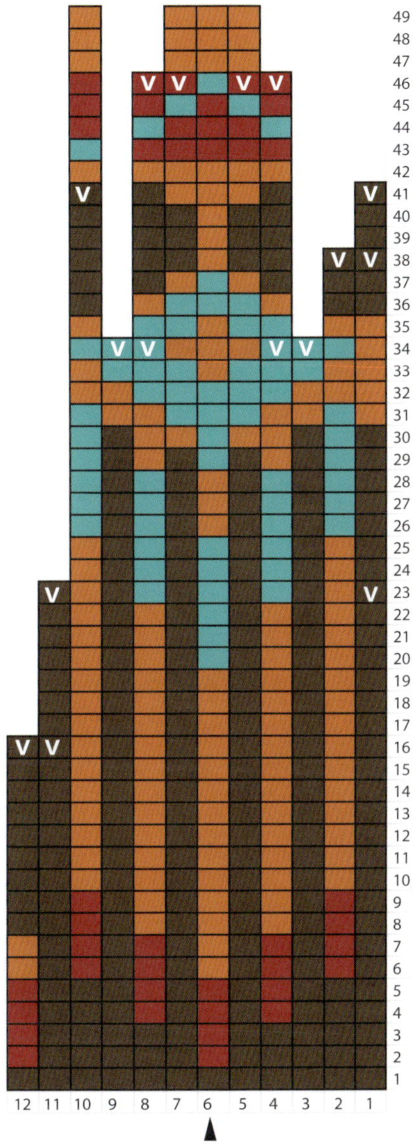

6 = vordere Mitte

49 Nach dieser Rd abk
48 M-Zahl auf 84 (84) 88 (88) 88 M anpassen
47 Zu Nadel Nr. 3,5 wechseln
46 Wie gekennzeichnet abn = 88 (92) 100 (108) 116 M
41 Wie gekennzeichnet abn = 132 (138) 150 (162) 174 M
40 Für Größe S (M) L (XL) überspringen
38 Wie gekennzeichnet abn = 154 (161) 175 (189) 203 M
34 Wie gekennzeichnet abn = 176 (184) 200 (216) 232 M
23 Wie gekennzeichnet abn = 220 (230) 250 (270) 290 M
17 Für Größe S (M) überspringen
16 Wie gekennzeichnet abn = 242 (253) 275 (297) 319 M
12 Für Größe S (M) überspringen
11 Für Größe S (M) L (XL) überspringen
10 Für Größe S (M) L (XL) überspringen
1 264 (276) 300 (324) 348 M

- **Grundfarbe**
- **Musterfarbe 1**
- **Musterfarbe 2**
- **Musterfarbe 3**

VV = 2 M rechts zusstr
V = 1 M

Alasuq-Jacke

Alasuq, nach einem meiner Lieblingshunde benannt, gehört zu meinen Lieblingsdesigns, und ich habe dieses Muster schon in unzähligen Farbkombinationen gestrickt. Hier kommt nun eine Jacke (#alasuqkofte). Sie wird mit dicken Nadeln (Nr. 6) und Álafosslopi gestrickt und ist zügig fertig. Wer sich ein noch weicheres Garn wünscht, verwendet Troll oder Blåne-Pelzschafwollgarn von Hillesvåg Ullvarefabrikk.

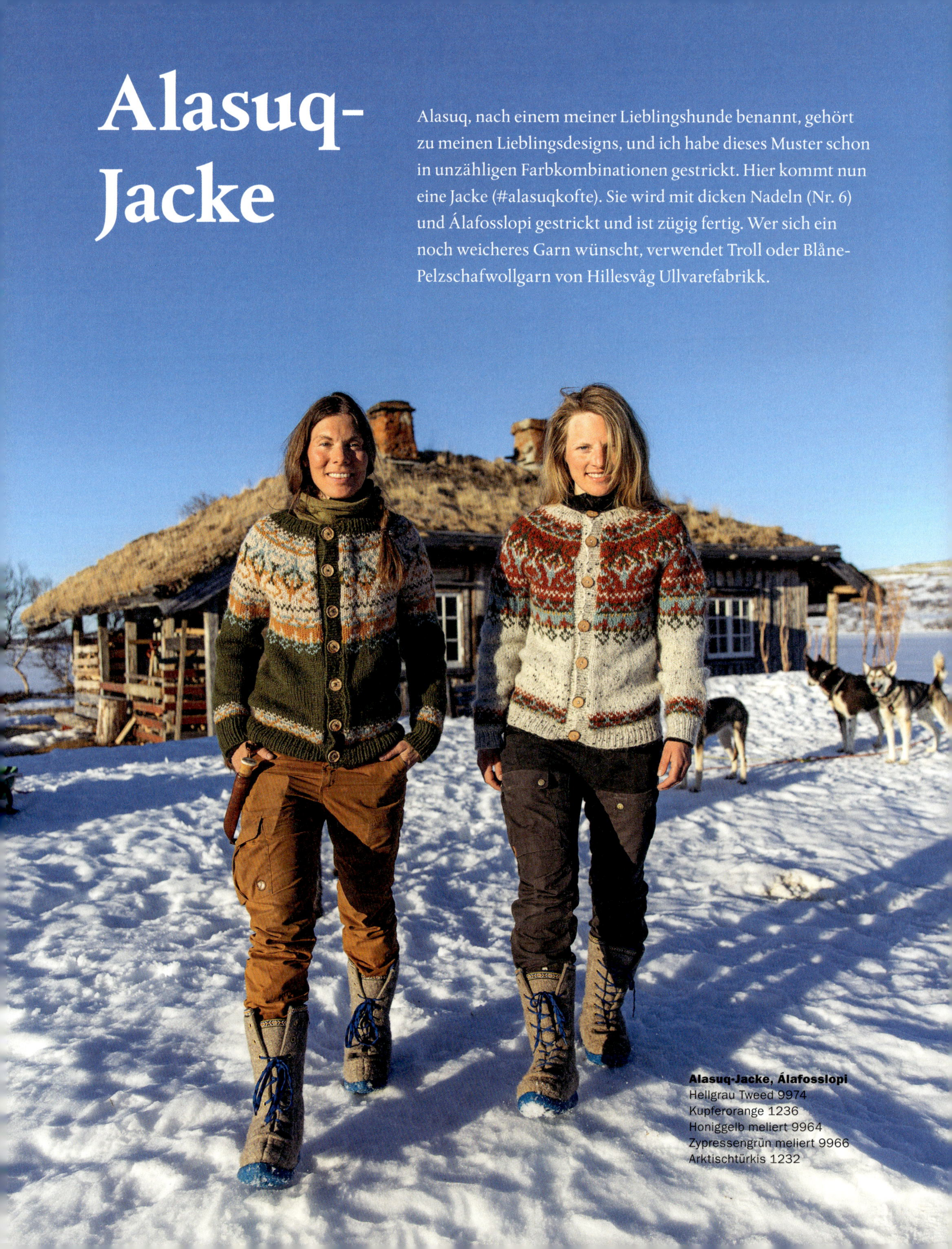

Alasuq-Jacke, Álafosslopi
Hellgrau Tweed 9974
Kupferorange 1236
Honiggelb meliert 9964
Zypressengrün meliert 9966
Arktischtürkis 1232

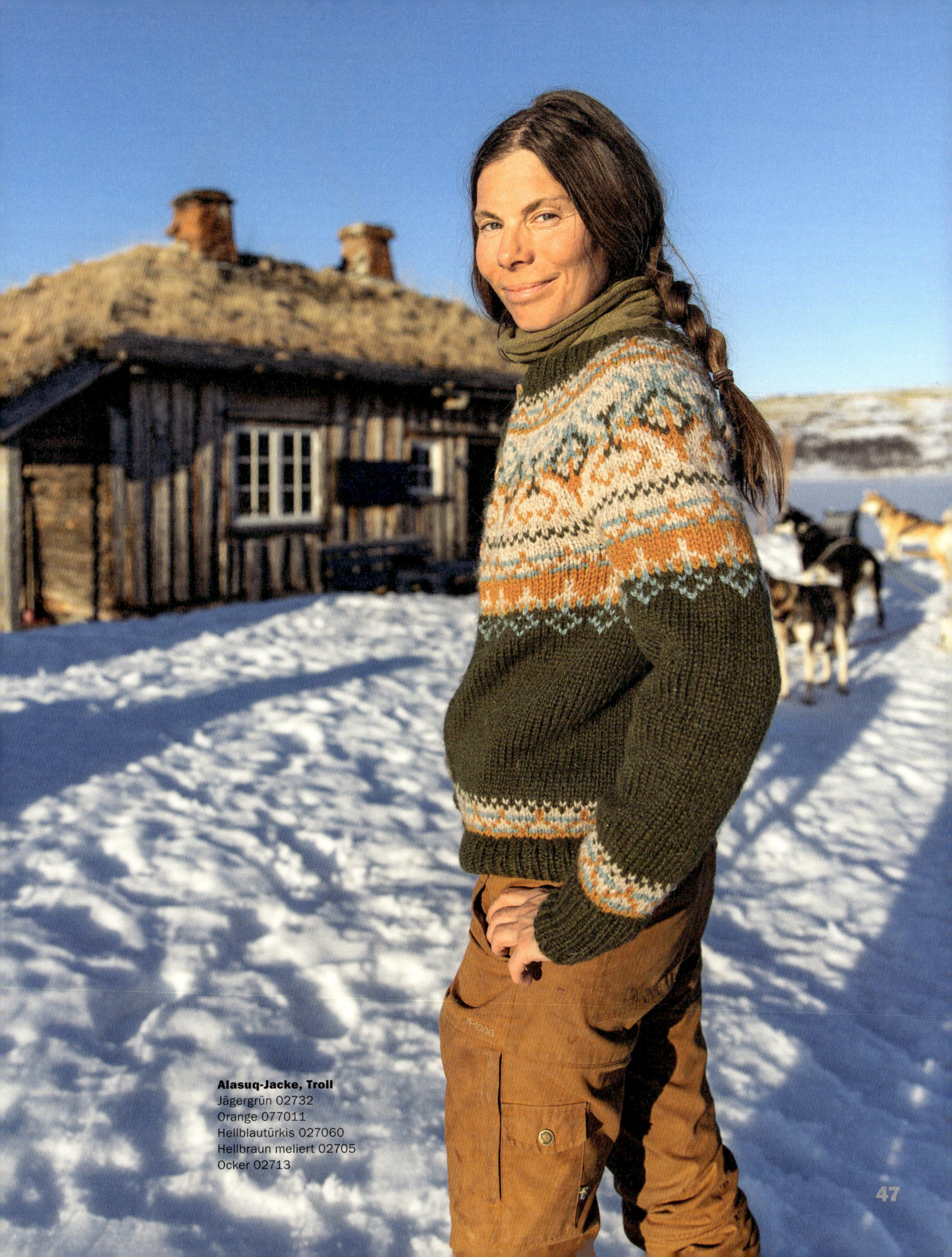

Alasuq-Jacke, Troll
Jägergrün 02732
Orange 077011
Hellblautürkis 027060
Hellbraun meliert 02705
Ocker 02713

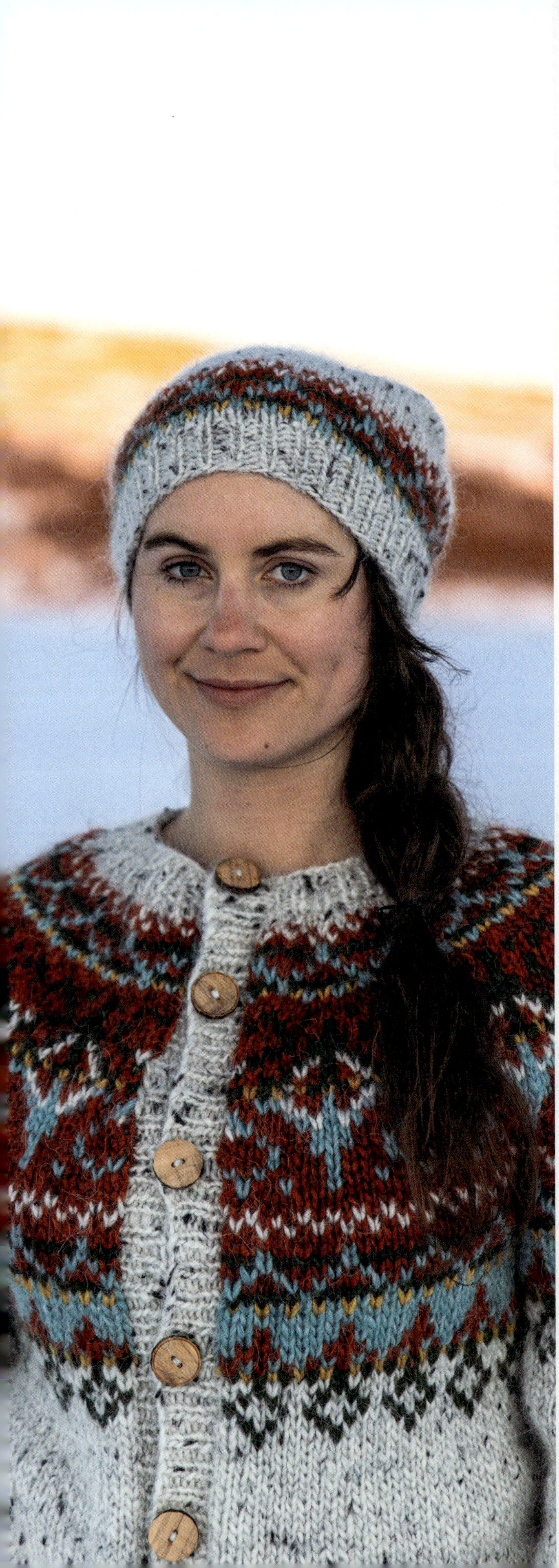

Alasuq-Jacke
Polar

Größen
S (M) L (XL) XXL

Maschenprobe
13 M mit Nadel Nr. 6 = 10 cm

Garn
Álafosslopi oder Blåne-Pelzschafwollgarn und/oder Troll von Hillesvåg Ullvarefabrikk

Garnmenge
Grundfarbe: 500 (600) 600 (700) 700 g
Musterfarbe 1: 200 (200) 200 (300) 300 g
Musterfarbe 2: 100 g für alle Größen
Musterfarbe 3: 100 (100) 100 (200) 200 g
Musterfarbe 4: 100 (200) 200 (200) 200 g

Knöpfe
7 (7) 8 (8) 8 Knöpfe aus Holz (25 mm ø)

Stricknadeln
Nadelspiel Nr. 4,5 und 6
Rundstricknadel Nr. 4,5 und 6, 40 cm lang
Rundstricknadel Nr. 4,5 und 6, 80 cm lang

Jackenmaße
Ärmellänge Damen: 47 (48) 49 (50) 51 cm
Ärmellänge Herren: 50 (51) 52 (53) 54 cm
Brustumfang (Damen und Herren): 97 (105) 115 (124) 134 cm
Rumpflänge Damen: 41 (42) 43 (44) 45 cm
Rumpflänge Herren: 43 (44) 45 (46) 47 cm

RUMPF

121 (133) 145 (157) 169 M in der Grundfarbe mit Rundstricknadel Nr. 4,5 anschlagen und für das Bündchen in Hin- und Rückreihen 7 cm im 1/1-Rippenmuster (= 1 M rechts, 1 M links im Wechsel) str. Die 1. Reihe ist eine Rückreihe, diese mit 1 M links beginnen, damit sie auf der Vorderseite der Jacke rechts erscheint. Es ist wichtig, dass die äußersten M rechte M sind, denn aus ihnen werden später die M für die Knopfleisten aufgefasst. Nun für die Steek-M (siehe Seite 50 unten) auf der rechten Nadel 5 M dazu anschlagen. Diese M werden stets glatt links gestrickt und im Folgenden nicht mitgezählt. Zu Rundstricknadel Nr. 6 wechseln. Ab jetzt wird in Rd glatt rechts gestrickt (außer über die Steek-M). Nach Zählmuster A str (evtl. mit dickeren Nadeln). Der Rapport besteht aus 6 M + 1 M, sodass das Muster auf beiden Seiten der Knopfleisten symmetrisch ist (das gilt auch später für die Passe). Dann in der Grundfarbe weiterstr, bis der Rumpf 30 (31) 32 (33) 34 cm für Damen bzw. 32 (33) 34 (35) 36 cm für Herren misst. Anschließend nach Zählmuster B str (evtl. mit dickeren Nadeln). Der Rumpf sollte nun 41 (42) 43 (44) 45 cm für Damen bzw. 43 (44) 45 (46) 47 cm für Herren lang sein. Zwei M-Markierer setzen: nach 30 (33) 36 (39) 42 M für ein Vorderteil und nach 61 (67) 73 (79) 85 M für das Rückenteil. Für die Armausschnitte 7 (9) 12 (11) 11 M auf einem Faden oder M-Halter stilllegen (die markierte M und gleich viele M beidseitig davon). Die Arbeit beiseitelegen und die Ärmel str.

ÄRMEL

34 (36) 38 (42) 42 M mit Nadelspiel Nr. 4,5 in der Grundfarbe anschlagen und 7 cm im 1/1-Rippenmuster str. Mit Nadelspiel Nr. 6 glatt rechts weiterstr. In der 1. Rd gleichmäßig verteilt 2 (6) 4 (6) 6 M zun = 36 (42) 42 (48) 48 M. Nach Zählmuster A str (evtl. mit dickeren Nadeln), anschließend in der Grundfarbe weiterarbeiten. Die M unter dem Ärmel mit einem M-Markierer kennzeichnen und alle 2 (2,5) 2,5 (3) 3 cm jeweils vor und nach dieser markierten M 1 M zun, bis insgesamt 54 (54) 60 (60) 60 M auf den Nadeln liegen. Ohne Zun in der Grundfarbe weiterstr, bis der Ärmel 36 (37) 38 (39) 40 cm für Damen bzw. 39 (40) 41 (42) 43 cm für Herren misst. Nach Zählmuster B str (evtl. mit dickeren Nadeln). Der Ärmel sollte nun 47 (48) 49 (50) 51 cm für Damen bzw. 50 (51) 52 (53) 54 cm für Herren lang sein. 8 (9) 12 (10) 10 M unter dem Ärmel auf einem Faden oder M-Halter stilllegen (die markierte M und gleich viele M beidseitig davon). Den zweiten Ärmel ebenso str.

RUNDPASSE

Die Ärmel-M auf die Rundstricknadel mit den Rumpf-M str: ein Vorderteil, ein Ärmel, Rückenteil, der zweite Ärmel, das zweite Vorderteil = 199 (205) 217 (235) 247 M. Nach Zählmuster C für die Rundpasse str (evtl. mit dickeren Nadeln) und dabei wie im Zählmuster gekennzeichnet abn.

HALSAUSSCHNITT

Die Steek-M abk und zu Rundstricknadel Nr. 4,5 wechseln. Nun in Reihen 3 cm in der Grundfarbe im 1/1-Rippenmuster str, dann die M mustergemäß abk. Weiterhin beachten, dass die beiden äußersten M jeweils rechte M sind, dann ist es einfacher, daraus die M für die Knopfleisten aufzufassen.

FERTIGSTELLEN

Alle Fäden vernähen und die offenen Kanten unter den Ärmeln zusammen abk oder im M-Stich schließen. Mit der Nähmaschine rechts und links der gewünschten Schnittkante über die Steek-M nähen. Am besten dreimal darübernähen, damit die Naht sicher hält. Dann den Strick zwischen den beiden Nähten aufschneiden und die Knopfleisten wie folgt arbeiten:

Rechte Vorderteilkante: Mit Nadel Nr. 4,5 in der Grundfarbe M entlang der rechten Vorderteilkante herausstr: Aus 3 aufeinanderfolgenden Rand-M je 1 M herausstr, 1 M überspringen. Dies fortlaufend wiederholen. Die Gesamt-M-Zahl muss ungerade sein, die erste und letzte M werden rechts gestrickt. 4 cm im 1/1-Rippenmuster str, dann mustergemäß abk.

Linke Vorderteilkante: Wie bei der rechten Vorderteilkante str, dabei jedoch zusätzlich gleichmäßig verteilt 7 (7) 8 (8) 8 Knopflöcher* einarbeiten. 2 cm im Rippenmuster stricken, dann die Knopflochreihe str. Das unterste Knopfloch ist ca. 2 cm vom unteren Rand entfernt, das oberste ca. 2 cm vom oberen Rand. Noch 2 cm im Rippenmuster str, dann mustergemäß abk.

***Anleitung Knopfloch:** 2 M zusstr und 1 Umschlag arbeiten. Alternativ 1 M abk und in der folgenden Reihe wieder dazu anschlagen.

Belege: Jeweils auf der Rückseite der Knopfleisten (aus den M der 1. Reihe) mit der Grundfarbe M herausstr, 3 Reihen glatt rechts str und abketten. Dann die Belege jeweils über die fransigen Schnittkanten legen und festnähen. Alternativ ein Zierband über die Schnittkanten nähen.

Die Jacke ausspülen und liegend trocknen lassen.

Basistechnik: Jacken mit Steekmaschen arbeiten

Da es einfacher ist, ein Norwegermuster in Runden als in Hin- und Rückreihen zu arbeiten, werden Jacken und Pullover in Runden gestrickt. Dabei in der Mitte des Vorderteils über die gesamte Höhe einige Maschen zusätzlich anschlagen, diese nennt man Steekmaschen. Sie werden durchgehend glatt links gestrickt. Im Bereich dieser Maschen die Arbeit später aufschneiden, die Maschen nach innen umschlagen und durch Nähen fixieren. Vor dem Aufschneiden mit der Nähmaschine rechts und links der gewünschten Schnittkante über die Steekmaschen nähen – mit geringer Stichlänge (2–2,5) und geringem Füßchendruck (z. B. mit einem Geradstich). Dreimal darübernähen. Nun zwischen den beiden Nähten aufschneiden und die Steekhälften nach innen umklappen. Anschließend aus den Kanten die Maschen für die vorderen Blenden herausstricken.

Zählmuster A

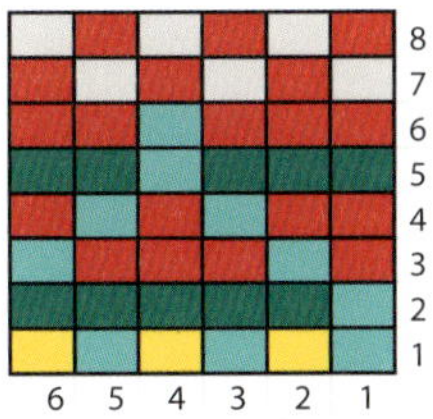

1 = hier beginnen

Zählmuster B

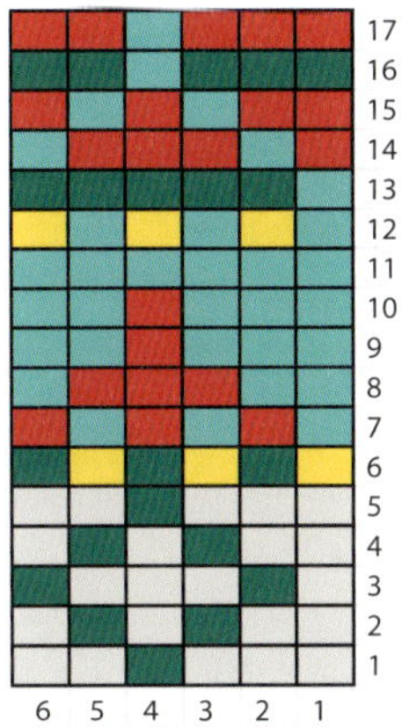

1 = hier beginnen

Grundfarbe
Musterfarbe 1
Musterfarbe 2
Musterfarbe 3
Musterfarbe 4

VV = 2 M rechts zusstr
V = 1 M

Zählmuster C

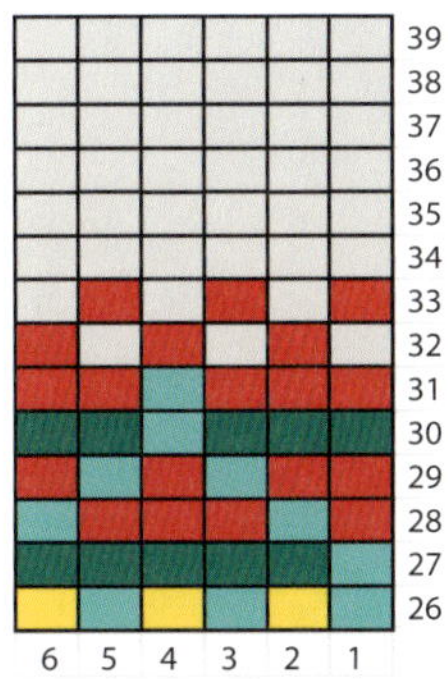

38 Auf 73 (77) 81 (85) 85 M anpassen
37 Für Größe S (M) überspringen
36 Für Größe S (M) L überspringen
35 Für Größe S (M) L überspringen

1 = hier beginnen

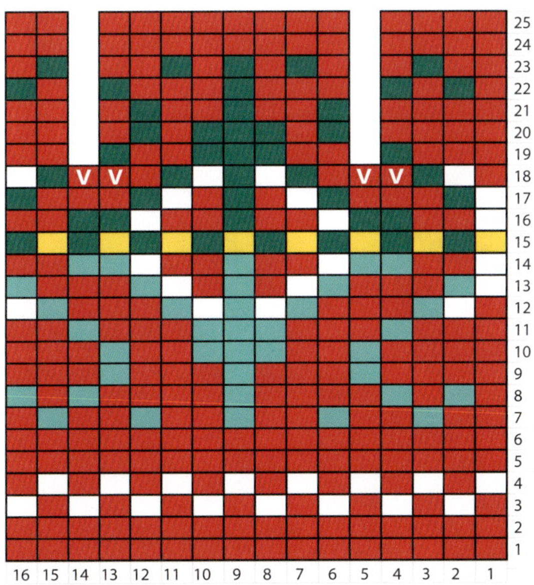

25 32 (40) 48 (56) 56 M abn = 109 (115) 121 (127) 127 M
18 Wie gekennzeichnet abn = 141 (155) 169 (183) 183 M
6 38 (28) 24 (26) 38 M abn = 161 (177) 193 (209) 209 M
2 Für Größe S überspringen
1 199 (205) 217 (235) 247 M

1 = hier beginnen

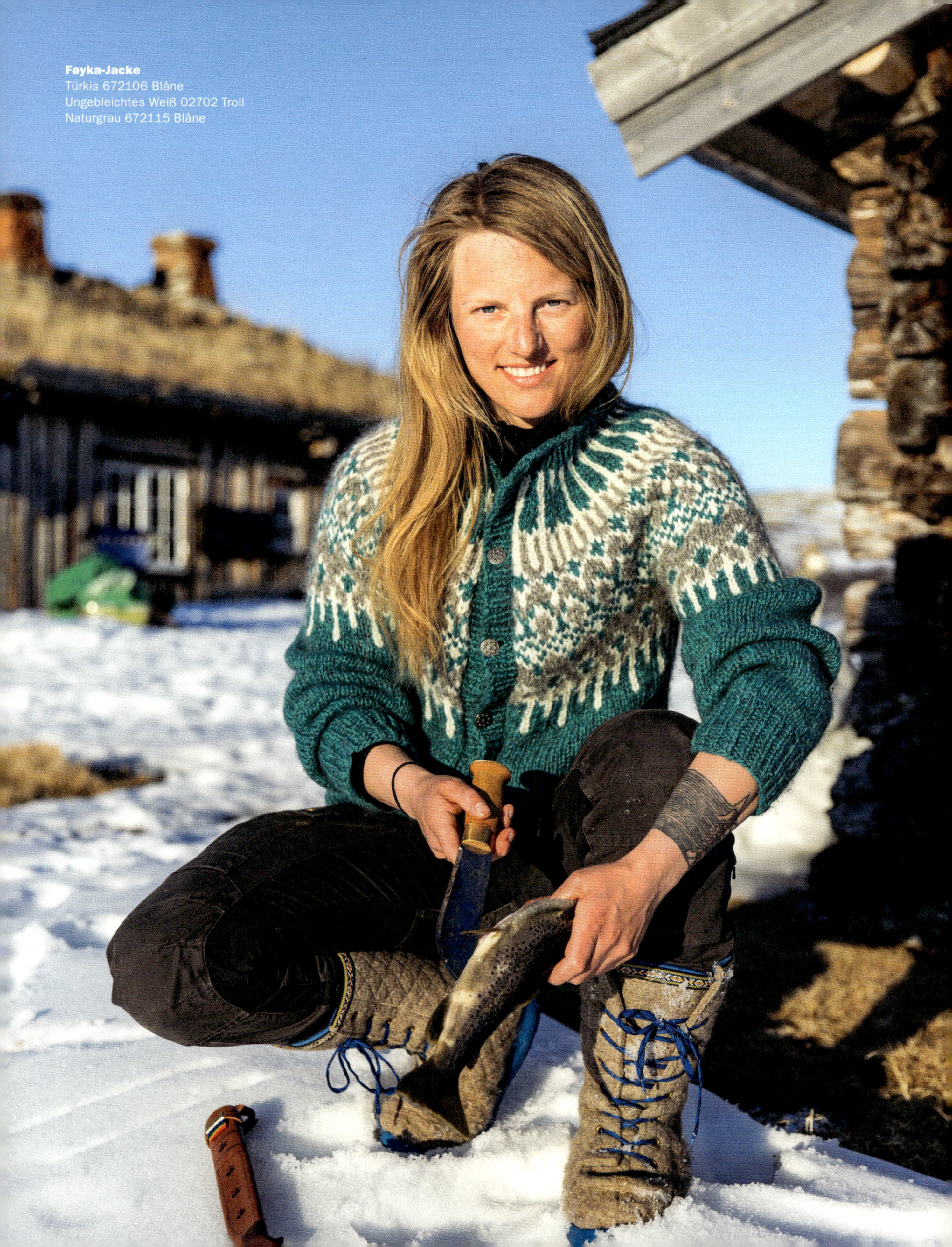
Føyka-Jacke
Türkis 672106 Blåne
Ungebleichtes Weiß 02702 Troll
Naturgrau 672115 Blåne

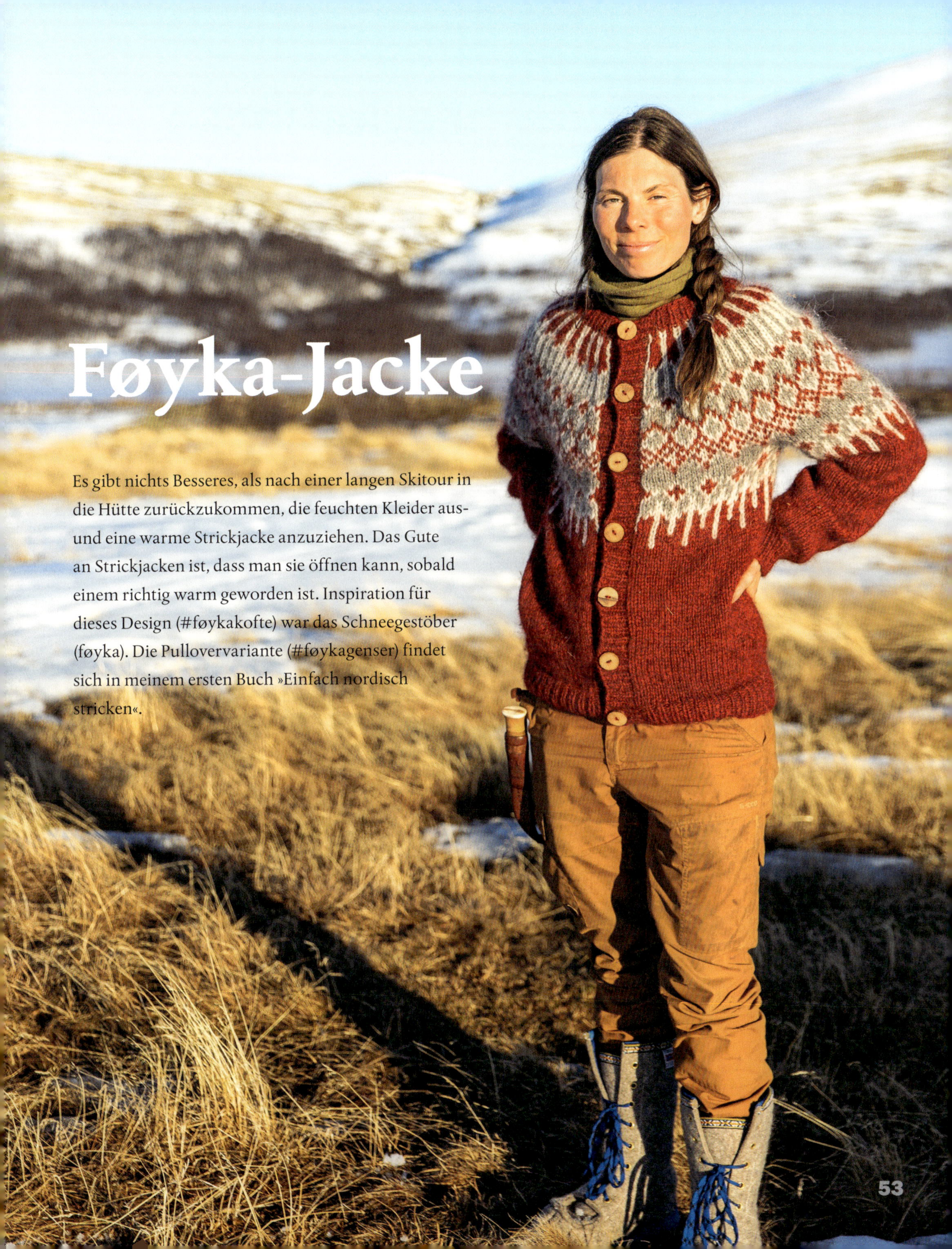

Føyka-Jacke

Es gibt nichts Besseres, als nach einer langen Skitour in die Hütte zurückzukommen, die feuchten Kleider aus- und eine warme Strickjacke anzuziehen. Das Gute an Strickjacken ist, dass man sie öffnen kann, sobald einem richtig warm geworden ist. Inspiration für dieses Design (#føykakofte) war das Schneegestöber (føyka). Die Pullovervariante (#føykagenser) findet sich in meinem ersten Buch »Einfach nordisch stricken«.

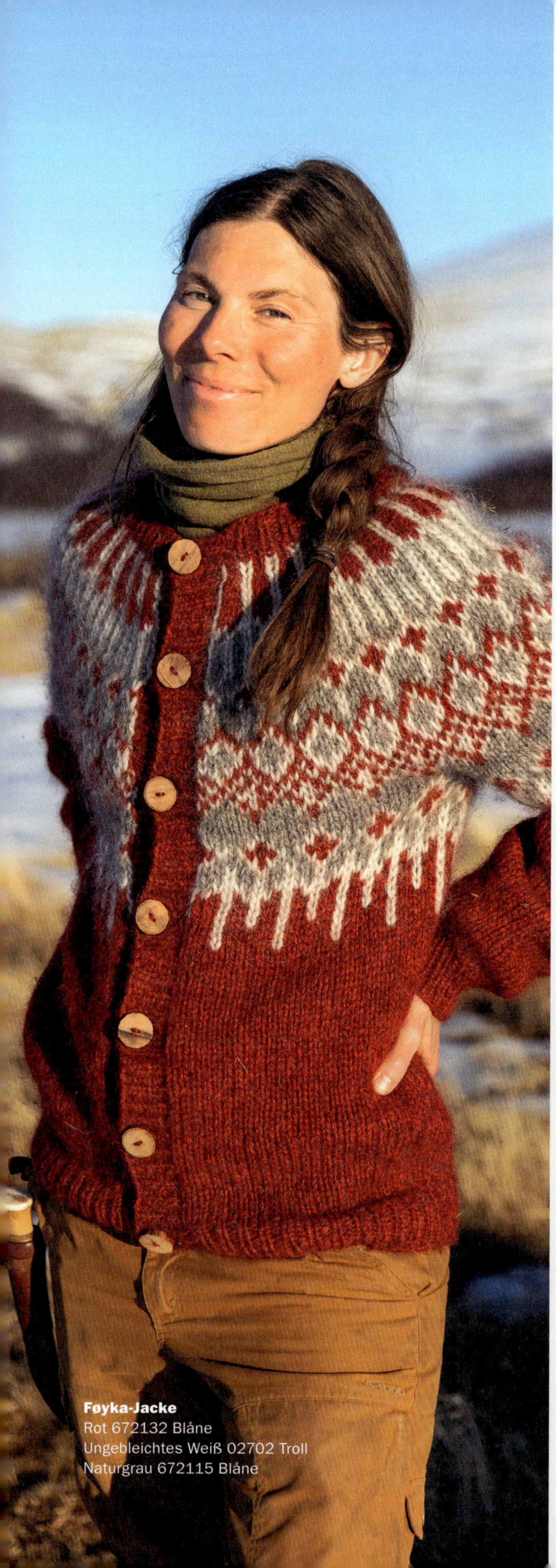

Føyka-Jacke
Rot 672132 Blåne
Ungebleichtes Weiß 02702 Troll
Naturgrau 672115 Blåne

Føyka-Jacke

Größen
S (M) L (XL) XXL

Maschenprobe
13 M mit Nadel Nr. 6 = 10 cm

Garn
Blåne-Pelzschafwollgarn und/oder Troll von Hillesvåg Ullvarefabrikk oder Álafosslopi

Garnmenge
Grundfarbe: 600 (600) 700 (700) 700 g
Musterfarbe 1: 200 g für alle Größen
Musterfarbe 2: 200 g für alle Größen

Knöpfe
7 (7) 8 (8) 8 Knöpfe aus Holz (25 mm ø)

Stricknadeln
Nadelspiel Nr. 4,5 und 6
Rundstricknadel Nr. 4,5 und 6, 40 cm lang
Rundstricknadel Nr. 4,5 und 6, 80 cm lang

Jackenmaße
Ärmellänge Damen: 47 (48) 49 (50) 51 cm
Ärmellänge Herren: 50 (51) 52 (53) 54 cm
Brustumfang (Damen und Herren): 97 (106) 115 (124) 134 cm
Rumpflänge Damen: 41 (42) 43 (44) 45 cm
Rumpflänge Herren: 43 (44) 45 (46) 47 cm

RUMPF

121 (133) 145 (157) 169 M in der Grundfarbe mit Rundstricknadel Nr. 4,5 anschlagen und für das Bündchen in Hin- und Rückreihen 7 cm im 1/1-Rippenmuster (= 1 M rechts, 1 M links im Wechsel) str. Die 1. Reihe ist eine Rückreihe, diese mit 1 M links beginnen, damit sie auf der Vorderseite der Jacke rechts erscheint. Es ist wichtig, dass die äußersten M rechte M sind, denn aus ihnen werden später die M für die Knopfleisten aufgefasst. Nun für die Steek-M (siehe Seite 50 unten) auf der rechten Nadel 5 M dazu anschlagen. Diese M werden stets glatt links gestrickt und im Folgenden nicht mitgezählt. Mit Rundstricknadel Nr. 6 in Rd glatt rechts str (außer über die Steek-M). In der Grundfarbe weiterstr, bis der Rumpf 29 (30) 31 (32) 33 cm für Damen bzw. 31 (32) 33 (34) 35 cm für Herren misst (oder die gewünschte Länge hat). Nun nach Zählmuster A str (evtl. mit dickeren Nadeln), dabei an der angegebenen Stelle beginnen. Der Rapport besteht aus 6 M + 1 M am Ende, sodass das Muster auf beiden Seiten der Knopfleisten symmetrisch ist (das gilt auch für die Passe). Der Rumpf sollte nun 41 (42) 43 (44) 45 cm für Damen bzw. 43 (44) 45 (46) 47 cm für Herren lang sein. Zwei M-Markierer setzen: nach 30 (33) 36 (39) 42 M für ein Vorderteil und nach 61 (67) 73 (79) 85 M für das Rückenteil. Für die Armausschnitte 7 (9) 12 (11) 11 auf jeder Seite des Rumpfes auf einem Faden oder M-Halter stilllegen (die markierte M und gleich viele M beidseitig davon). Die Arbeit beiseitelegen und die Ärmel str.

ÄRMEL

34 (36) 38 (42) 42 M mit Nadelspiel Nr. 4,5 in der Grundfarbe anschlagen, zur Runde schließen und 7 cm im 1/1-Rippenmuster str. Mit Nadelspiel Nr. 6 glatt rechts weiterstr. In der 1. Rd gleichmäßig verteilt 4 M zun = 38 (40) 42 (46) 46 M. Die M unter dem Ärmel mit einem M-Markierer kennzeichnen und alle 2,5 (2,5) 2,5 (3) 3 cm jeweils vor und nach dieser markierten M 1 M zun, bis insgesamt 54 (54) 60 (60) 60 M auf den Nd liegen. Ohne Zun in der Grundfarbe weiterstr, bis der Ärmel 35 (36) 37 (38) 39 cm für Damen bzw. 38 (39) 40 (41) 42 cm für Herren misst (oder die gewünschte Länge hat). Nach Zählmuster A str (evtl. mit dickeren Nadeln). Der Ärmel sollte nun 47 (48) 49 (50) 51 cm für Damen bzw. 50 (51) 52 (53) 54 cm für Herren lang sein. 8 (9) 12 (10) 10 M unter dem Ärmel auf einem Faden oder M-Halter stilllegen (die markierte M und gleich viele M beidseitig davon). Den zweiten Ärmel ebenso str.

RUNDPASSE

Die Ärmel-M auf die Rundstricknadel mit den Rumpf-M str: ein Vorderteil, ein Ärmel, Rückenteil, zweiter Ärmel, zweites Vorderteil. Es liegen nun 199 (205) 217 (235) 247 M auf der Nadel. Nach Zählmuster B für die Rundpasse str (evtl. mit dickeren Nadeln) und dabei wie im Zählmuster gekennzeichnet abn.

HALSAUSSCHNITT

Die Steek-M abk und zu Rundstricknadel Nr. 4,5 wechseln. Nun in Reihen 3 cm in der Grundfarbe im 1/1-Rippenmuster str, dann die M mustergemäß abk. Auch hier beachten, dass die äußersten M rechte M sind, dann ist es einfacher, daraus später die M für die Knopfleisten aufzufassen.

FERTIGSTELLEN

Alle Fäden vernähen und die offenen Kanten unter den Ärmeln zusammen abk oder im M-Stich schließen. Mit der Nähmaschine rechts und links der gewünschten Schnittkante über die Steek-M nähen. Am besten dreimal darübernähen, damit die Naht sicher hält. Dann den Strick zwischen den beiden Nähten aufschneiden und die Knopfleisten wie folgt arbeiten:

Rechte Vorderteilkante: Mit Nadel Nr. 4,5 in der Grundfarbe M entlang der rechten Vorderteilkante herausstr: Aus 3 aufeinanderfolgenden Rand-M je 1 M herausstr, 1 M überspringen. Dies fortlaufend wiederholen. Die Gesamt-M-Zahl muss ungerade sein, die erste und letzte M werden rechts gestrickt. 4 cm im 1/1-Rippenmuster str, dann mustergemäß abk.

Linke Vorderteilkante: Wie bei der rechten Vorderteilkante str, dabei jedoch nach 2 cm die Knopflochreihe str: Gleichmäßig verteilt 7 (7) 8 (8) 8 Knopflöcher* einarbeiten. Das unterste Knopfloch liegt ca. 2 cm vom unteren Rand entfernt, das oberste ca. 2 cm vom oberen Rand. Noch 2 cm im Rippenmuster str, dann mustergemäß abk.

***Anleitung Knopfloch:** 2 M zusstr und 1 Umschlag arbeiten. Alternativ 1 M abk und in der folgenden Reihe wieder dazu anschlagen.

Belege: Jeweils auf der Rückseite der Knopfleisten (aus den M der 1. Reihe) mit der Grundfarbe M herausstr, 3 Reihen glatt rechts str und abk. Dann die Belege jeweils über die Schnittkanten legen und festnähen. Alternativ ein Zierband über die Schnittkanten nähen.

Die Jacke ausspülen und liegend trocknen lassen.

Zählmuster A (Ärmel und Rumpf)

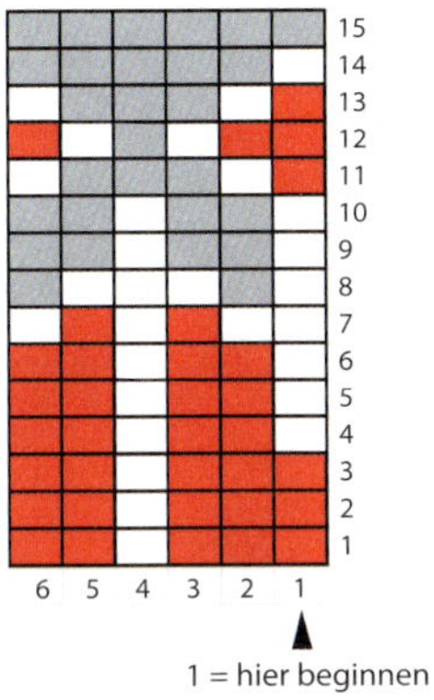

Zählmuster B (Rundpasse)

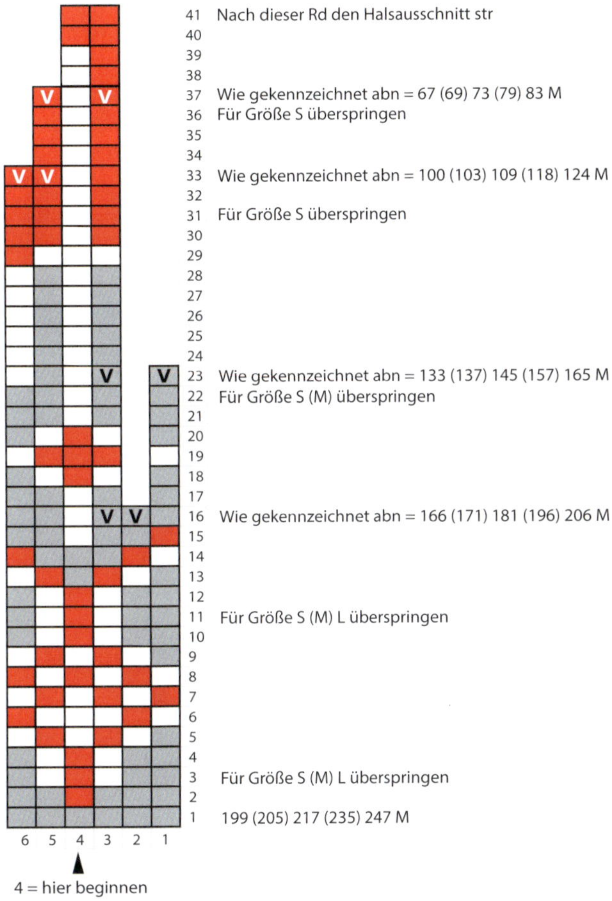

Grundfarbe

Musterfarbe 1

Musterfarbe 2

VV = 2 M rechts zusstr
V = 1 M

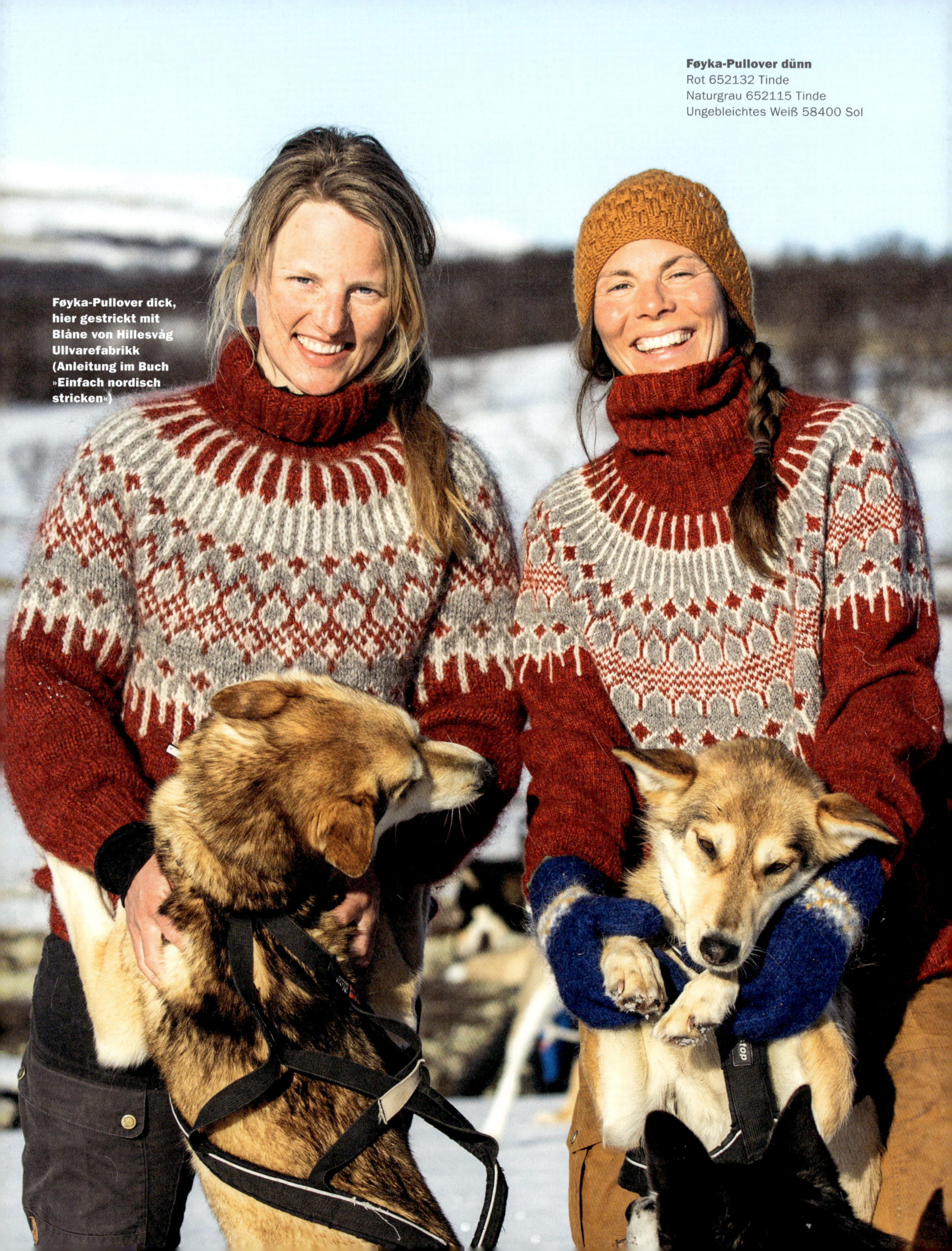

Føyka-Pullover dünn
Rot 652132 Tinde
Naturgrau 652115 Tinde
Ungebleichtes Weiß 58400 Sol

Føyka-Pullover dick, hier gestrickt mit Blåne von Hillesvåg Ullvarefabrikk (Anleitung im Buch »Einfach nordisch stricken«)

Føyka-Pullover dick, hier gestrickt mit Blåne von Hillesvåg Ullvarefabrikk (Anleitung im Buch »Einfach nordisch stricken«)
Føyka-Pullover dünn
Ungebleichtes Weiß 58400 Sol
Rot 652132 Tinde
Schwarz 652109 Tinde

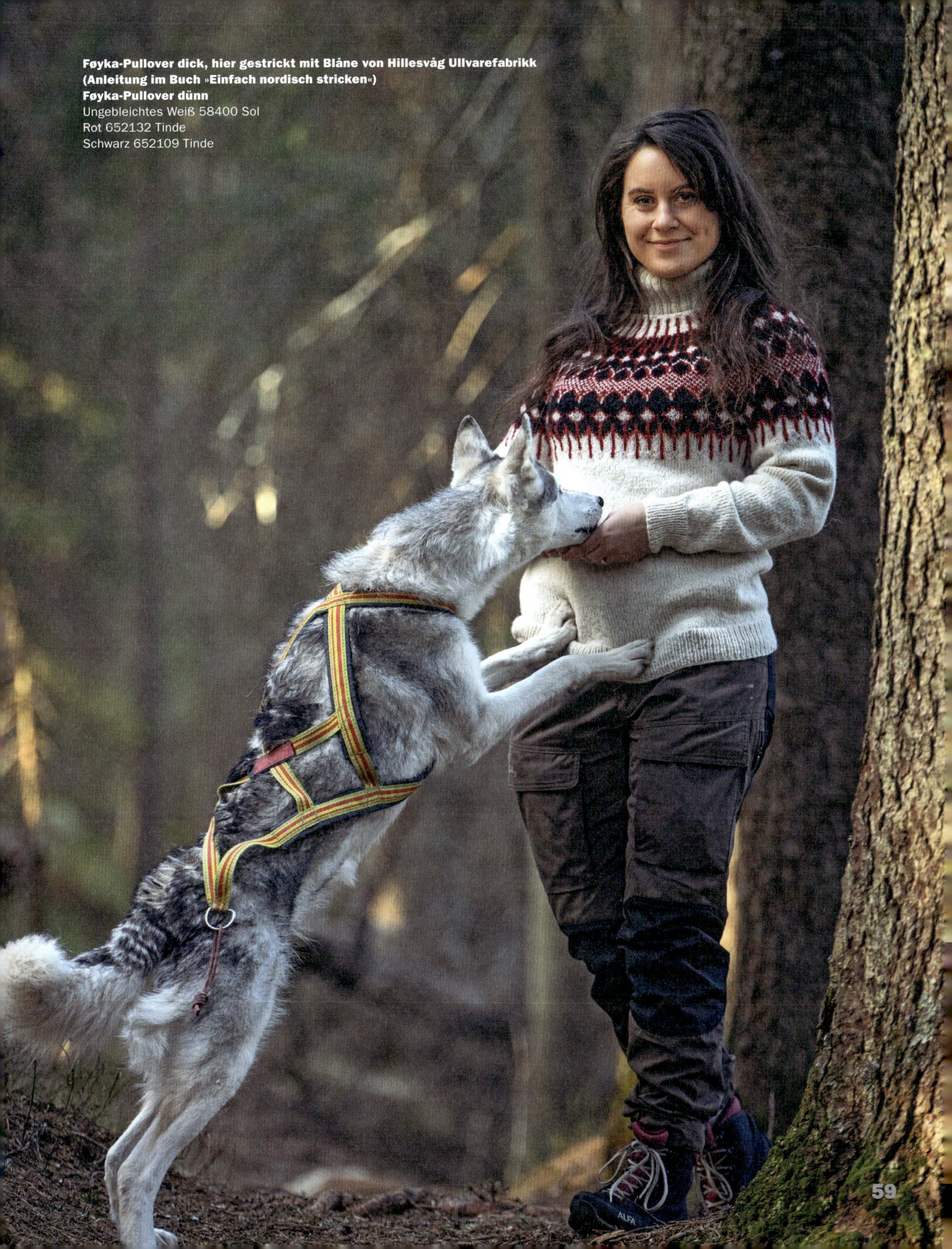

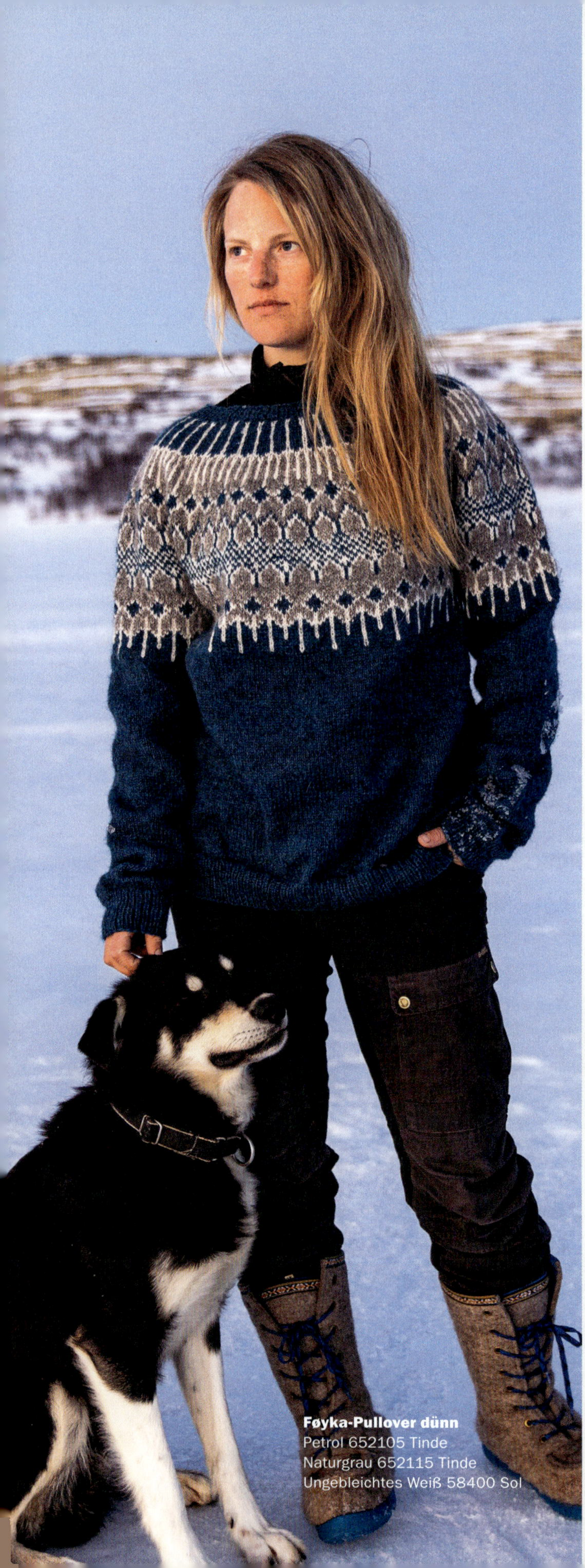

Føyka-Pullover dünn

Größen
S (M) L (XL) XXL

Maschenprobe
22 M mit Nadel Nr. 3,5 = 10 cm

Garn
Tinde-Pelzschafwollgarn und/oder Sol-Lammwollgarn von Hillesvåg Ullvarefabrikk

Garnmenge
Grundfarbe: 400 (400) 400 (500) 500 g
Musterfarbe 1: 100 g für alle Größen
Musterfarbe 2: 100 g für alle Größen

Stricknadeln
Nadelspiel Nr. 3 und 3,5
Rundstricknadel Nr. 3 und 3,5, 40 cm lang
Rundstricknadel Nr. 3 und 3,5, 80 cm lang

Pullovermaße
Ärmellänge Damen: 47 (48) 49 (50) 51 cm
Ärmellänge Herren: 50 (52) 53 (54) 55 cm
Brustumfang: ca. (87) 98 (105) 112 (123) cm
Rumpflänge Damen: 40 (42) 43 (44) 44 cm
Rumpflänge Herren: 44 (45) 46 (47) 47 cm

RUMPF

192 (216) 232 (248) 272 M in der Grundfarbe mit Rundstricknadel Nr. 3 anschlagen, zur Rd schließen und für das Bündchen 6 cm im 1/1-Rippenmuster (= 1 M rechts, 1 M links im Wechsel) str. Am Rd-Beginn einen M-Markierer setzen. Mit Rundstricknadel Nr. 3,5 glatt rechts in der Grundfarbe weiterstr, bis der Rumpf 31 (33) 34 (35) 35 cm für Damen bzw. 35 (36) 37 (38) 38 cm Herren misst. Nach Zählmuster A str (evtl. mit dickeren Nadeln). Der Rumpf sollte danach 40 (42) 43 (44) 44 cm für Damen bzw. 44 (45) 46 (47) 47 cm für Herren lang sein. Nach 96 (108) 116 (124) 136 M einen weiteren M-Markierer setzen = Vorder- und Rückenteil. Für die Armausschnitte 12 (14) 14 (14) 14 M auf jeder Seite auf einem Faden oder M-Halter stilllegen (die markierte M und gleich viele M beidseitig davon). Die Arbeit beiseitelegen und die Ärmel str.

ÄRMEL

42 (48) 50 (54) 56 M mit Nadelspiel Nr. 3 in der Grundfarbe anschlagen, zur Runde schließen und für das Bündchen 6 cm im 1/1-Rippenmuster str. Mit Nadelspiel Nr. 3,5 glatt rechts weiterstr. In der 1. Rd gleichmäßig verteilt 14 (10) 14 (10) 10 zun = 56 (58) 64 (64) 66 M. Die M unter dem Ärmel mit einem M-Markierer kennzeichnen und alle 2 cm jeweils vor und nach dieser markierten M 1 M zun, bis insgesamt 80 (80) 88 (96) 96 M auf den Nadeln liegen. Ohne Zun in der Grundfarbe weiterstr, bis der Ärmel 38 (39) 40 (41) 42 cm für Damen bzw. 41 (43) 44 (45) 46 cm für Herren misst. Nach Zählmuster A str (evtl. mit dickeren Nadeln). Hinweis: Nicht in allen Größen treffen die Musterdetails am Rumpf genau auf die Musterdetails an den Ärmeln. Der Ärmel sollte nun 47 (48) 49 (50) 51 cm für Damen bzw. 50 (52) 53 (54) 55 cm für Herren lang sein. 12 (14) 14 (14) 14 M unter dem Ärmel auf einem Faden oder M-Halter stilllegen (die markierte M und gleich viele M beidseitig davon). Den zweiten Ärmel ebenso str.

RUNDPASSE

Die Ärmel-M auf die Rundstricknadel mit den Rumpf-M str = ein Ärmel, Vorderteil, zweiter Ärmel, Rückenteil = 304 (320) 352 (384) 408 M. Dabei einen M-Markierer am ersten Übergang zwischen Ärmel und Rumpf setzen = Rd-Beginn. Nach Zählmuster B für die Rundpasse str (evtl. mit dickeren Nadeln) und dabei wie im Zählmuster gekennzeichnet abn.

HALSAUSSCHNITT

Es liegen nun 112 (116) 116 (120) 120 M auf der Nadel. Zu Nadel Nr. 3 wechseln.
Rollkragen: 20 cm im 2/2-Rippenmuster (= 2 M rechts, 2 M links im Wechsel) str. Dann alle M locker mustergemäß abk.
Rundhalsausschnitt: 3 cm im 1/1-Rippenmuster str. Dann alle M locker mustergemäß abk.

FERTIGSTELLEN

Alle Fäden vernähen und die offenen Kanten unter den Ärmeln zusammen abk oder im M-Stich schließen. Den Pullover ausspülen und liegend trocknen lassen.

Zählmuster A (Ärmel und Rumpf)

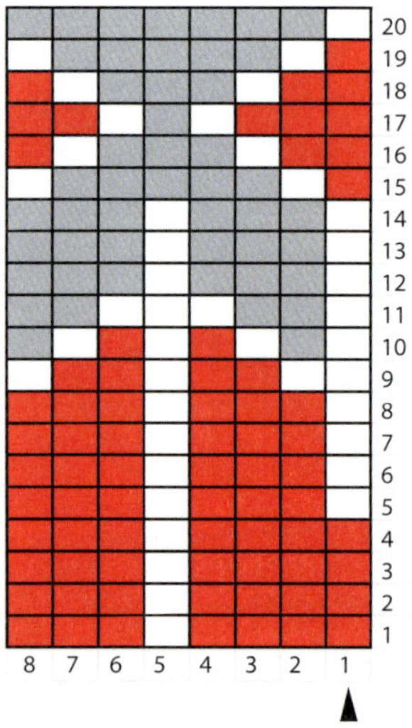

1 = vordere Mitte

Zählmuster B (Rundpasse)

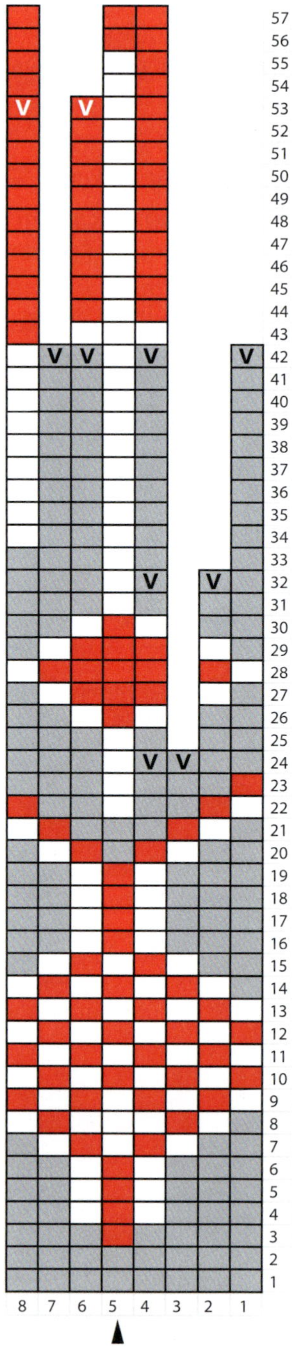

5 = vordere Mitte

- 57 M-Zahl auf 112 (116) 116 (120) 120 M anpassen
- 53 Wie gekennzeichnet abn = 114 (120) 132 (144) 153 M
- 45 Für Größe S (M) L überspringen
- 44 Für Größe S (M) L überspringen
- 42 Wie gekennzeichnet abn = 152 (160) 176 (192) 204 M
- 41 Für Größe S (M) L überspringen
- 32 Wie gekennzeichnet abn = 228 (240) 264 (288) 306 M
- 24 Wie gekennzeichnet abn = 266 (280) 308 (336) 357 M
- 19 Für Größe S (M) überspringen
- 18 Für Größe S überspringen
- 6 Für Größe S (M) überspringen
- 2 304 (320) 352 (384) 408 M

Grundfarbe

Musterfarbe 1

Musterfarbe 2

VV = 2 M rechts zusstr
V = 1 M

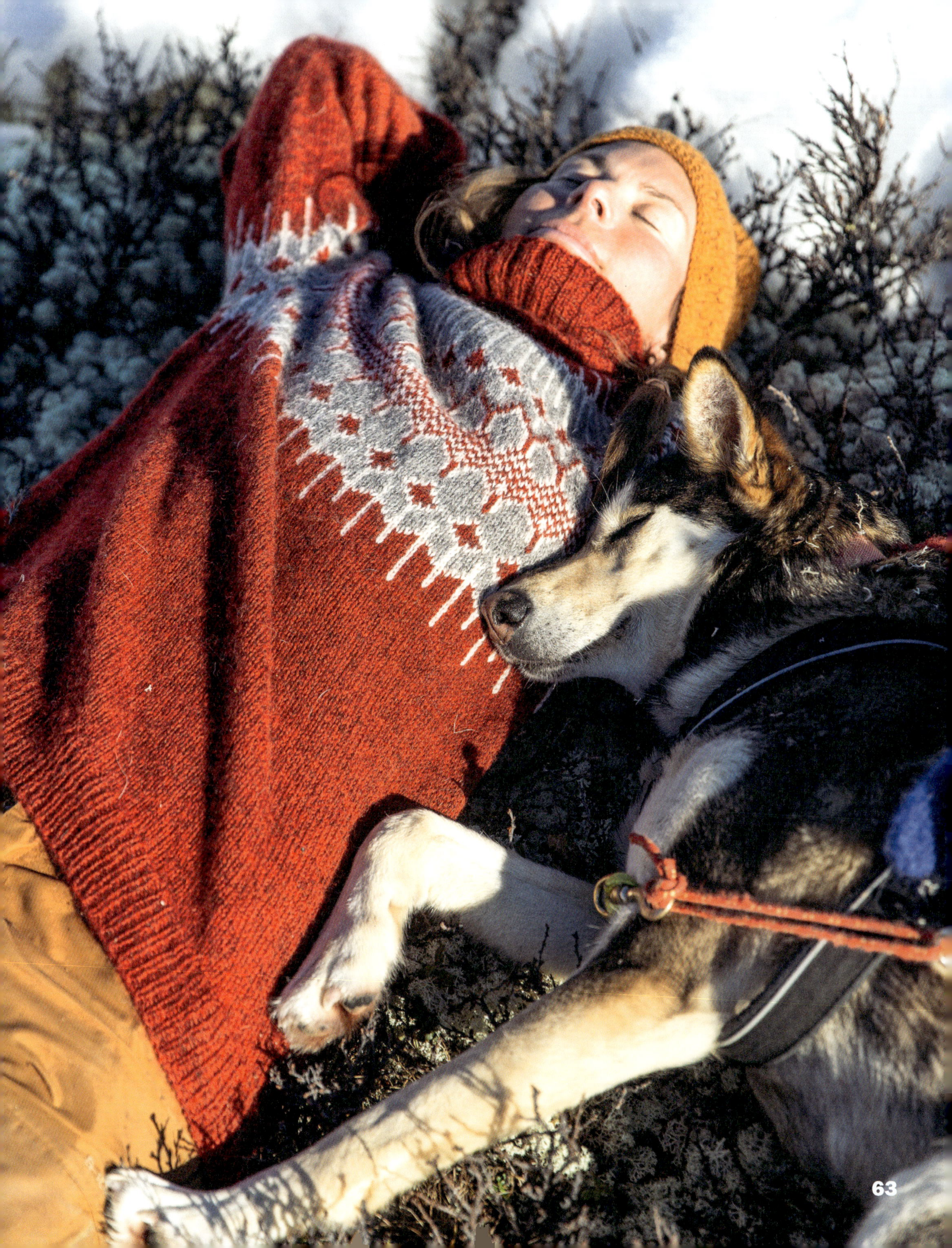

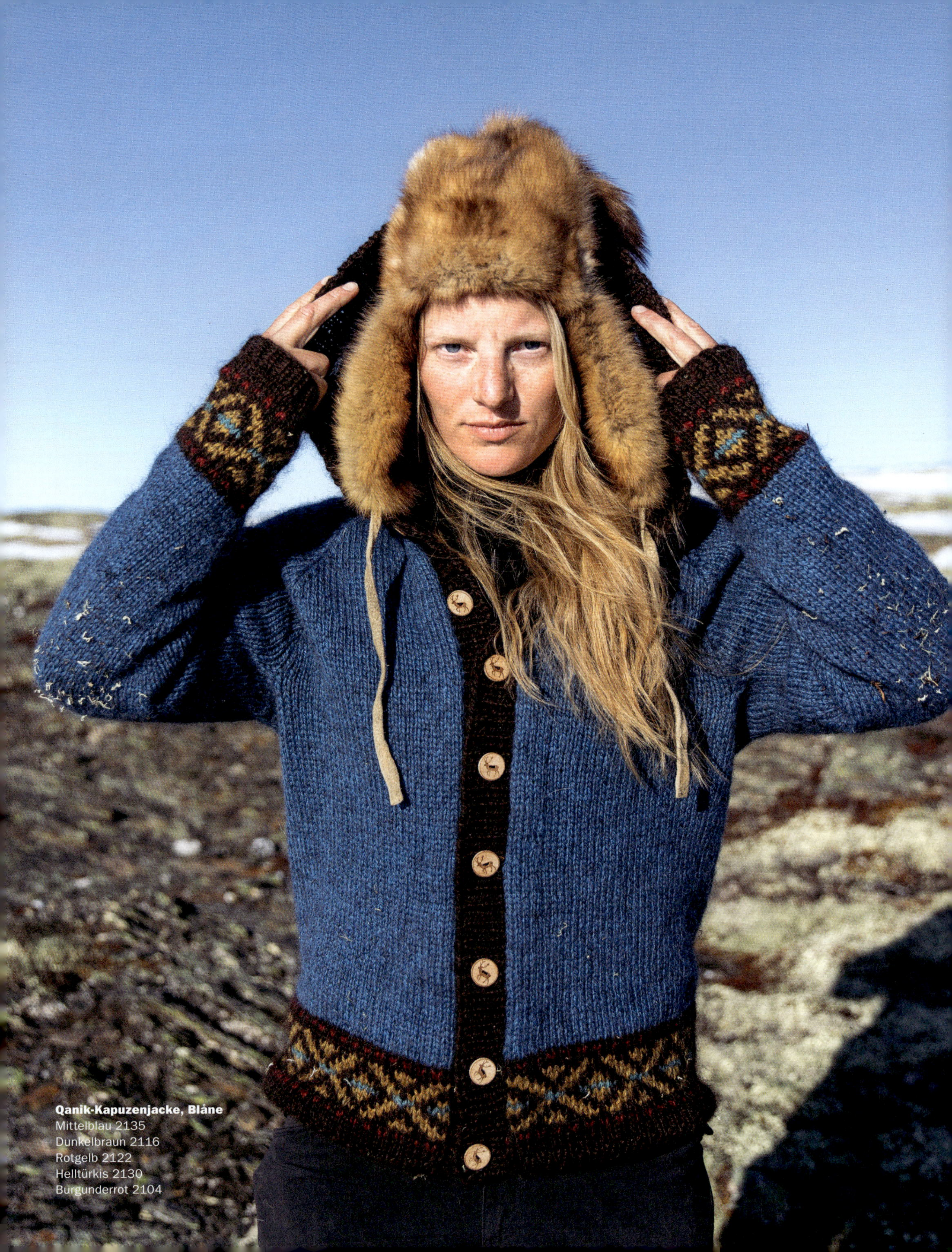

Qanik-Kapuzenjacke, Blåne
Mittelblau 2135
Dunkelbraun 2116
Rotgelb 2122
Helltürkis 2130
Burgunderrot 2104

Qanik

Qanik ist Grönländisch und bedeutet »fallender Schnee«. Das Muster ist von den Inuit und ihren traditionellen Trachten inspiriert. Wer mit dem Stricken von mehrfarbigen Mustern beginnt, für den ist Qanik ein ideales Einsteigermodell – egal ob man sich für den Pullover (#qanikgenser) oder für die Jacke (#qanikhettejakke) entscheidet.

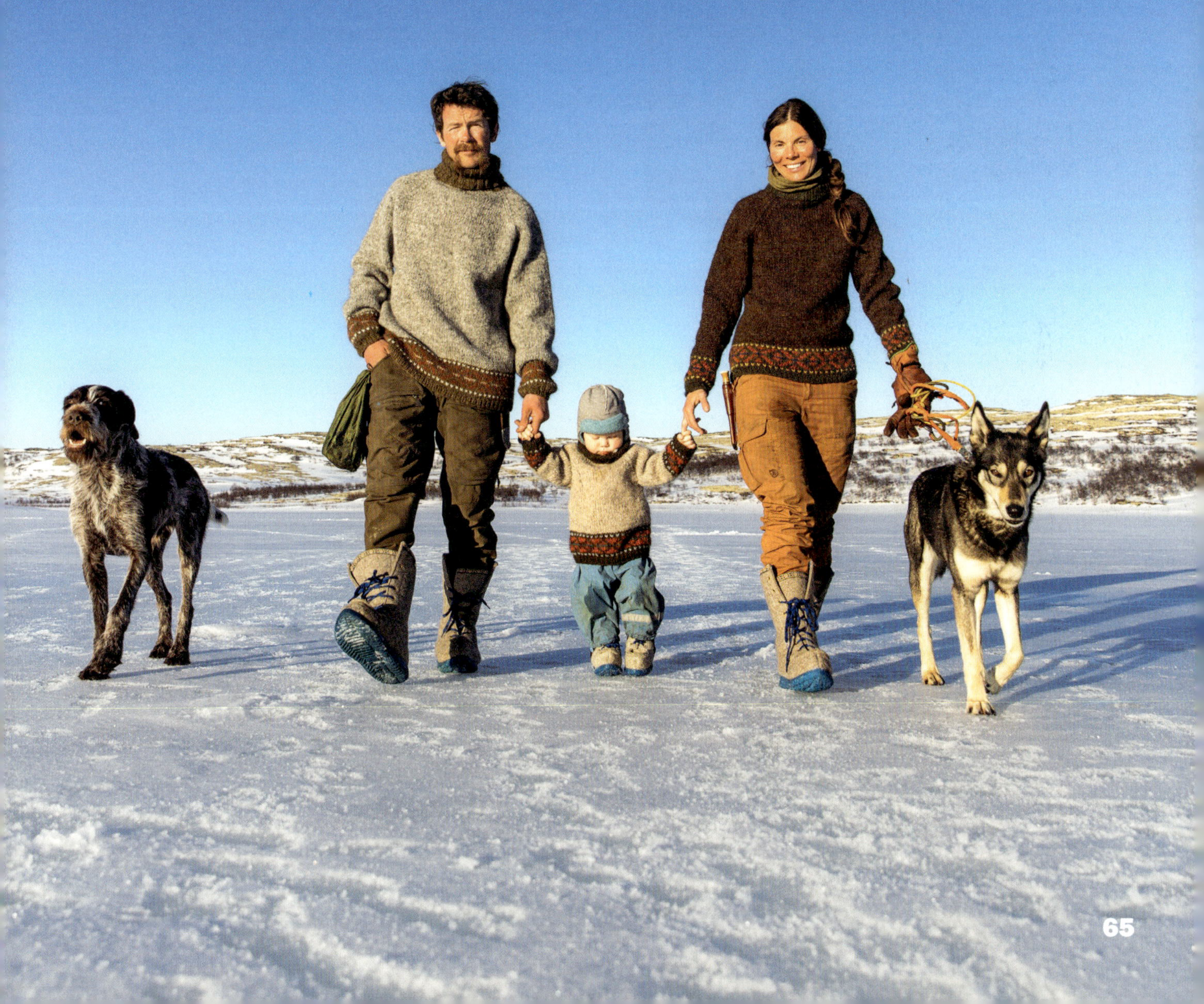

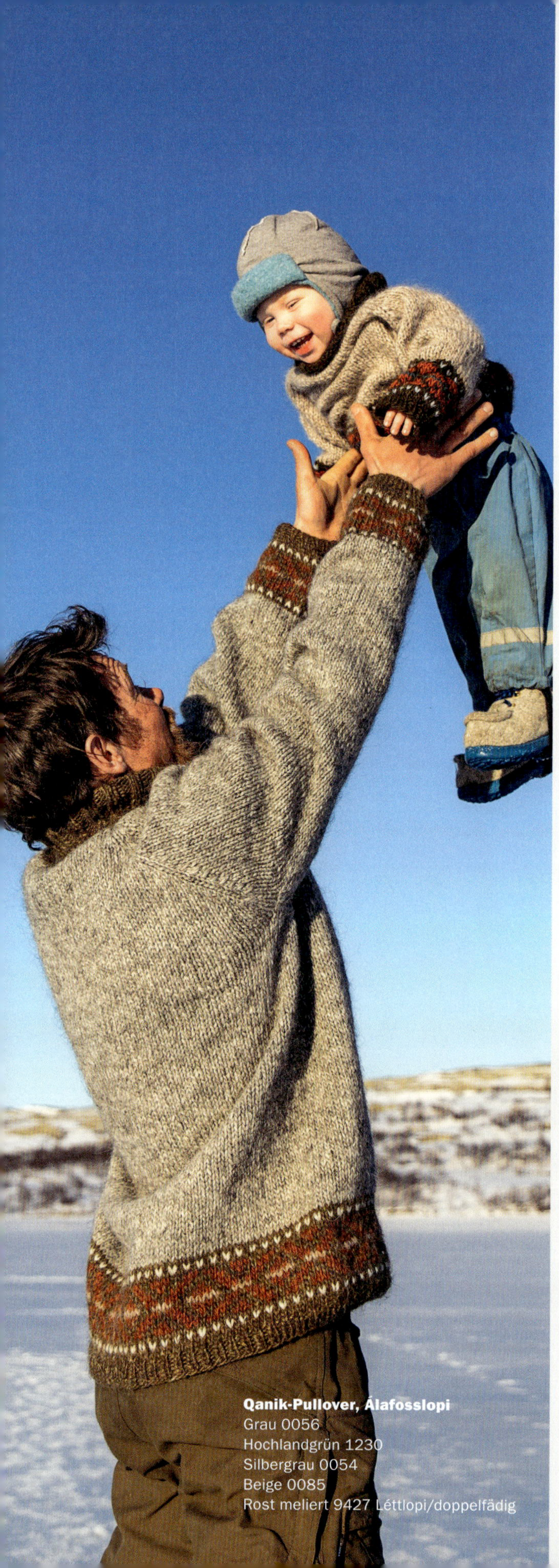

Qanik-Pullover, Álafosslopi
Grau 0056
Hochlandgrün 1230
Silbergrau 0054
Beige 0085
Rost meliert 9427 Léttlopi/doppelfädig

Qanik-Pullover

Größen
S (M) L (XL) XXL

Maschenprobe
13 M mit Nadel Nr. 6 = 10 cm

Garn
Álafosslopi oder Troll und/oder Blåne-Pelzschafwollgarn von Hillesvåg Ullvarefabrikk

Garnmenge
Grundfarbe: 500 (600) 600 (600) 700 g
Musterfarbe 1: 200 (200) 200 (200) 300 g
Musterfarbe 2: 50 g für alle Größen
Musterfarbe 3: 50 g (evtl. Garnrest)
Musterfarbe 4: 50 g für alle Größen

Stricknadeln
Nadelspiel Nr. 4,5 und 6
Rundstricknadel Nr. 4,5 und 6, 40 cm lang
Rundstricknadel Nr. 4,5 und 6, 80 cm lang

Pullovermaße
Ärmellänge Damen: 47 (48) 49 (50) 51 cm
Ärmellänge Herren: 50 (51) 52 (53) 54 cm
Brustumfang (Damen und Herren): 93 (101) 110 (120) 129 cm
Rumpflänge Damen: 41 (42) 43 (44) 45 cm
Rumpflänge Herren: 43 (44) 45 (46) 47 cm

Anleitung für den Kinderpullover auf Seite 122.

RUMPF

120 (132) 144 (156) 168 M in Musterfarbe 1 mit der Rundstricknadel Nr. 4,5 anschlagen und 5 Rd im 1/1-Rippenmuster (= 1 M rechts, 1 M links im Wechsel) str. Am Rd-Beginn einen M-Markierer setzen. Mit Nadel Nr. 6 glatt rechts gemäß Zählmuster str (evtl. mit dickeren Nadeln). Dann in der Grundfarbe weiterstr, bis der Rumpf 41 (42) 43 (44) 45 cm für Damen bzw. 43 (44) 45 (46) 47 cm für Herren misst. Nach 60 (66) 72 (78) 84 M einen zweiten M-Markierer setzen = Vorder- und Rückenteil. 7 (9) 12 (11) 11 M auf jeder Seite auf einem Faden oder M-Halter stilllegen (die markierte M und gleich viele M beidseitig davon). Die Arbeit beiseitelegen und die Ärmel str.

ÄRMEL

32 (32) 32 (34) 34 M in Musterfarbe 1 mit Nadelspiel Nr. 4,5 anschlagen und 5 (5) 5 (7) 7 Rd im 1/1-Rippenmuster str. Mit Rundstricknadel Nr. 6 glatt rechts weiterstr. In der 1. Rd gleichmäßig verteilt 4 (4) 4 (8) 8 M zun = 36 (36) 36 (42) 42 M. Nach Zählmuster A str (evtl. mit dickeren Nadeln). Die M unter dem Ärmel mit einem M-Markierer kennzeichnen und in der Grundfarbe weiterstr. Alle 3 cm jeweils vor und nach dieser markierten M 1 M zun, bis insgesamt 54 (54) 60 (60) 60 M auf den Nadeln liegen. Weiterstr, bis der Ärmel 47 (48) 49 (50) 51 cm für Damen bzw. 50 (51) 52 (53) 54 cm für Herren misst. 8 (9) 12 (10) 10 M auf einem Faden oder M-Halter stilllegen (die markierte M und gleich viele M beidseitig davon). Den zweiten Ärmel ebenso str.

PASSE MIT RAGLANABNAHMEN

Die Ärmel-M auf die Rundstricknadel mit den Rumpf-M str = 198 (204) 216 (234) 246 M. Die Übergänge zwischen Ärmel zum Rumpf jeweils mit einem M-Markierer kennzeichnen = 4 markierte M. 5 (8) 7 (7) 10 Rd glatt rechts str, dann mit den Raglan-Abn beginnen: Beidseitig der markierten M betont abn: Auf der rechten Seite der markierten M 1 M linksgeneigt abn, dazu 2 M rechts verschränkt zusstr. Auf der linken Seite der markierten M rechtsgeneigt abn, dazu 2 M rechts zusstr. Diese Abn in jeder 2. Rd wiederholen, bis noch 70 (76) 72 (74) 78 M vorhanden sind. Nun noch 1 Rd glatt rechts str und dabei die M-Zahl auf 72 (72) 76 (76) 80 M anpassen.

HALSAUSSCHNITT

Zur kürzeren Rundstricknadel Nr. 4,5 wechseln und 1 Rd rechte M in Musterfarbe 1 str.
Rollkragen: 20 cm im 2/2-Rippenmuster (= 2 M rechts, 2 M links im Wechsel) str. Alle M locker mustergemäß abk.
Rundhalsausschnitt: 10 cm im 1/1-Rippenmuster str. Alle M locker mustergemäß abk. Zur Hälfte nach innen umschlagen und mit lockeren Stichen an der Halsausschnittkante festnähen.

FERTIGSTELLEN

Alle Fäden vernähen und die offenen Kanten unter den Ärmeln zusammen abk oder im M-Stich schließen. Den Pullover ausspülen und liegend trocknen lassen.

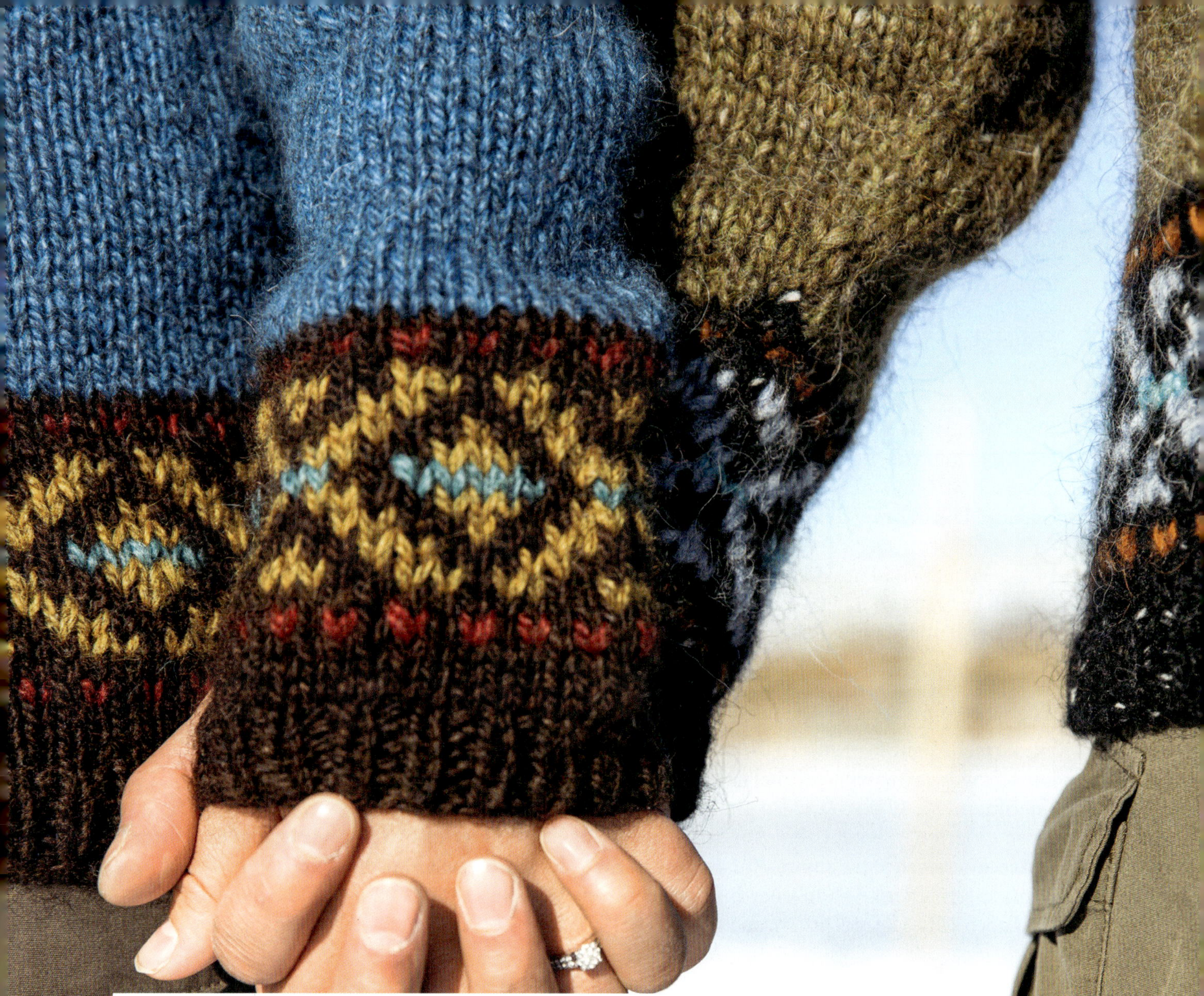

Zählmuster

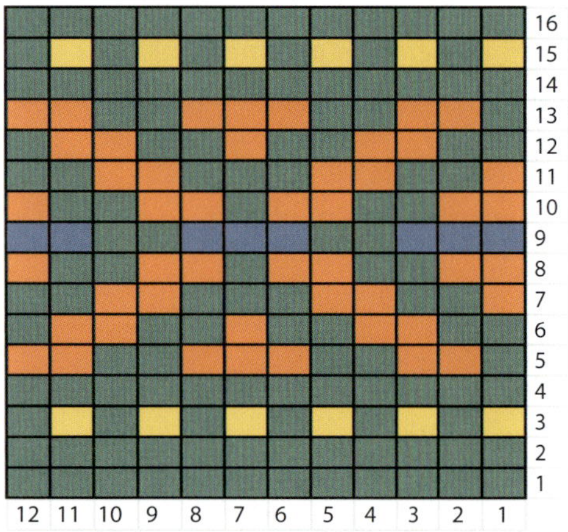

- Musterfarbe 1
- Musterfarbe 2
- Musterfarbe 3
- Musterfarbe 4

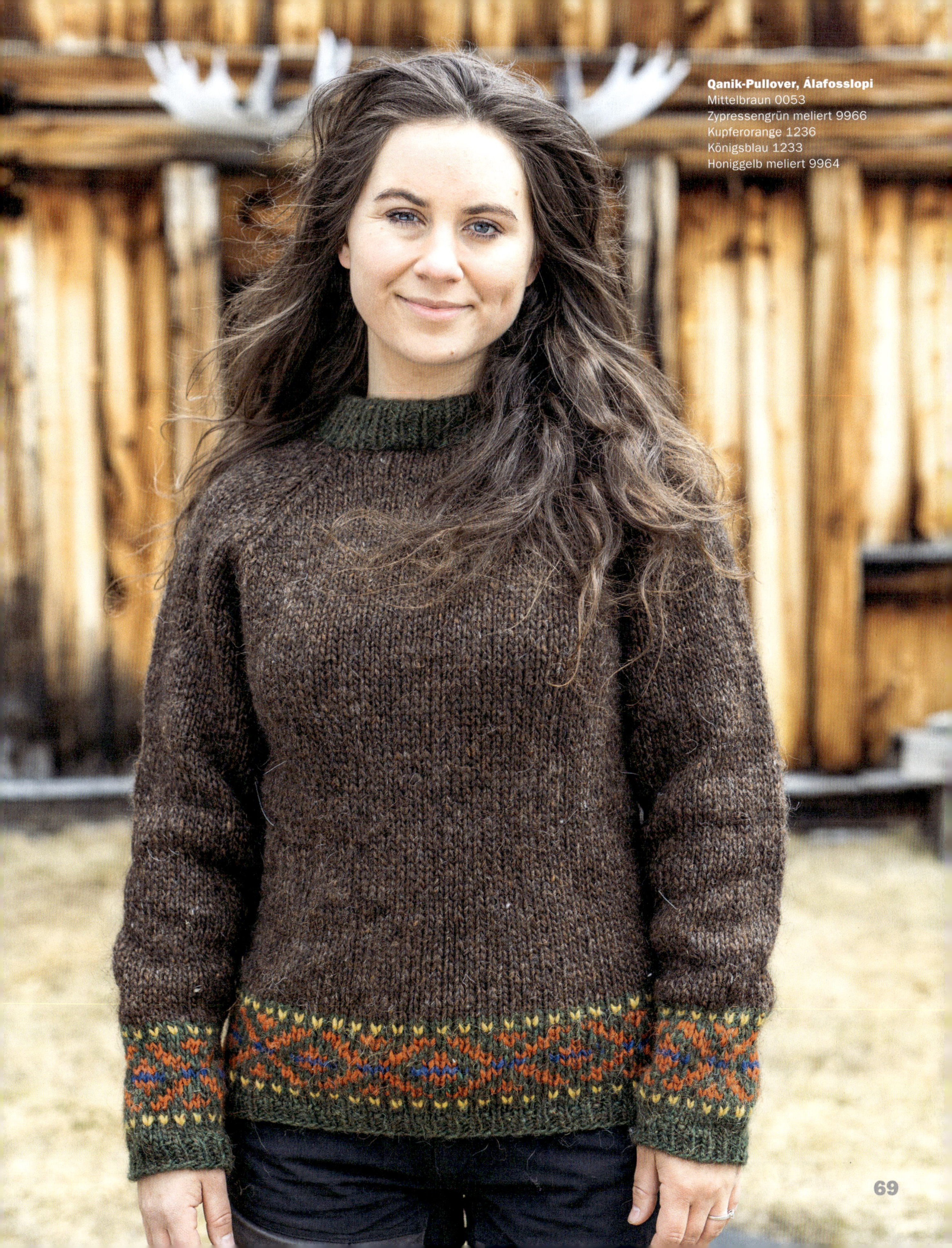

Qanik-Pullover, Álafosslopi
Mittelbraun 0053
Zypressengrün meliert 9966
Kupferorange 1236
Königsblau 1233
Honiggelb meliert 9964

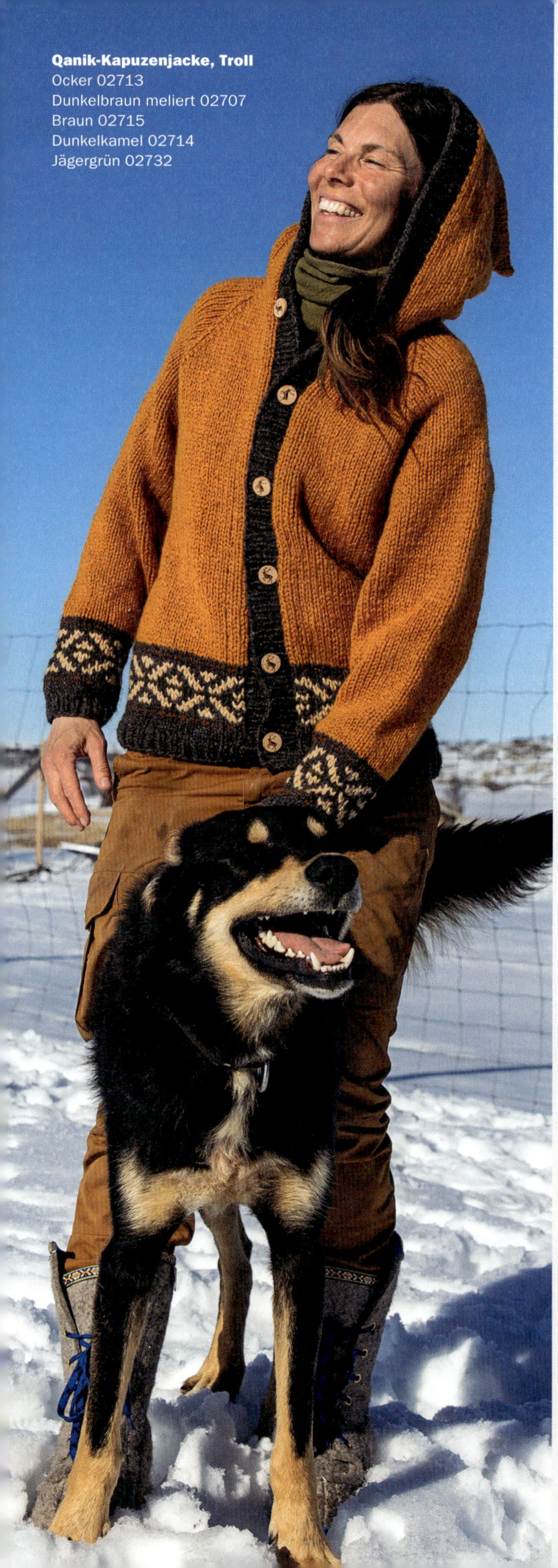

Qanik-Kapuzenjacke, Troll
Ocker 02713
Dunkelbraun meliert 02707
Braun 02715
Dunkelkamel 02714
Jägergrün 02732

Qanik-Kapuzenjacke

Größen
S (M) L (XL) XXL

Maschenprobe
13 M mit Nadel Nr. 6 = 10 cm

Garn
Álafosslopi oder Troll und/oder Blåne-Pelzschafwollgarn von Hillesvåg Ullvarefabrikk

Garnmenge
Grundfarbe: 700 (700) 800 (800) 900 g
Musterfarbe 1: 200 g für alle Größen
Musterfarbe 2: 50 g für alle Größen
Musterfarbe 3: 50 g (evtl. Garnrest)
Musterfarbe 4: 50 g für alle Größen

Knöpfe
7 (7) 8 (8) 8 Knöpfe aus Holz (25 mm ø)

Stricknadeln
Nadelspiel Nr. 4,5 und 6
Rundstricknadel Nr. 6, 40 cm lang
Rundstricknadel Nr. 4,5 und 6, 80 cm lang

Jackenmaße
Ärmellänge Damen: 47 (48) 49 (50) 51 cm
Ärmellänge Herren: 50 (51) 52 (53) 54 cm
Brustumfang (Damen und Herren): 97 (105) 114 (124) 134 cm
Rumpflänge Damen: 41 (42) 43 (44) 45 cm
Rumpflänge Herren: 43 (44) 45 (46) 47 cm

RUMPF

121 (133) 145 (157) 169 M in Musterfarbe 1 mit Rundstricknadel Nr. 4,5 anschlagen und für das Bündchen 5 Hin- und Rückreihen im 1/1-Rippenmuster (= 1 M rechts, 1 M links im Wechsel) str. Die 1. Reihe ist eine Rückreihe, diese mit 1 M links beginnen, damit sie auf der Vorderseite der Jacke rechts erscheint. (Es ist wichtig, dass die äußersten M rechte M sind, denn aus ihnen werden später die M für die Knopfleisten aufgefasst.) Nun für die Steek-M (siehe Seite 50 unten) auf der rechten Nadel 5 M zusätzlich anschlagen. Diese M werden stets glatt links gestrickt und im Folgenden nicht mitgezählt. Mit Rundstricknadel Nr. 6 in Rd glatt rechts str (außer über die Steek-M) und mit dem Zählmuster beginnen (evtl. mit dickeren Nadeln). Der Rapport besteht aus 12 M + 1 M am Ende, sodass das Muster auf beiden Seiten der Knopfleisten symmetrisch ist. In der Grundfarbe weiterstr, bis der Rumpf 41 (42) 43 (44) 45 cm für Damen bzw. 43 (44) 45 (46) 47 cm für Herren misst. An beiden Seiten einen M-Markierer setzen: nach 30 (33) 36 (39) 42 M für ein Vorderteil und nach 61 (67) 73 (79) 85 M für das Rückenteil. Für die Armausschnitte 7 (9) 12 (11) 11 M auf einem Faden oder M-Halter stilllegen (die markierte M und gleich viele M beidseitig davon). Die Arbeit beiseitelegen und die Ärmel str.

ÄRMEL

32 (32) 32 (34) 34 M in Musterfarbe 1 mit Nadelspiel Nr. 4,5 anschlagen und 5 (5) 5 (7) 7 Rd im 1/1-Rippenmuster str. Mit Nadelspiel Nr. 6 glatt rechts weiterstr. In der 1. Rd gleichmäßig verteilt 4 (4) 4 (8) 8 M zun = 36 (36) 36 (42) 42 M (= 3 Rapporte; für die Größen XL und XXL 3,5 Rapporte). Die M unter dem Ärmel mit einem M-Markierer kennzeichnen und gemäß Zählmuster str. (evtl. mit dickeren Nadeln). Danach in der Grundfarbe fortfahren und alle 3 cm jeweils vor und nach der markierten M 1 M zun, bis insgesamt 54 (54) 60 (60) 60 M auf den Nadeln liegen. Ohne Zun weiterstr, bis der Ärmel 47 (48) 49 (50) 51 cm für Damen bzw. 50 (51) 52 (53) 54 cm für Herren misst. 8 (9) 12 (10) 10 M unter dem Ärmel auf einem Faden oder M-Halter stilllegen (die markierte M und gleich viele M beidseitig davon). Den zweiten Ärmel ebenso str.

PASSE MIT RAGLANABNAHMEN

Die Ärmel-M auf die Rundstricknadel mit den Rumpf-M str: Vorderteil, ein Ärmel, Rückenteil, zweiter Ärmel, Vorderteil = 199 (205) 217 (235) 247 M. Dabei die M zwischen Ärmeln und Rumpf jeweils mit einem M-Markierer kennzeichnen = 4 markierte M. 5 (6) 7 (7) 10 Rd glatt rechts str, dann mit den Raglan-Abn beginnen: Beidseitig der markierten M betont abn. Auf der rechten Seite der markierten M 1 M linksgeneigt abn, dazu jeweils 2 M rechts verschränkt zusstr. Auf der linken Seite der markierten M rechtsgeneigt abn, dazu jeweils 2 M rechts zusstr. So werden in jeder Abn-Rd 8 M abgenommen. Diese Abn in jeder 2. Rd wiederholen, bis noch 63 (69) 73 (75) 79 M vorhanden sind. Nun die Kapuze str.

VARIANTE 1: SPITZE KAPUZE

Die Kapuze wird in Reihen mit Rundstricknadel Nr. 6 gestrickt. Zunächst die Steek-M abk. Die M-Zahl auf 62 (62) 74 (74) 74 M anpassen. In Reihen glatt rechts str, bis die Kapuze 38 cm für Damen bzw. 40 cm für Herren lang ist. Nun die M auf zwei Nadeln verteilen: 31 (31) 37 (37) 37 je Nadel. Die Kapuze auf links drehen und die M beider Nadeln zusstr und gleichzeitig abk. (Wer diese Technik noch nicht kennt, sucht bei Youtube »von 2 Nadeln abketten« oder engl. »three-needle bind off«.) Nun die Knopfleisten str.

VARIANTE 2: RUNDE KAPUZE

Die Kapuze wird in Reihen mit Rundstricknadel Nr. 6 gestrickt. Zunächst die Steek-M abk. Die M-Zahl auf 63 (63) 75 (75) 75 M anpassen. In Reihen glatt rechts str, bis die Kapuze 34 cm für Damen bzw. 36 cm für Herren misst. Die ersten 25 (25) 31 (31) 31 M abk, 13 M str und die letzten 25 (25) 31 (31) 31 M abk. Nun über die verbliebenen 13 M in Reihen glatt rechts str, bis der Streifen so lang ist, wie die Kapuze breit ist, also ca. 19 (19) 23 (23) 23 cm. Die M abk. Den Kapuzenstreifen an die Seiten nähen. Nun die Knopfleisten str.

FERTIGSTELLEN

Alle Fäden vernähen und die offenen Kanten unter den Ärmeln zusammen abk oder im M-Stich schließen. Mit der Nähmaschine rechts und links der gewünschten Schnittkante über die Steek-M nähen. Am besten dreimal darübernähen, damit die Naht sicher hält. Dann zwischen den beiden Nähten das Werkstück aufschneiden und für das Kapuzenbündchen und die Knopfleisten wie folgt arbeiten (falls vorhanden mit einer noch längeren Rundstricknadel, etwa 100 oder 120 cm lang). Am unteren rechten Rand beginnen und mit Nadel Nr. 4,5 in Musterfarbe 1 aus der rechten Vorderteilkante, entlang der Kapuze und aus der linken Vorderteilkante wie folgt M herausstr: Aus 3 aufeinanderfolgenden Rand-M je 1 M herausstr, 1 M überspringen. Dies fortlaufend wiederholen. Die Gesamt-M-Zahl muss ungerade sein, die erste und letzte M werden rechts gestrickt. 2 cm in Reihen im 1/1-Rippenmuster str. In der nächsten Reihe in der linken Vorderteilkante gleichmäßig verteilt 7 (7) 8 (8) 8 Knopflöcher* einarbeiten. Das unterste Knopfloch befindet sich ca. 2 cm vom unteren Rand entfernt, das oberste etwa in Höhe der letzten Raglanabnahmen. Nun über die ganze Länge weitere 2 cm im Rippenmuster str. Dann mustergemäß abk.

***Anleitung Knopfloch:** 2 M zusstr und 1 Umschlag arbeiten. Alternativ 1 M abk und in der folgenden Reihe wieder 1 M dazu anschlagen.

Belege: Auf der Rückseite der Knopfleisten (aus den M der 1. Reihe) mit der Grundfarbe M herausstr, 3 Reihen glatt rechts str und abk. Dann den Beleg über die Schnittkante legen und festnähen. Alternativ ein Zierband über die Schnittkanten nähen.
Die Jacke ausspülen und liegend trocknen lassen.

Zählmuster

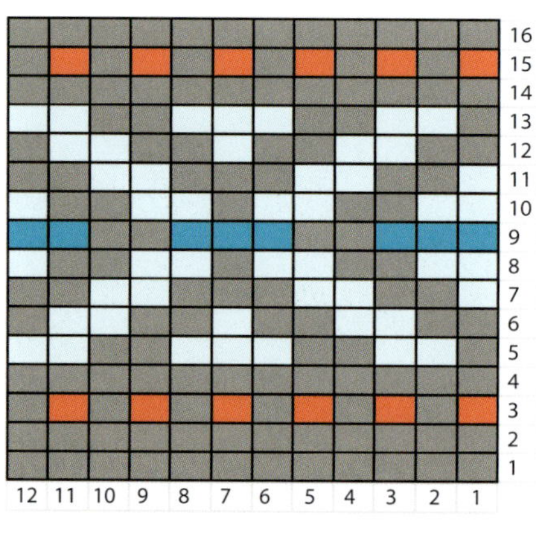

Musterfarbe 1
Musterfarbe 2
Musterfarbe 3
Musterfarbe 4

Qanik-Kapuzenjacke
Hochlandgrün 1230 Álafosslopi
Schwarz Tweed 9975 Álafosslopi
Eisblau 0008 Álafosslopi
Gletscherblau 1404 Léttlopi/doppelfädig
Rost meliert 9427 Léttlopi/doppelfädig

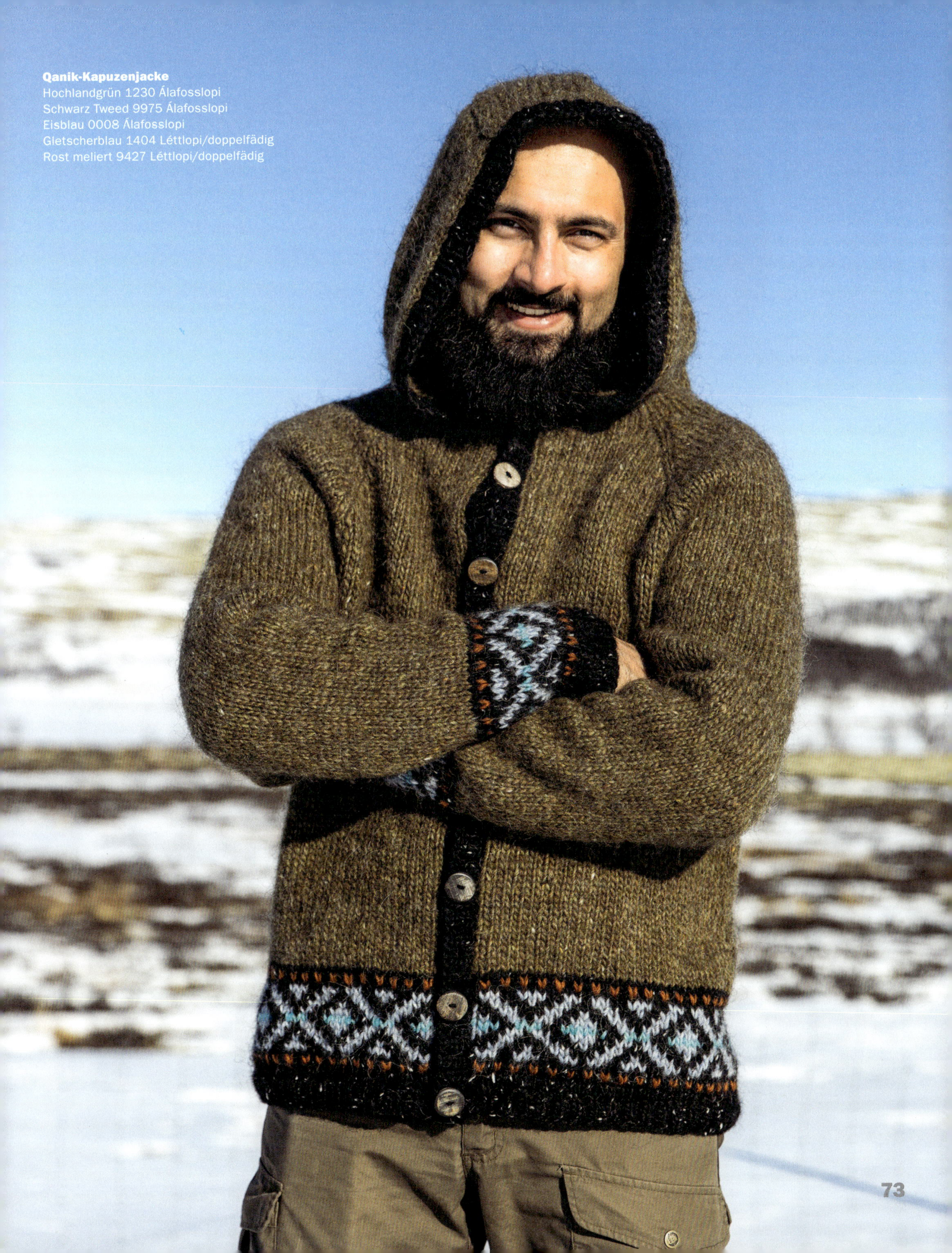

Takotna, Léttlopi
Schlammbraun 1420
Gletscherblau 1404
Ziegelrot 9431
Aprikose 1704
Naturweiß 0051

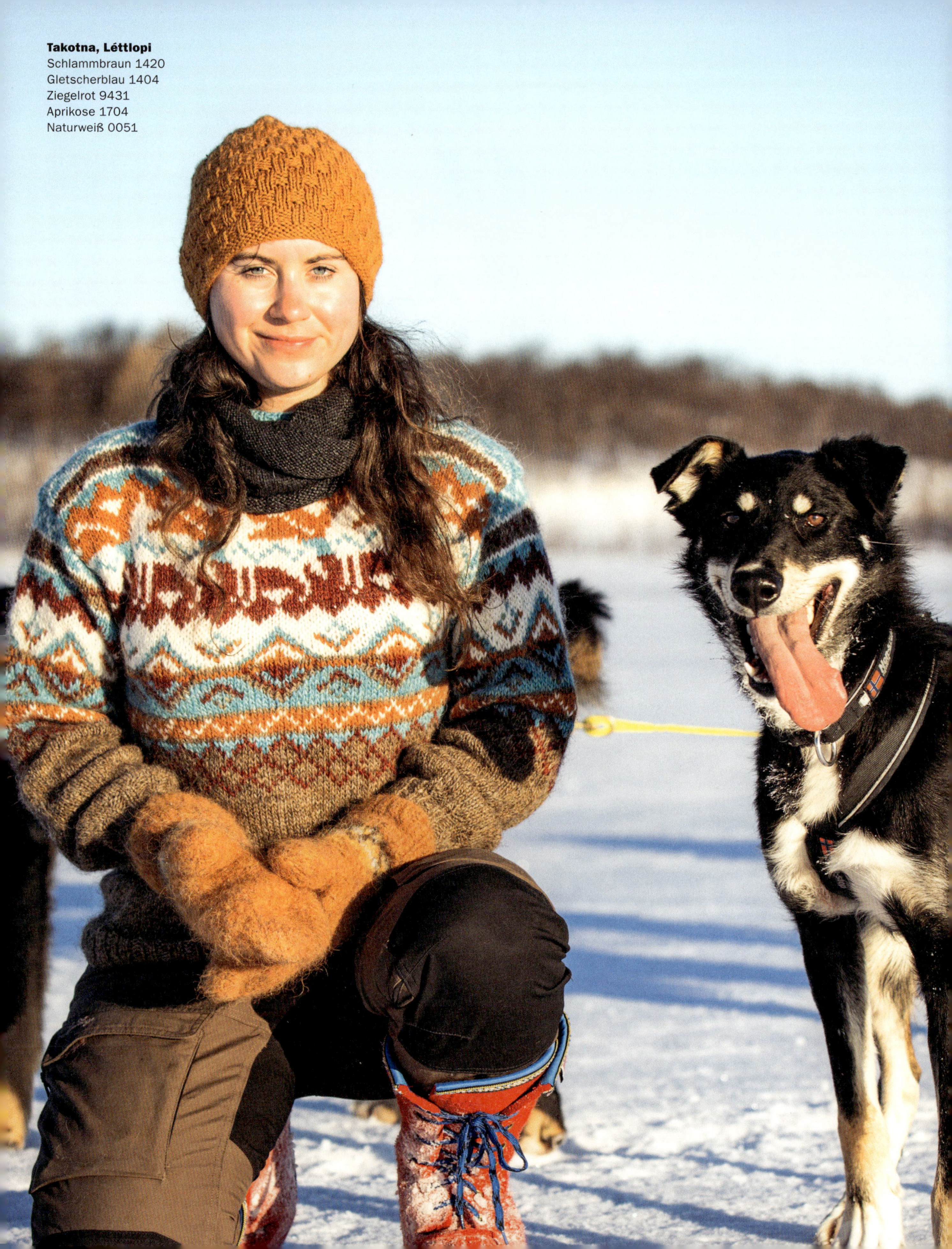

Takotna

Takotna heißt einer der Checkpoints beim 1850 km langen und herausfordernden Iditarod-Schlittenhunderennen in Alaska. Der Pullover (#takotnagenser) ist eine Huldigung an den Hundeschlittensport und an alles, wofür er steht: Wildnis, Naturgewalten und die starke Bindung zwischen Mensch und Tier. Möchtest du diesen Pullover tatsächlich beim Hundeschlittenfahren tragen, dann arbeite ihn am besten noch etwas länger als in der Anleitung angegeben, so bleibt an kalten Tagen auch der Po warm. Soll der Rollkragen auch die Wangen bedecken, strickst du einfach ein paar Runden mehr.

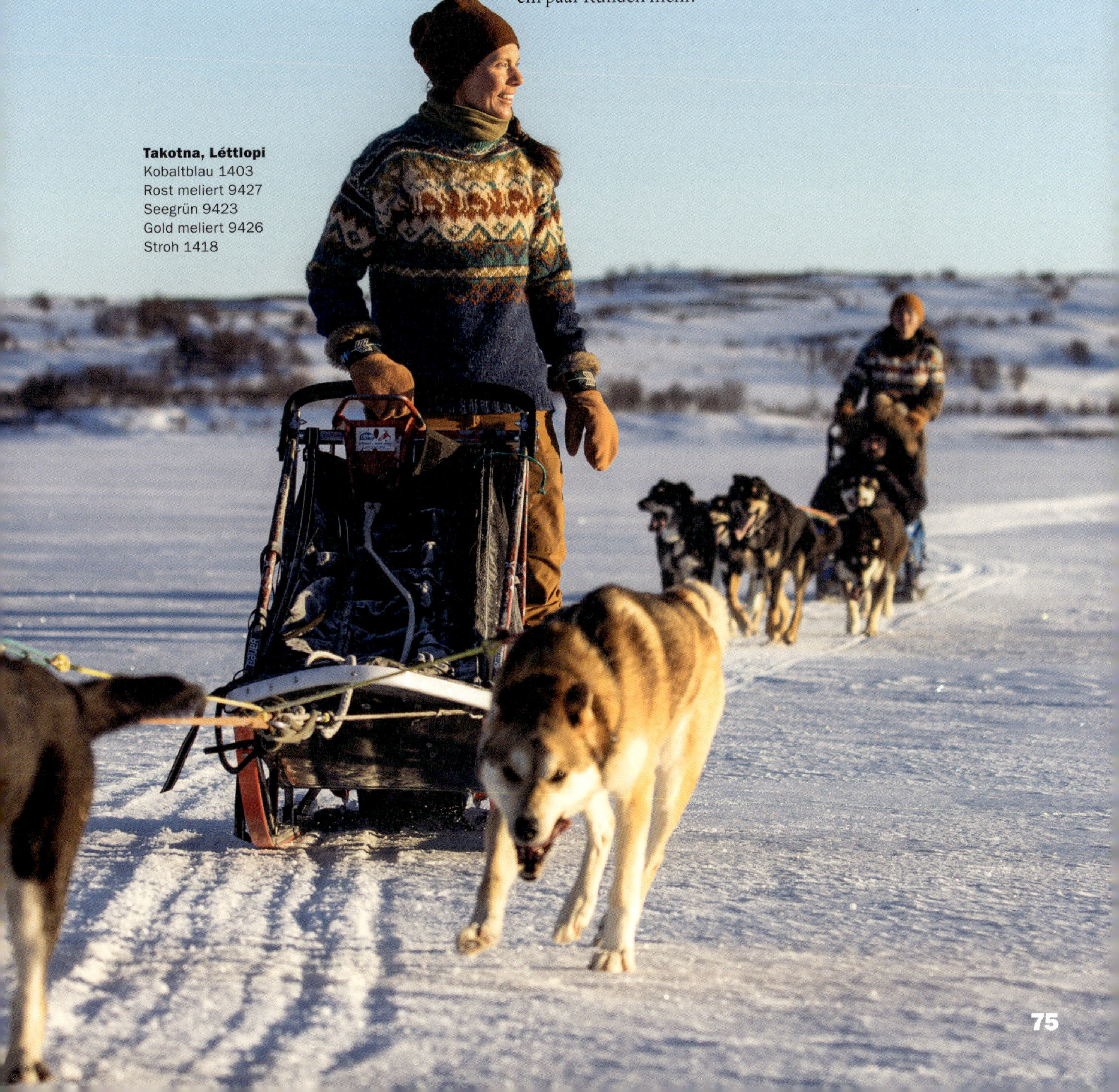

Takotna, Léttlopi
Kobaltblau 1403
Rost meliert 9427
Seegrün 9423
Gold meliert 9426
Stroh 1418

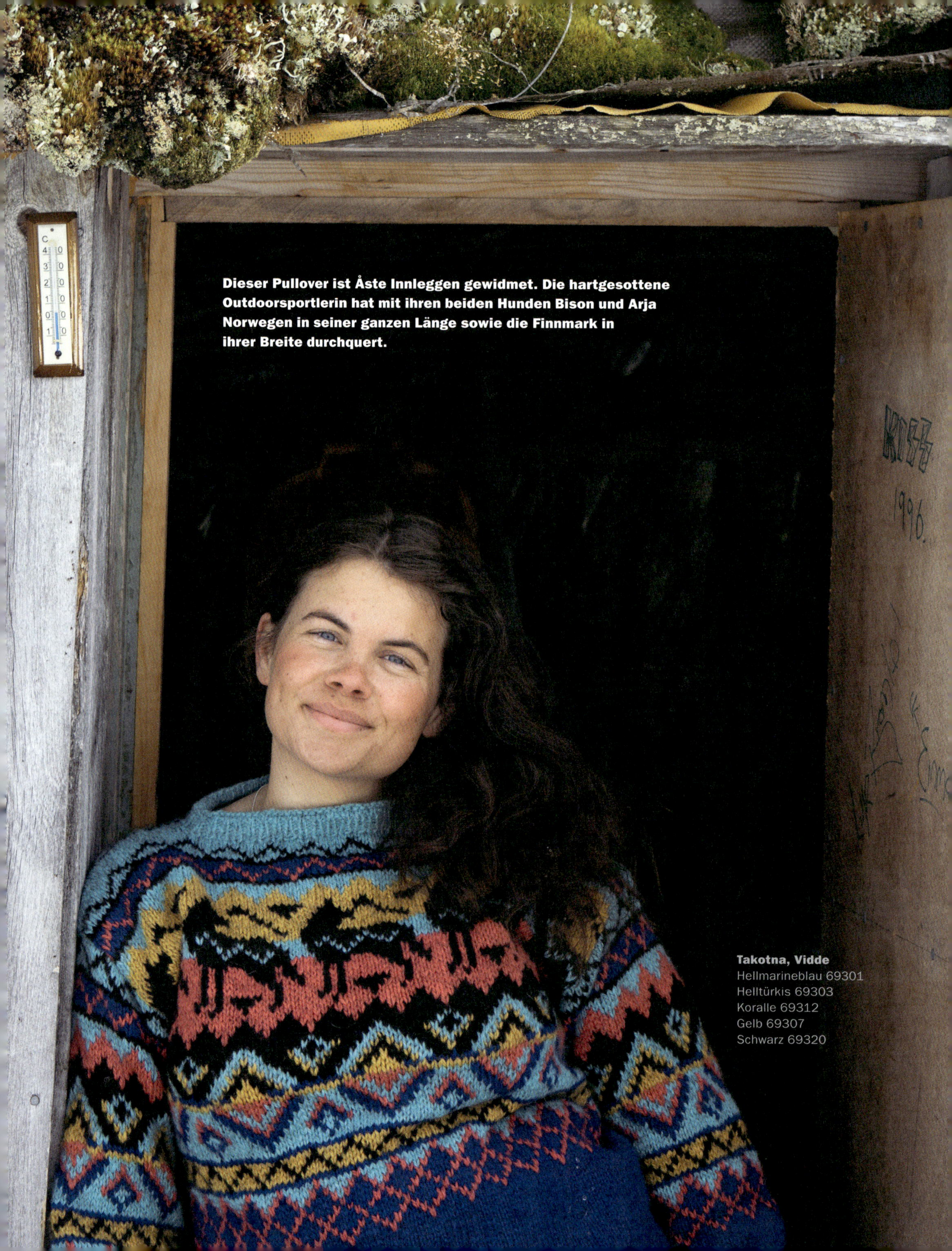

Dieser Pullover ist Åste Innleggen gewidmet. Die hartgesottene Outdoorsportlerin hat mit ihren beiden Hunden Bison und Arja Norwegen in seiner ganzen Länge sowie die Finnmark in ihrer Breite durchquert.

Takotna, Vidde
Hellmarineblau 69301
Helltürkis 69303
Koralle 69312
Gelb 69307
Schwarz 69320

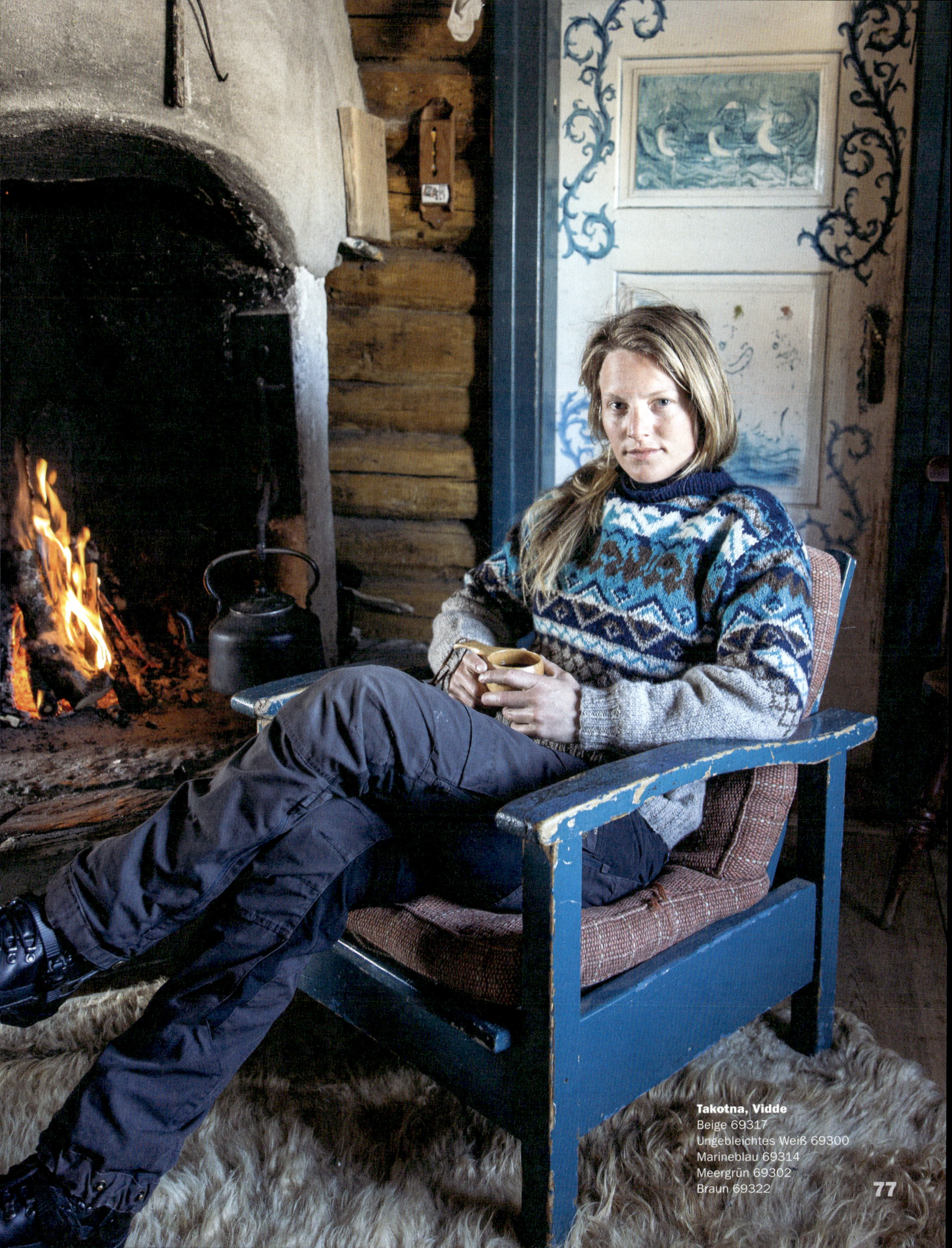

Takotna, Vidde
Beige 69317
Ungebleichtes Weiß 69300
Marineblau 69314
Meergrün 69302
Braun 69322

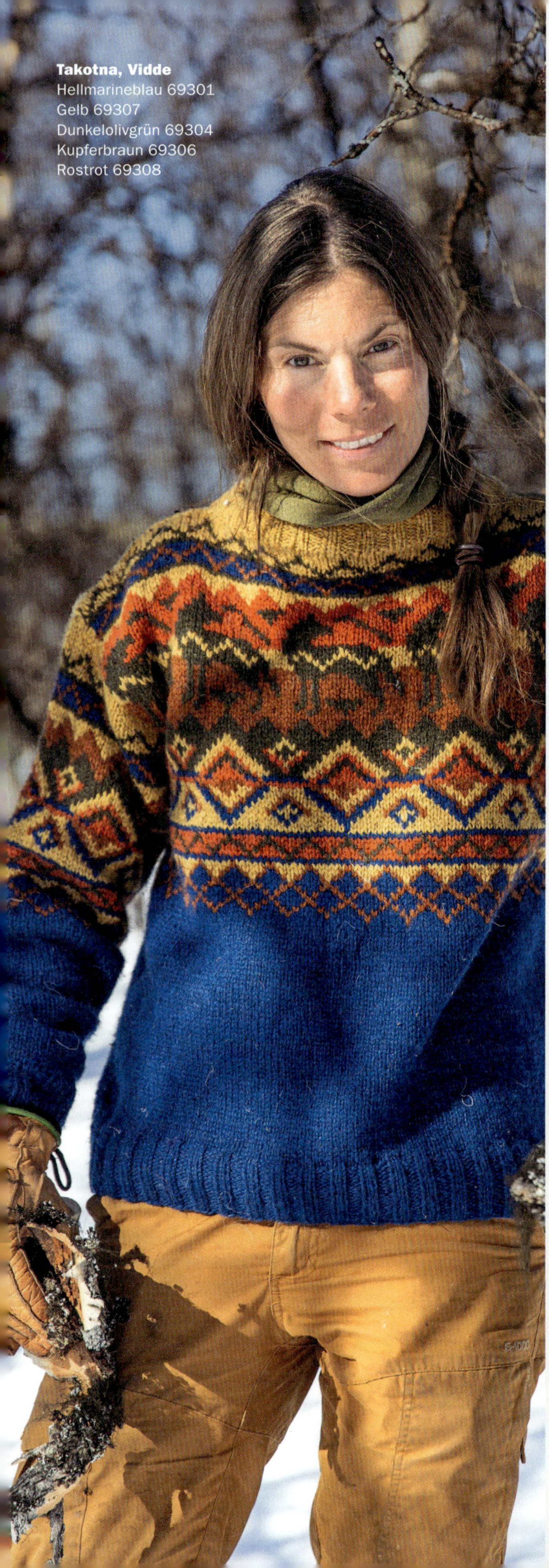

Takotna, Vidde
Hellmarineblau 69301
Gelb 69307
Dunkelolivgrün 69304
Kupferbraun 69306
Rostrot 69308

Takotna

Größen
S (M) L (XL) XXL

Maschenprobe
18 M mit Nadel Nr. 4,5 = 10 cm

Garn
Vidde-Lammwollgarn und/oder Varde-Pelzschafwollgarn von Hillesvåg Ullvarefabrikk oder Léttlopi

Garnmenge
Grundfarbe: 300 (300) 400 (400) 400 g
Musterfarbe 1: 200 g für alle Größen
Musterfarbe 2: 100 g für alle Größen
Musterfarbe 3: 100 g für alle Größen
Musterfarbe 4: 100 g für alle Größen
Rollkragen: 50 g zusätzlich in Musterfarbe 1

Stricknadeln
Nadelspiel Nr. 3,5 und 4,5
Rundstricknadel Nr. 3,5 und 4,5, 40 cm lang
Rundstricknadel Nr. 3,5 und 4,5, 80 cm lang

Pullovermaße
Pullover mit eingesetzten Ärmeln sitzen besser, wenn sie ein wenig weiter sind. Dafür den tatsächlichen Brustumfang messen und 10 cm hinzurechnen.

Ärmellänge Damen: 49 (50) 51 (52) 53 cm
Ärmellänge Herren: 54 (55) 56 (57) 58 cm
Brustumfang (Damen und Herren): 90 (100) 110 (120) 130 cm
Gesamtlänge Damen: 63 (65) 66 (67) 69 cm
Gesamtlänge Herren: 67 (69) 70 (72) 74 cm

VORDER- UND RÜCKENTEIL

160 (180) 196 (216) 232 M in der Grundfarbe mit Rundstricknadel Nr. 3,5 anschlagen und zur Rd schließen. 6 cm im 2/2-Rippenmuster (= 2 M rechts, 2 M links im Wechsel) str. Mit Nadel Nr. 4,5 glatt rechts weiterstr. In der 1. Rd die M-Zahl auf 162 (180) 198 (216) 234 M anpassen. Weiter in der Grundfarbe str, bis Vorder- und Rückenteil 27 (29) 30 (31) 33 cm für Damen bzw. 31 (33) 34 (35) 38 cm für Herren lang sind. Einen M-Markierer auf jeder Seite setzen: jeweils nach 81 (90) 99 (108) 117 M für das Vorder- und Rückenteil. Weiter in Rd Zählmuster A str (evtl. mit dickeren Nadeln). Die Arbeit beiseitelegen und die Ärmel str.

ÄRMEL

40 (40) 44 (48) 48 M in der Grundfarbe mit Nadelspiel Nr. 3,5 anschlagen und 6 cm in Rd im 2/2-Rippenmuster str. Mit Nadelspiel Nr. 4,5 glatt rechts weiterstr. In der 1. Rd gleichmäßig verteilt 8 (8) 10 (12) 12 M zun. Die M unter dem Ärmel mit einem M-Markierer kennzeichnen. Die markierte M stets links str. Alle 2 cm jeweils vor und nach dieser markierten M je 1 M zun, bis insgesamt 84 (84) 90 (96) 96 M auf den Nadeln liegen. In der Grundfarbe weiterstr, bis der Ärmel 24 (25) 26 (27) 28 cm für Damen bzw. 29 (30) 31(32) 33 cm für Herren misst. Dann nach Zählmuster B str (evtl. mit dickeren Nadeln). Die zugenommenen M stets ins Muster integrieren, bis die für die gewünschte Größe angegebene M-Zahl erreicht ist. (Hinweis: Der Rapport geht unter dem Ärmel nicht auf.) Der Ärmel sollte nun 49 (50) 51 (52) 53 cm für Damen bzw. 54 (55) 56 (57) 58 cm für Herren lang sein. Den Ärmel auf links drehen und für den Beleg 4 Rd glatt rechts in der Grundfarbe str. Der Beleg wird später auf der Innenseite des Pullovers über die Schnittkante genäht. Die M abk. Den zweiten Ärmel ebenso str.

FERTIGSTELLEN

Alle Fäden vernähen und den Pullover leicht dämpfen (mit einem Bügeleisen und einem feuchten Tuch). Die Armausschnitte am Rumpfteil mit einem Kontrastfaden markieren (senkrechte Linie mit langen Vorstichen zwischen 2 M): Die Höhe muss dabei der Breite des Ärmels entsprechen. Rechts und links zur Markierung mit 1 M Abstand sowie die kurze Querverbindung mit der Nähmaschine nähen: Dreimal mit Geradstich und kurzer Stichlänge darübernähen. Dann die Schultern zusammen abk oder im M-Stich schließen (dabei die M für den Halsausschnitt auf eine Hilfsnadel legen, siehe unten). Nun die Arbeit zwischen den beiden Nähten aufschneiden. Die Ärmel einnähen. Zuletzt die Belege über die Schnittkante nähen.

HALSAUSSCHNITT

Die mittleren 45 (45) 47 (47) 49 M von Vorder- und Rückenteil auf die kurze Rundstricknadel Nr. 3,5 nehmen. Dabei je 1 M von jeder Schulternaht auffassen, damit am Übergang vom Halsausschnitt zur Schulter kein Loch bleibt = 92 (92) 96 (96) 100 M. Den Halsausschnitt in Musterfarbe 1 str.

Rundhalsausschnitt: 3 cm im 1/1-Rippenmuster (= 1 M rechts, 1 M links im Wechsel) str. 1 Rd rechte M und 1 Rd linke M str. Dann 3 cm glatt rechts str. Die M locker abk. Den Rand nach innen umschlagen und festnähen.

Rollkragen: 20 cm im 2/2-Rippenmuster str. Die M locker abk.

Den Pullover ausspülen und liegend trocknen lassen.

Zählmuster A (Vorder- und Rückenteil)

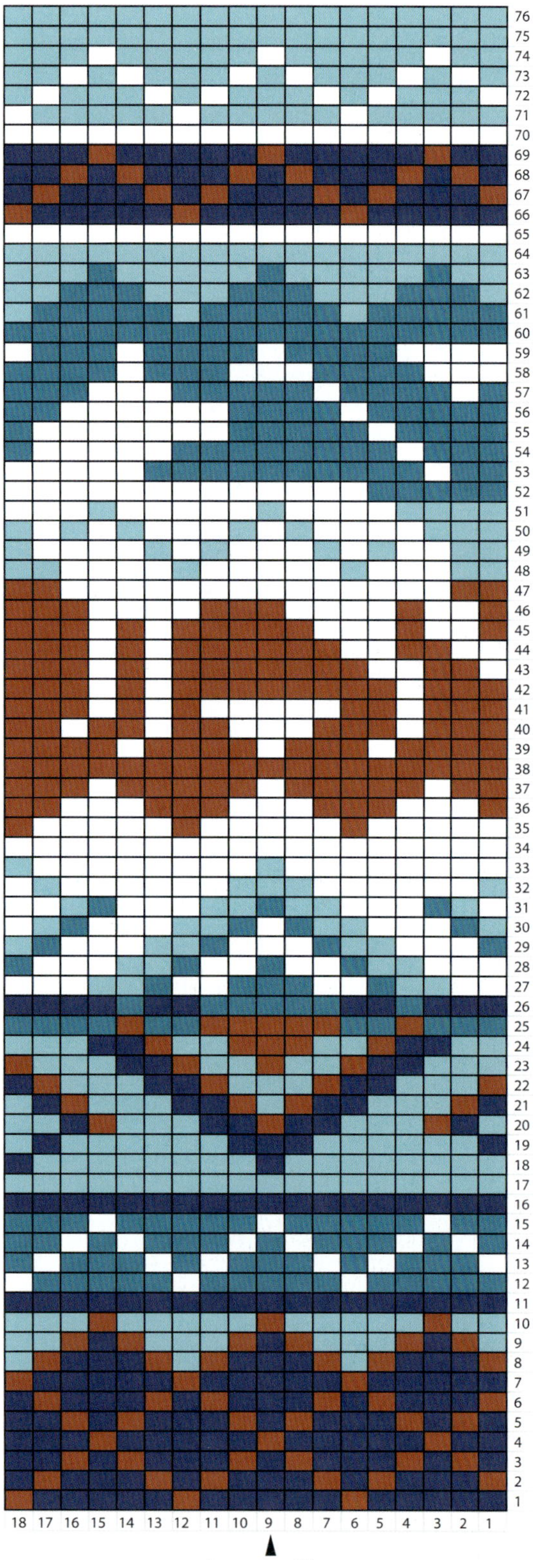

9 = vordere Mitte

- Grundfarbe
- Musterfarbe 1
- Musterfarbe 2
- Musterfarbe 3
- Musterfarbe 4

Zählmuster B (Ärmel)

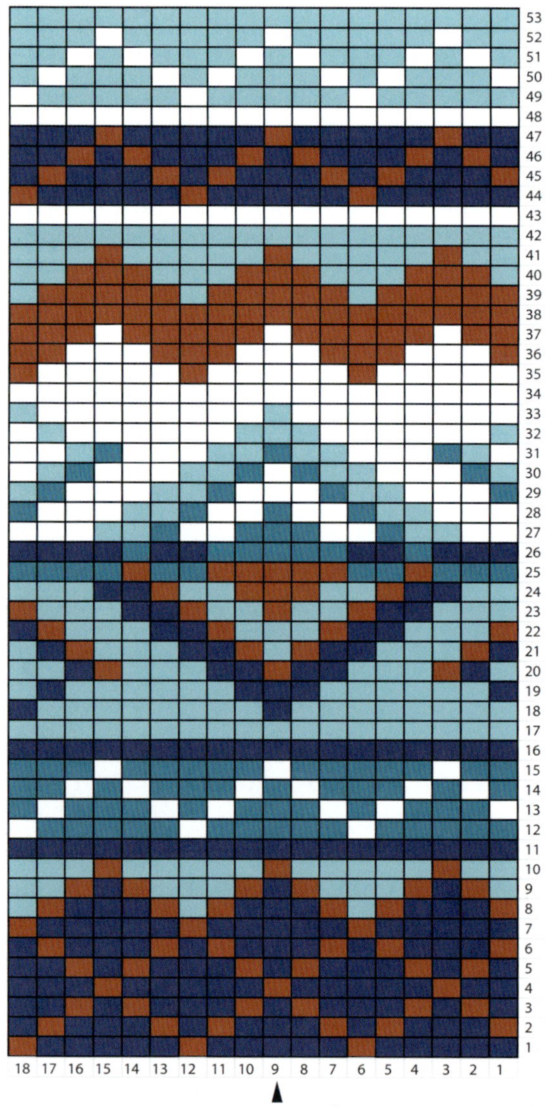

9 = vordere Mitte des Ärmels

Takotna, Léttlopi
(extralange Variante für Hundeschlittenführer)
Kobaltblau 1403
Gletscherblau 1404
Seegrün 9423
Ziegelrot 9431
Silbergrau 0054

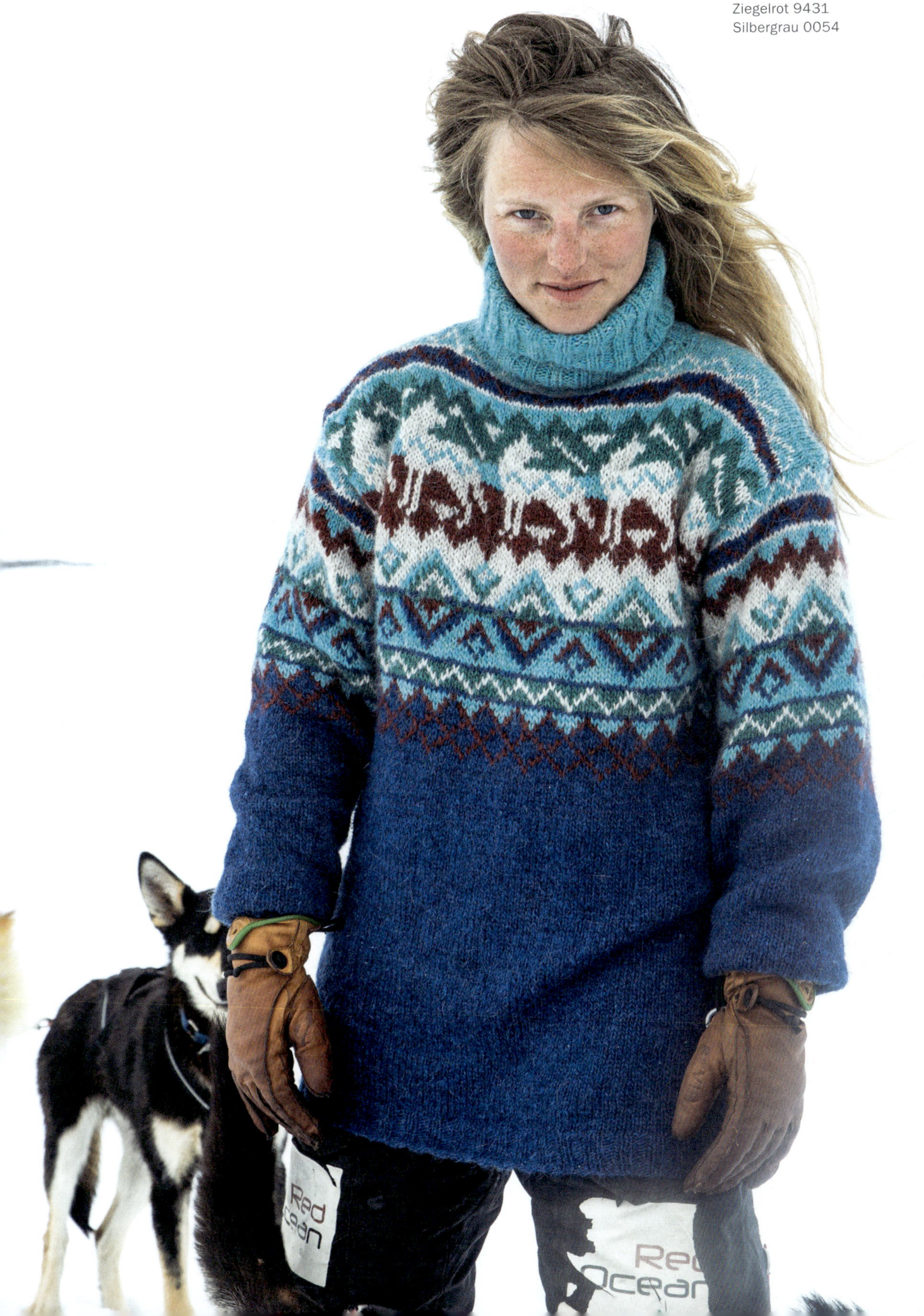

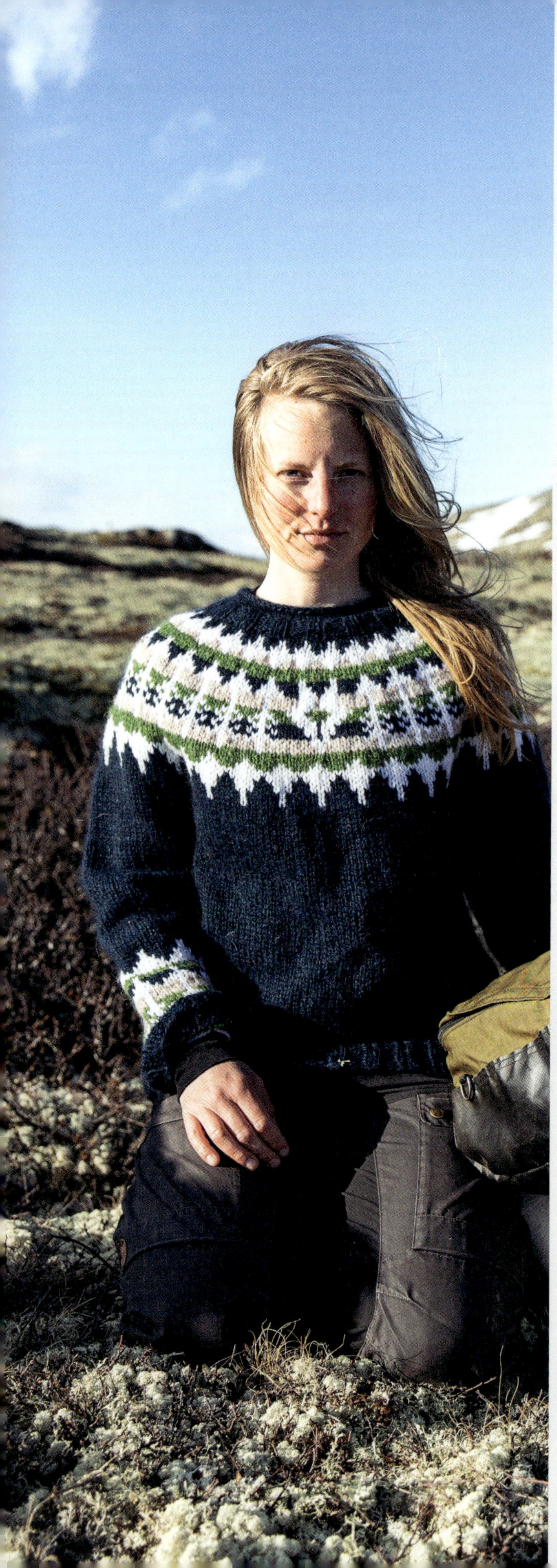

Wolfsnacht

Dieser Pullover (#ulvenattgenser) unterscheidet sich ein wenig von meinen anderen Designs, denn es hat ein Motiv in der vorderen Mitte, das in der Runde nicht wiederholt wird. Das Muster soll aussehen, als würde ein Wolfskopf zwischen Bäumen hervorschauen.

Größen
S (M) L (XL) XXL

Maschenprobe
13 M mit Nadel Nr. 6 = 10 cm

Garn
Blåne-Pelzschafwollgarn und/oder Troll von Hillesvåg Ullvarefabrikk oder Álafosslopi

Garnmenge
Grundfarbe: 500 (500) 600 (600) 600 g
Musterfarbe 1: 100 g für alle Größen
Musterfarbe 2: 100 g für alle Größen
Musterfarbe 3: 200 g für alle Größen

Stricknadeln
Nadelspiel Nr. 4,5 und 6
Rundstricknadel Nr. 4,5 und 6, 40 cm lang
Rundstricknadel Nr. 4,5 und 6, 80 cm lang

Pullovermaße
Ärmellänge Damen: 47 (48) 49 (50) 51 cm
Ärmellänge Herren: 50 (51) 52 (53) 54 cm
Brustumfang (Damen und Herren): 92 (101) 110 (120) 129 cm
Rumpflänge Damen: 41 (42) 43 (44) 45 cm
Rumpflänge Herren: 43 (44) 45 (46) 47 cm

RUMPF

120 (132) 144 (156) 168 M in der Grundfarbe mit Rundstricknadel Nr. 4,5 anschlagen und für das Bündchen 7 cm in Rd im 2/2-Rippenmuster (= 2 M rechts, 2 M links im Wechsel) str. Mit Rundstricknadel Nr. 6 glatt rechts weiterstr, bis der Rumpf 41 (42) 43 (44) 45 cm für Damen bzw. 43 (44) 45 (46) 47 cm für Herren misst (oder die gewünschte Länge hat). Nun am Rd-Beginn und nach 60 (66) 72 (78) 84 M einen M-Markierer setzen = Vorder- und Rückenteil. Für die Armausschnitte auf jeder Seite 7 (9) 10 (11) 12 M auf einem Faden oder M-Halter stilllegen (die markierte M und gleich viele M beidseitig davon). Die Arbeit beiseitelegen und die Ärmel str.

ÄRMEL

36 (36) 36 (40) 40 M in der Grundfarbe auf Nadelspiel Nr. 4,5 anschlagen und für das Bündchen 7 cm in Rd im 2/2-Rippenmuster str. Mit Nadelspiel Nr. 6 glatt rechts weiterstr. In der 1. Rd gleichmäßig verteilt 6 (6) 6 (8) 8 M zun = 42 (42) 42 (48) 48 M. Nach Zählmuster A str (evtl. mit dickeren Nadeln), anschließend in der Grundfarbe fortfahren. Direkt nach Abschluss des Zählmusters die M unter dem Ärmel mit einem M-Markierer kennzeichnen und in jeder 8. Rd jeweils vor und nach dieser markierten M 1 M zun, bis insgesamt 52 (54) 56 (60) 62 M vorhanden sind. Weiterstr, bis der Ärmel 47 (48) 49 (50) 51 cm für Damen bzw. 50 (51) 52 (53) 54 cm für Herren misst (oder die gewünschte Länge hat). 6 (9) 10 (10) 11 M unter dem Ärmel auf einem Faden oder M-Halter stilllegen (die markierte M und gleich viele M beidseitig davon).
Den zweiten Ärmel ebenso str.

RUNDPASSE

Die Ärmel-M auf die Rundstricknadel mit den Rumpf-M str = ein Ärmel, Vorderteil, zweiter Ärmel, Rückenteil. Dabei einen M-Markierer am ersten Übergang zwischen Ärmel und Rumpf setzen (= hinter dem linken Ärmel), er markiert den Rd-Beginn. Es liegen nun 198 (204) 216 (234) 246 M auf der Nadel. Nach Zählmuster B die Rundpasse str (evtl. mit dickeren Nadeln) und dabei wie im Zählmuster gekennzeichnet abn.

HALSAUSSCHNITT

Mit kurzer Rundstricknadel Nr. 4,5 6 Rd im 2/2-Rippenmuster str. Für den Rollrand weitere 5 Rd glatt rechts str, dann locker abk.

FERTIGSTELLEN

Alle Fäden vernähen und die offenen Kanten unter den Ärmeln zusammen abk oder im M-Stich schließen. Den Pullover ausspülen und liegend trocknen lassen.

Zählmuster A (Ärmel)

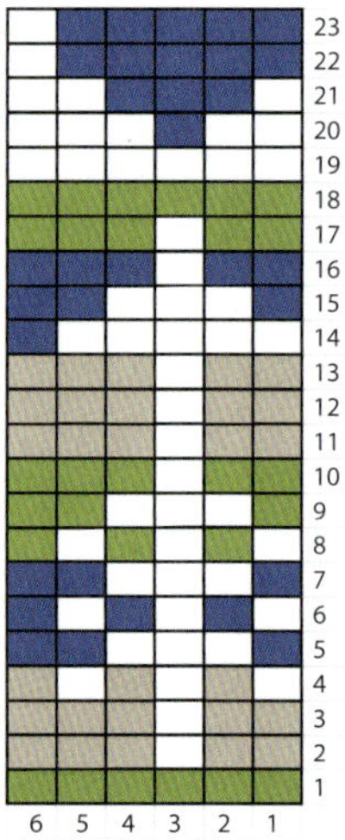

VV = 2 M rechts zusstr
V = 1 M

- **Grundfarbe**
- **Musterfarbe 1**
- **Musterfarbe 2**
- **Musterfarbe 3**

Zählmuster B (Rundpasse)

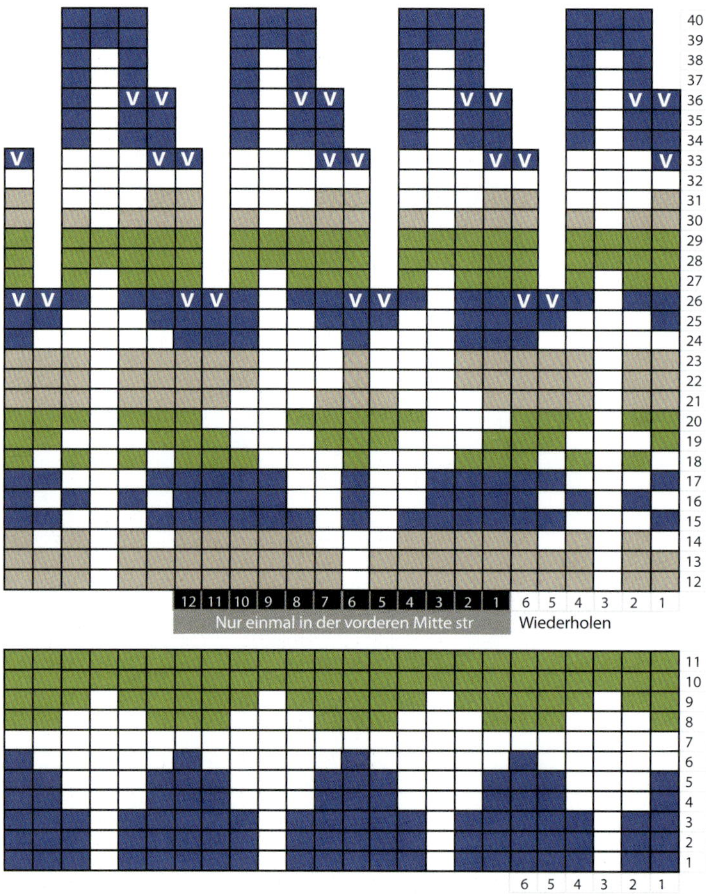

3 = vordere Mitte der Rundpasse

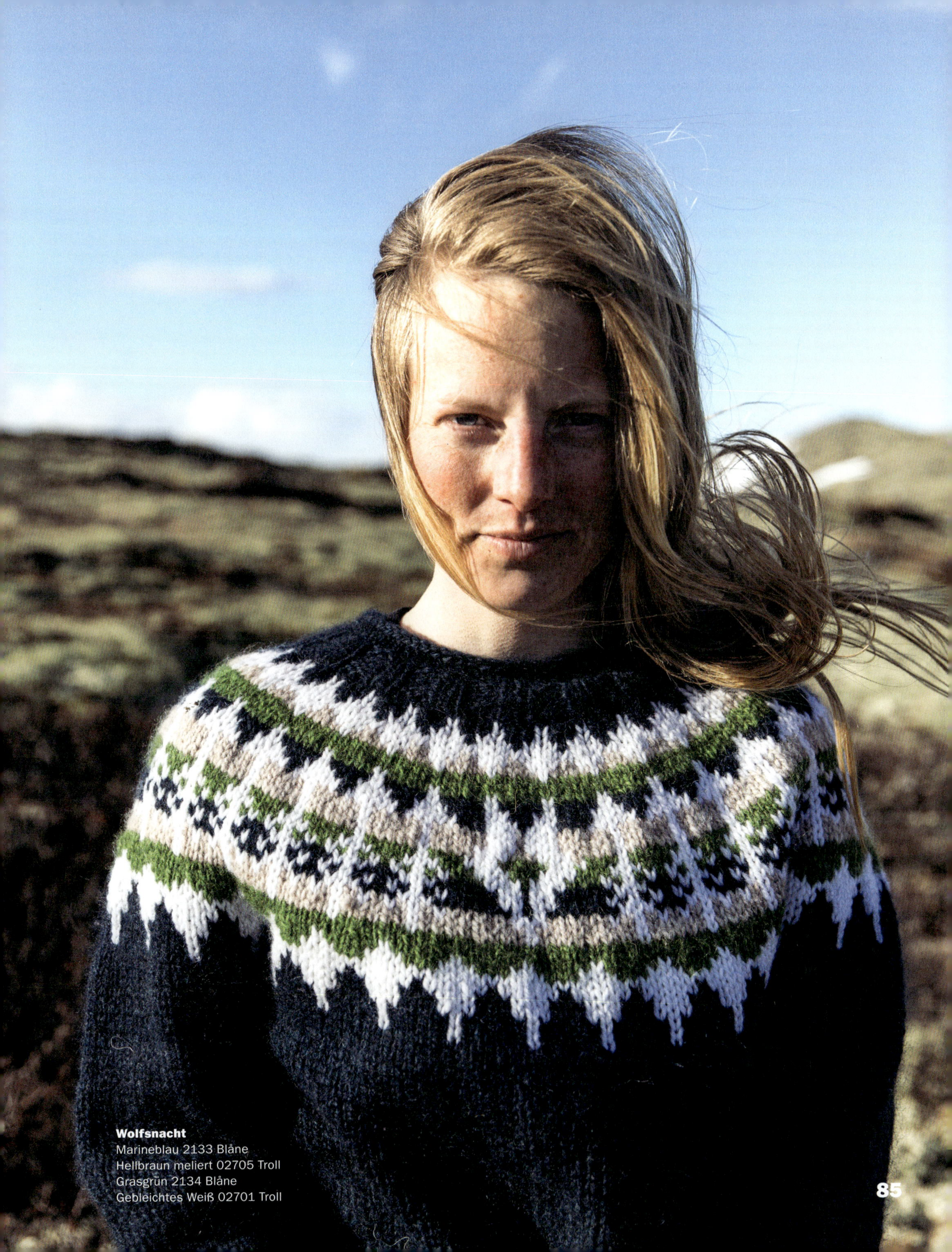

Wolfsnacht
Marineblau 2133 Blåne
Hellbraun meliert 02705 Troll
Grasgrün 2134 Blåne
Gebleichtes Weiß 02701 Troll

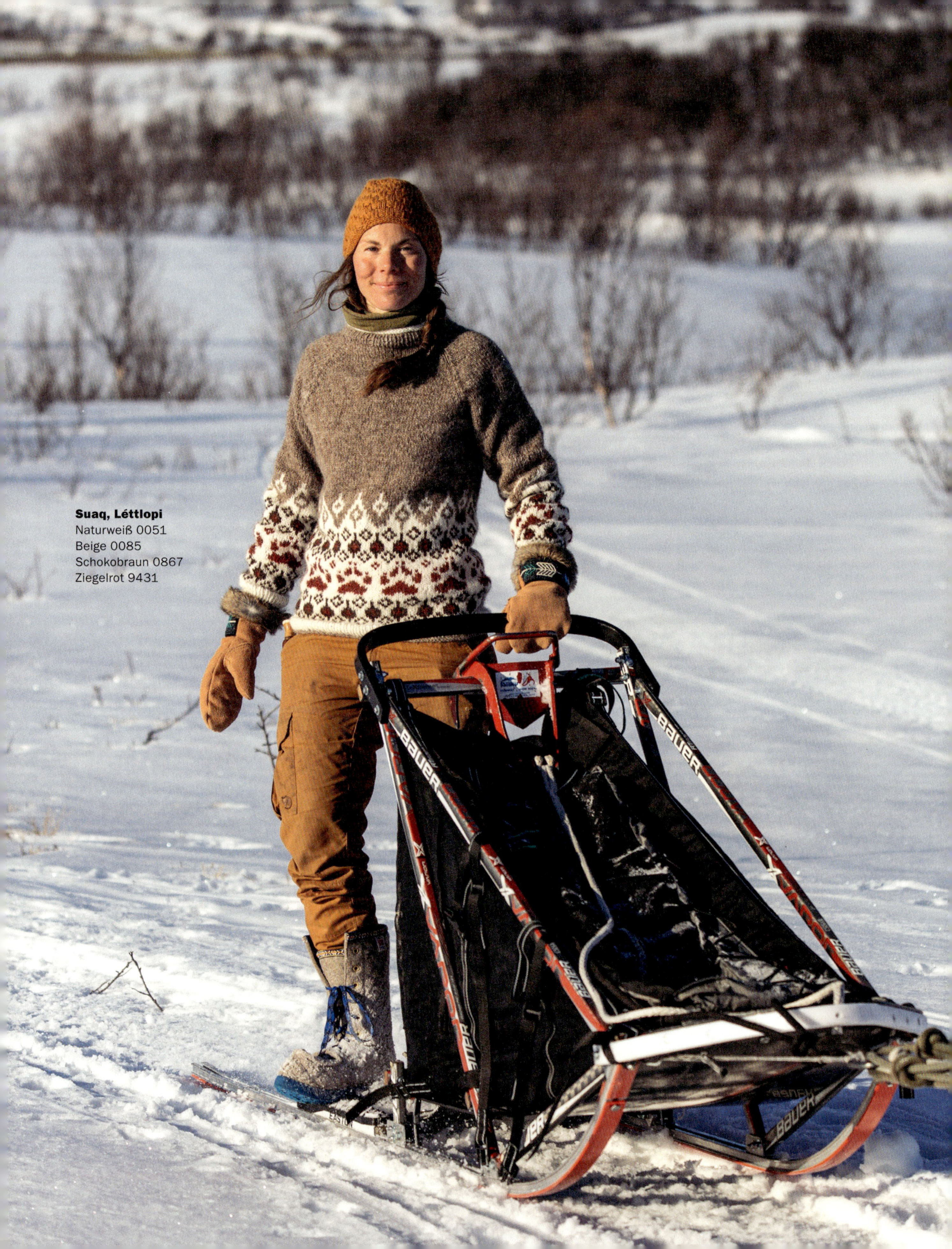

Suaq, Léttlopi
Naturweiß 0051
Beige 0085
Schokobraun 0867
Ziegelrot 9431

Suaq

Mein erstes Design, der Wildnispullover mit Pfoten, hat natürlich einen besonderen Platz in meinem Herzen. Ich wollte die Grundidee des Musters in dieses Buch noch einmal aufnehmen. Also habe ich mir das Pfotenmuster vorgenommen, damit gespielt und entschieden, es an den unteren Rand des Pullovers zu verlegen. Der Pullover (#suaqgenser) ist nach einem meiner Lieblingshunde aus meiner Kindheit benannt. Suaq hatte schöne blaue Augen und zwei »Skispuren« die Schnauze hinunter.

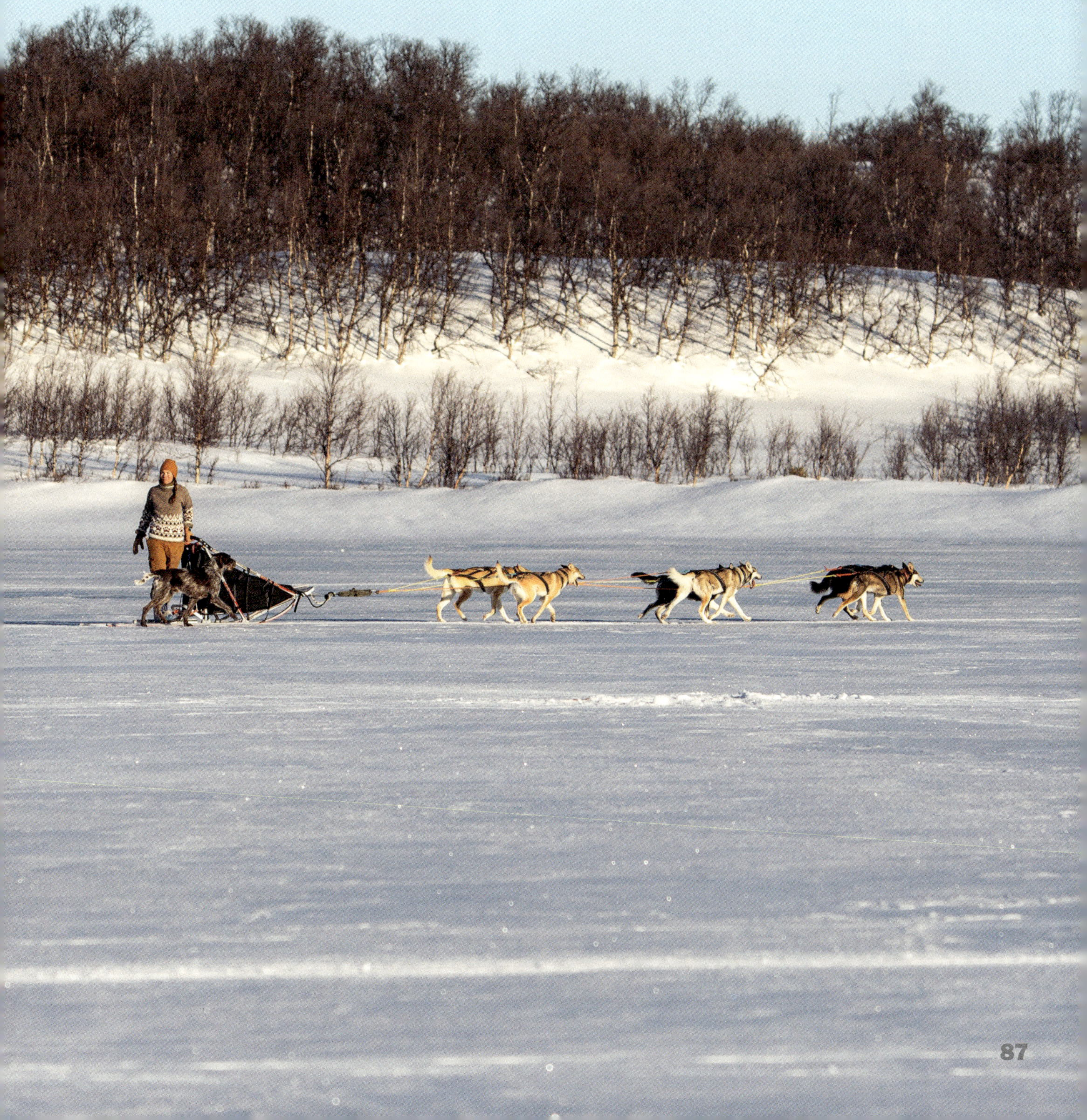

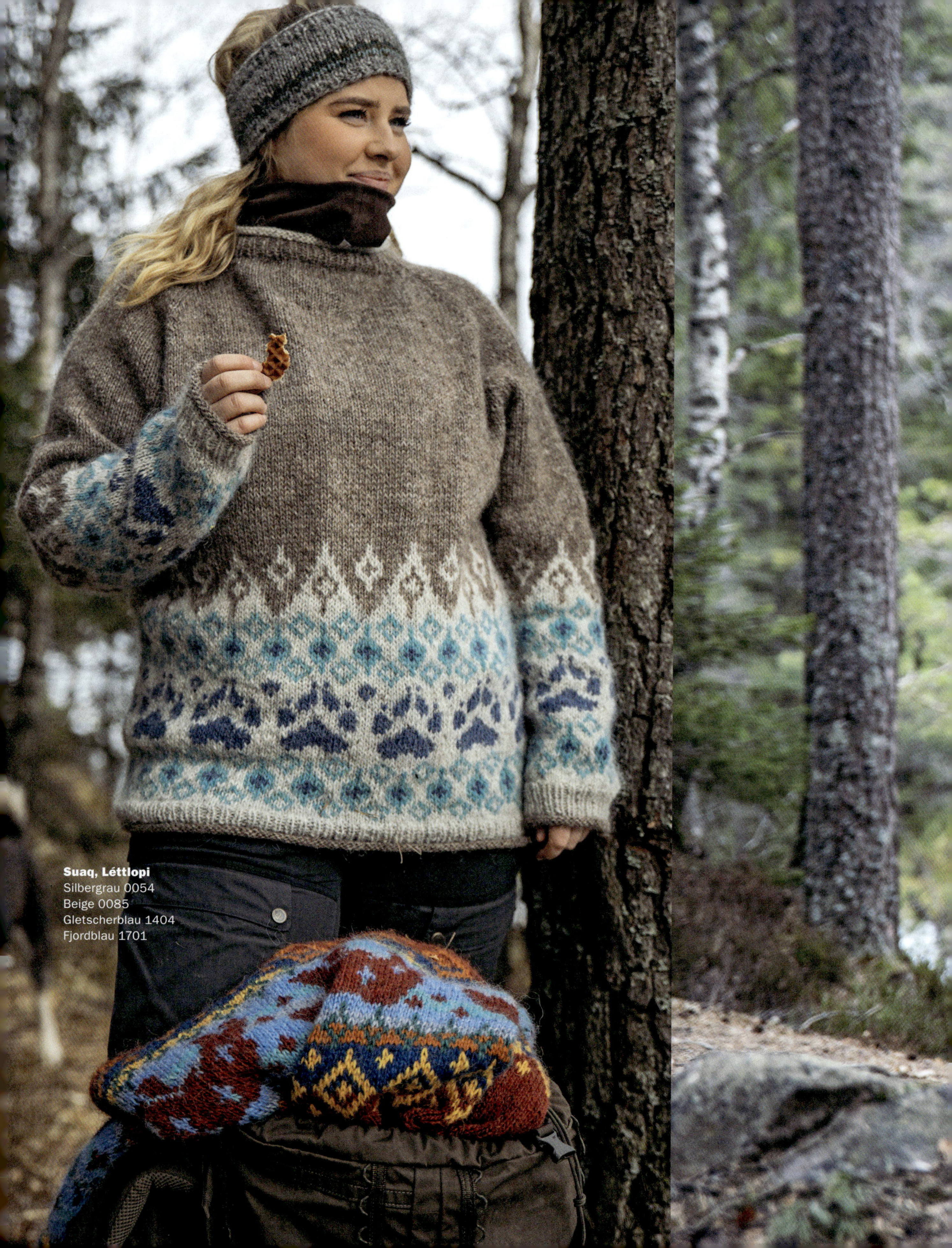

Suaq, Léttlopi
Silbergrau 0054
Beige 0085
Gletscherblau 1404
Fjordblau 1701

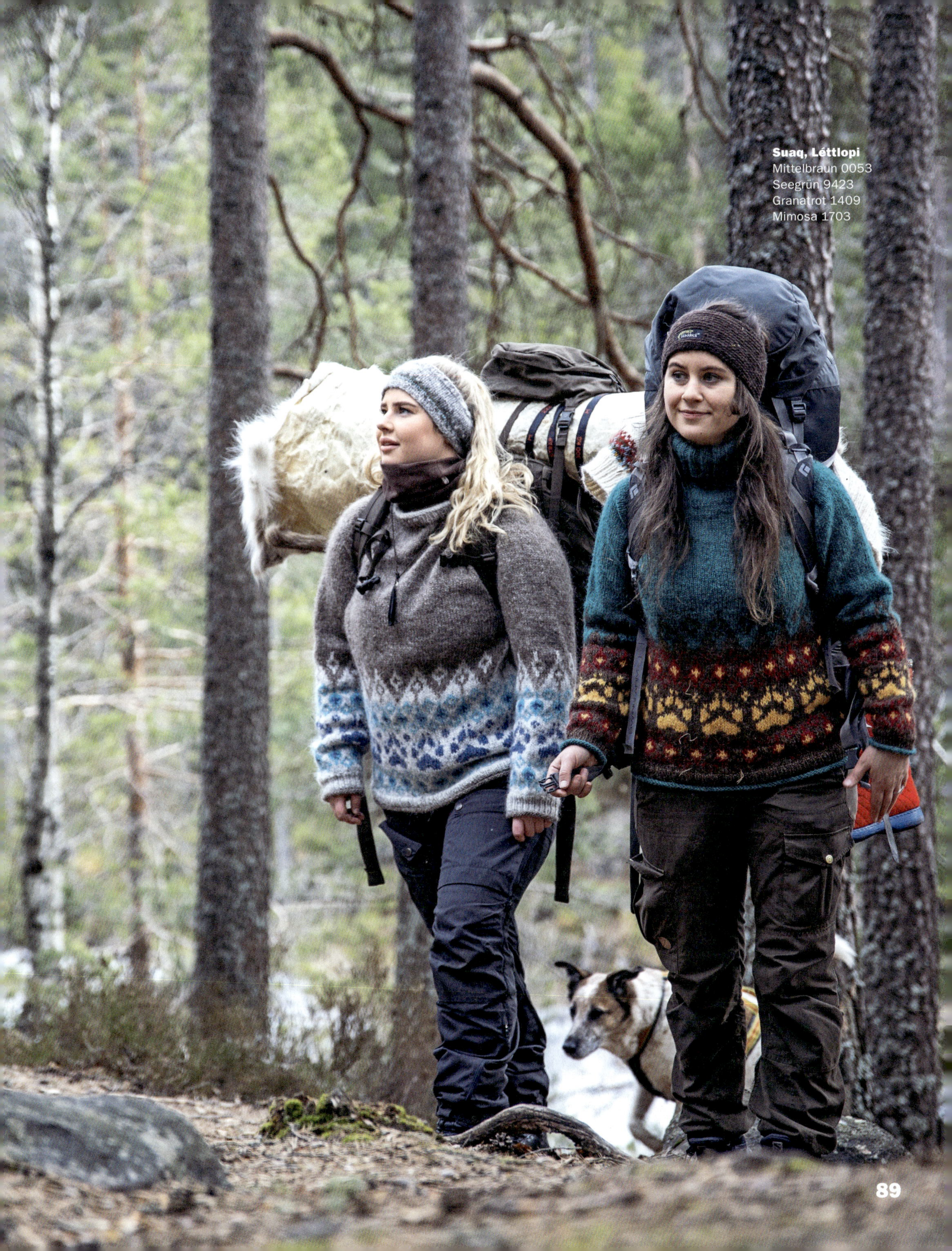

Suaq, Léttlopi
Mittelbraun 0053
Seegrün 9423
Granatrot 1409
Mimosa 1703

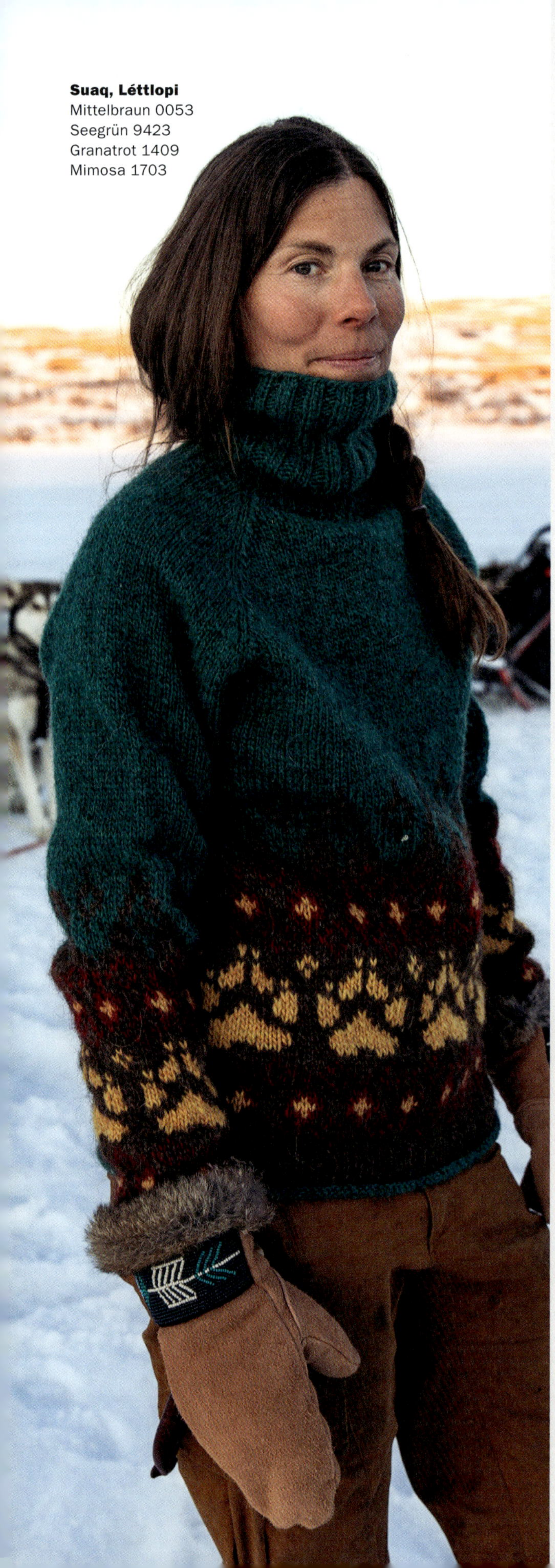

Suaq

Bei diesem Pullover verläuft das Muster in der unteren Hälfte. Viele stricken mehrfarbige Muster fester als einfädige glatt rechts. Bitte darauf achten, dass es unten am Rumpf nicht zu eng wird, darum hier eventuell eine etwas dickere Nadel wählen.

Größen
S (M) L (XL) XXL

Maschenprobe
18 M mit Nadel Nr. 4,5 = 10 cm

Garn
Vidde-Lammwollgarn und/oder Varde-Pelzschafwollgarn von Hillesvåg Ullvarefabrikk oder Léttlopi

Garnmenge
Grundfarbe 1 (im Musterstreifen): 200 (200) 300 (300) 300 g
Grundfarbe 2: 300 (300) 400 (400) 400 g
Musterfarbe 1: 50 (50) 100 (100) 100 g
Musterfarbe 2: 50 (50) 50 (50) 100 g

Stricknadeln
Nadelspiel Nr. 3,5 und 4,5
Rundstricknadel Nr. 3,5 und 4,5, 40 cm lang
Rundstricknadel Nr. 3,5 und 4,5, 80 cm lang

Pullovermaße
Ärmellänge Damen: 48 cm
Ärmellänge Herren: 57 cm
Brustumfang (Damen und Herren): 89 (97) 106 (115) 124 cm
Rumpflänge Damen: 44 cm
Rumpflänge Herren: 48 cm

Anleitung für den Kinderpullover auf Seite 118.

RUMPF

160 (176) 192 (208) 224 M in Grundfarbe 2 mit Rundstricknadel Nr. 3,5 anschlagen, zur Rd schließen und für den Rollrand 5 Rd glatt rechts str. Zu Grundfarbe 1 wechseln, 1 Rd rechte M, dann 3 cm im 1/1-Rippenmuster (= 1 M rechts, 1 M links im Wechsel) str. Mit Nadel Nr. 4,5 glatt rechts gemäß Zählmuster str (evtl. mit dickeren Nadeln). Danach in Grundfarbe 2 weiterstr, bis der Rumpf 44 cm für Damen bzw. 48 cm für Herren misst. Am Rd-Beginn und nach 80 (88) 96 (104) 112 M einen M-Markierer setzen = Vorder- und Rückenteil. Für die Armausschnitte 9 (11) 9 (10) 10 M auf jeder Seite auf einem Faden oder M-Halter stilllegen (die markierte M und gleich viele M beidseitig davon). Die Arbeit beiseitelegen und die Ärmel str.

ÄRMEL

40 (40) 44 (44) 44 M in Grundfarbe 2 mit Nadelspiel Nr. 3,5 anschlagen und für den Rollrand 5 Rd glatt rechts str. Zu Grundfarbe 1 wechseln, 1 Rd rechte M, dann 3 cm im 1/1-Rippenmuster str. Mit Nadel Nr. 4,5 glatt rechts weiterstr. In der 1. Rd gleichmäßig verteilt 8 (8) 12 (12) 12 M zun = 48 (48) 56 (56) 56 M. Nach dem Zählmuster str (evtl. mit dickeren Nadeln). Die M unter dem Ärmel mit einem M-Markierer kennzeichnen. Diese markierte M stets links str. Alle 2 cm jeweils vor und nach dieser markierten M 1 M zun, bis insgesamt 68 (72) 72 (78) 82 M vorhanden sind. Die zugenommenen M jeweils ins Muster integrieren. (Hinweis: Der Rapport geht unter dem Ärmel nicht auf.) Danach in Grundfarbe 2 weiterstr, bis der Ärmel 48 cm für Damen bzw. 57 cm für Herren misst. 9 (11) 9 (10) 10 M unter dem Ärmel auf einem Faden oder M-Halter stilllegen (die markierte M und gleich viele M beidseitig davon). Den zweiten Ärmel ebenso str.

PASSE MIT RAGLANABNAHMEN

Die Ärmel-M auf die Rundstricknadel mit den Rumpf-M str: ein Ärmel, Vorderteil, zweiter Ärmel, Rückenteil = 260 (276) 300 (324) 348 M. Die M zwischen Ärmel und Rumpf jeweils mit einem M-Markierer kennzeichnen = 4 markierte M. 9 Rd glatt rechts str, dann mit den Raglan-Abn beginnen: Beidseitig der markierten M betont abn, so werden 8 M in jeder Abn-Rd abgenommen. Auf der rechten Seite der markierten M linksgeneigt abn, dazu 2 M rechts verschränkt zusstr. Auf der linken Seite der markierten M rechtsgeneigt abn, dazu 2 M rechts zusstr. Diese Abn in jeder 2. Rd wiederholen, bis noch insgesamt 84 (84) 92 (92) 92 M vorhanden sind.

HALSAUSSCHNITT

Zu Nadel Nr. 3,5 wechseln und die M-Zahl auf 84 (84) 88 (88) 92 M anpassen.
Rundhalsausschnitt: 3 cm in Grundfarbe 2 im 1/1-Rippenmuster str. Zu Grundfarbe 1 wechseln und für den Rollrand 5 Rd glatt rechts str, dann locker abk.
Rollkragen: 20 cm in Grundfarbe 2 im 2/2-Rippenmuster (= 2 M rechts, 2 M links im Wechsel) str, dann locker abk.

FERTIGSTELLEN

Alle Fäden vernähen und die offenen Kanten unter den Ärmeln zusammen abk oder im M-Stich schließen. Den Pullover ausspülen und liegend trocknen lassen.

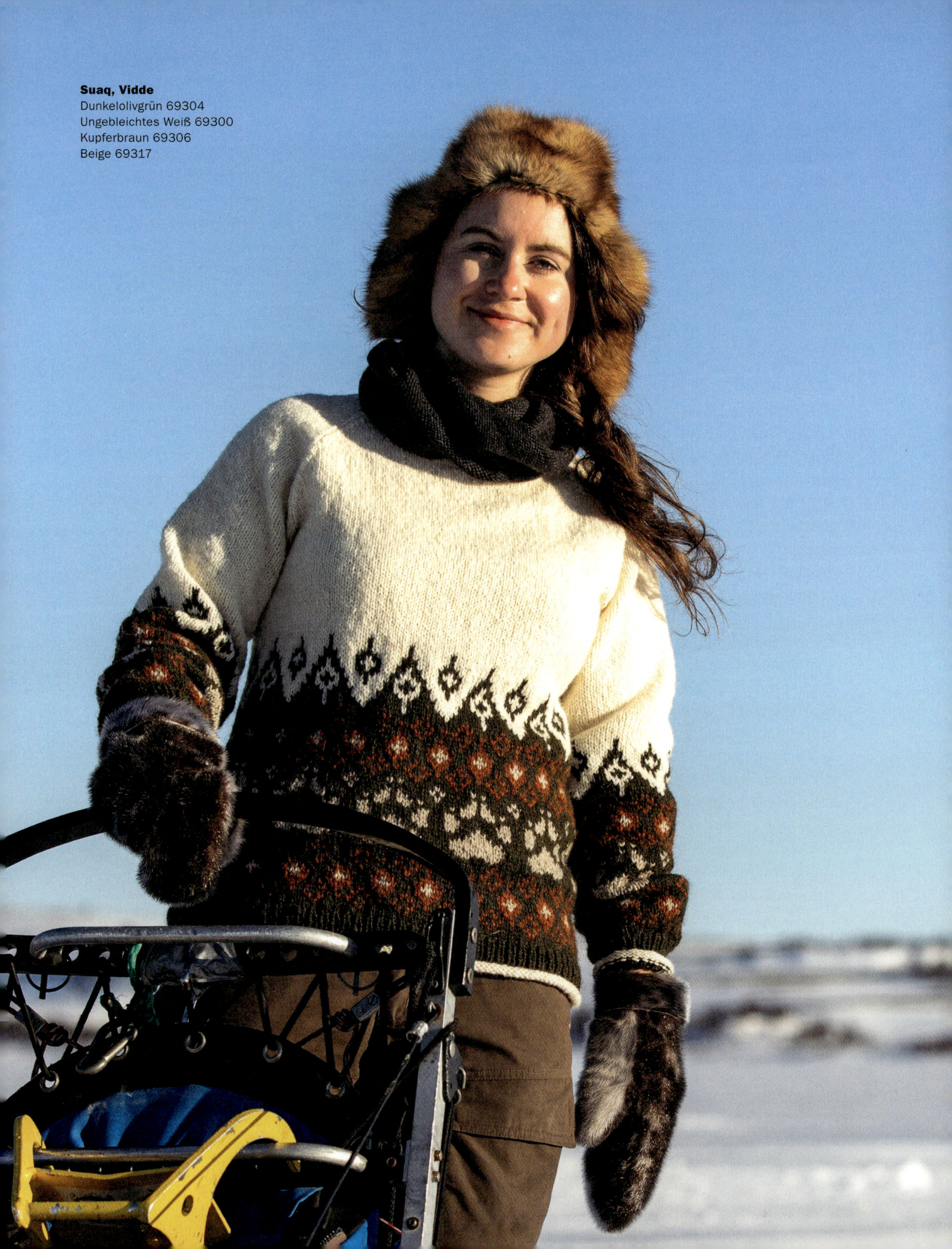

Suaq, Vidde
Dunkelolivgrün 69304
Ungebleichtes Weiß 69300
Kupferbraun 69306
Beige 69317

Zählmuster

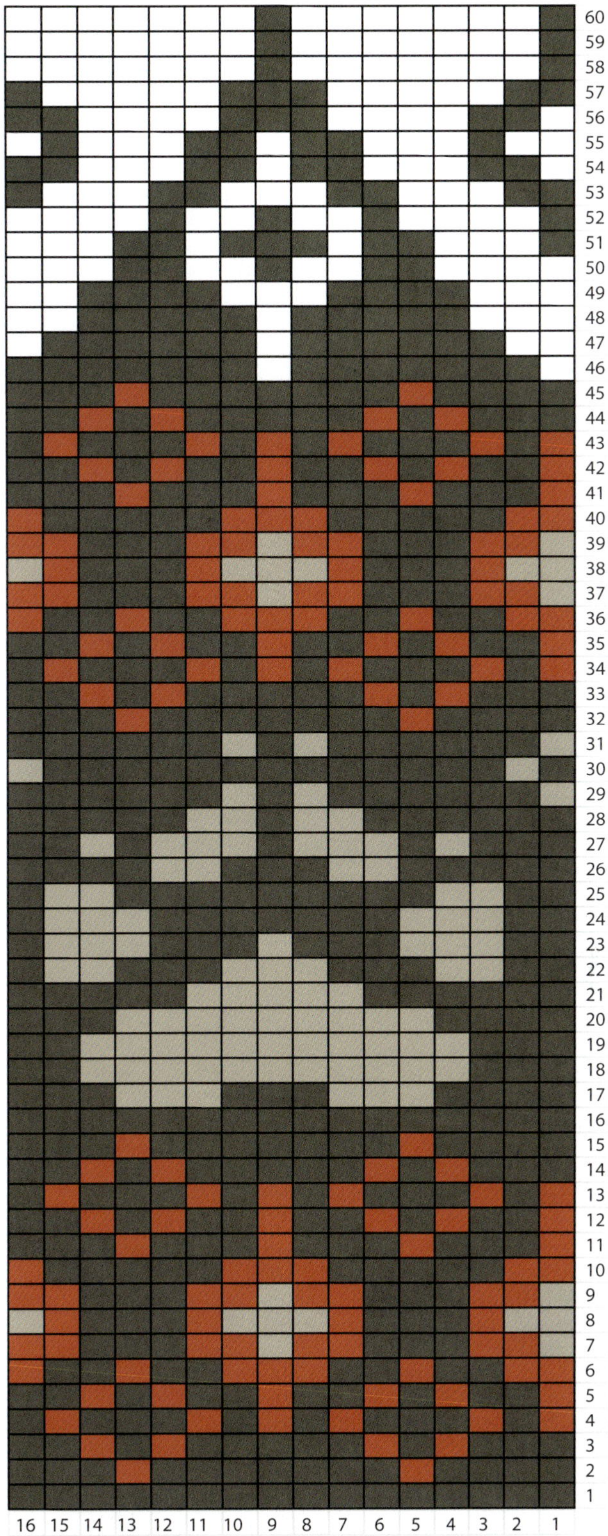

Grundfarbe 1

Grundfarbe 2

Musterfarbe 1

Musterfarbe 2

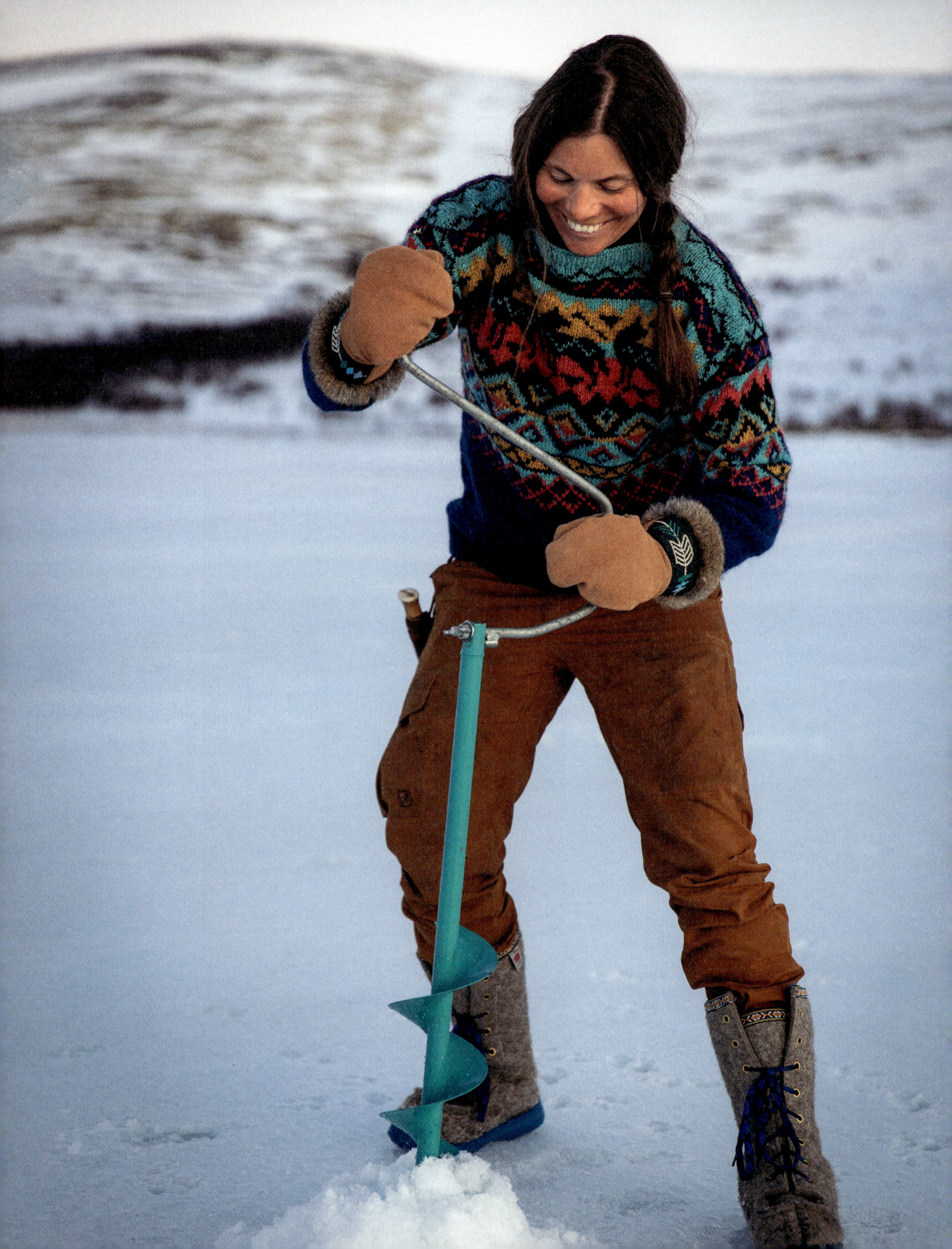

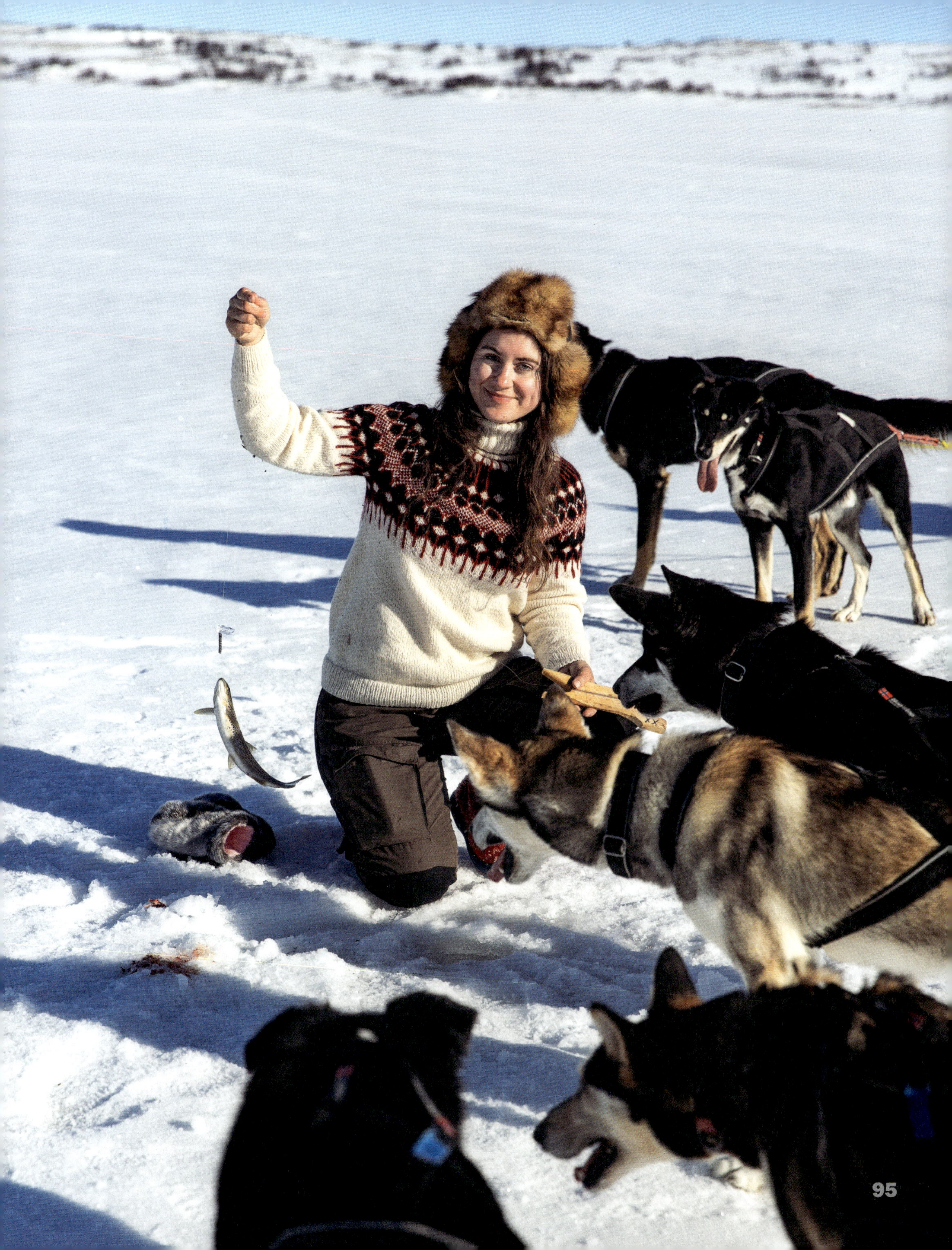

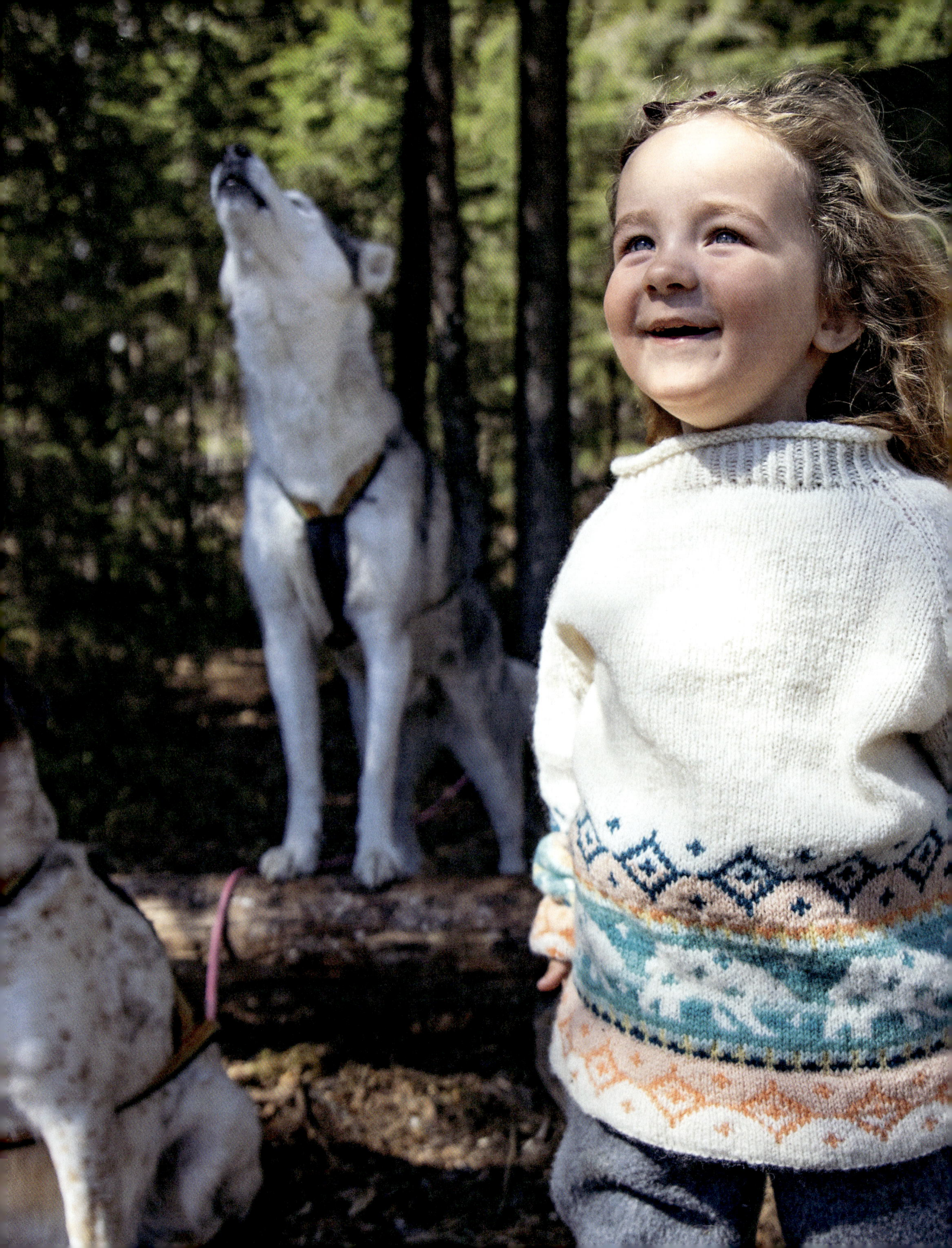

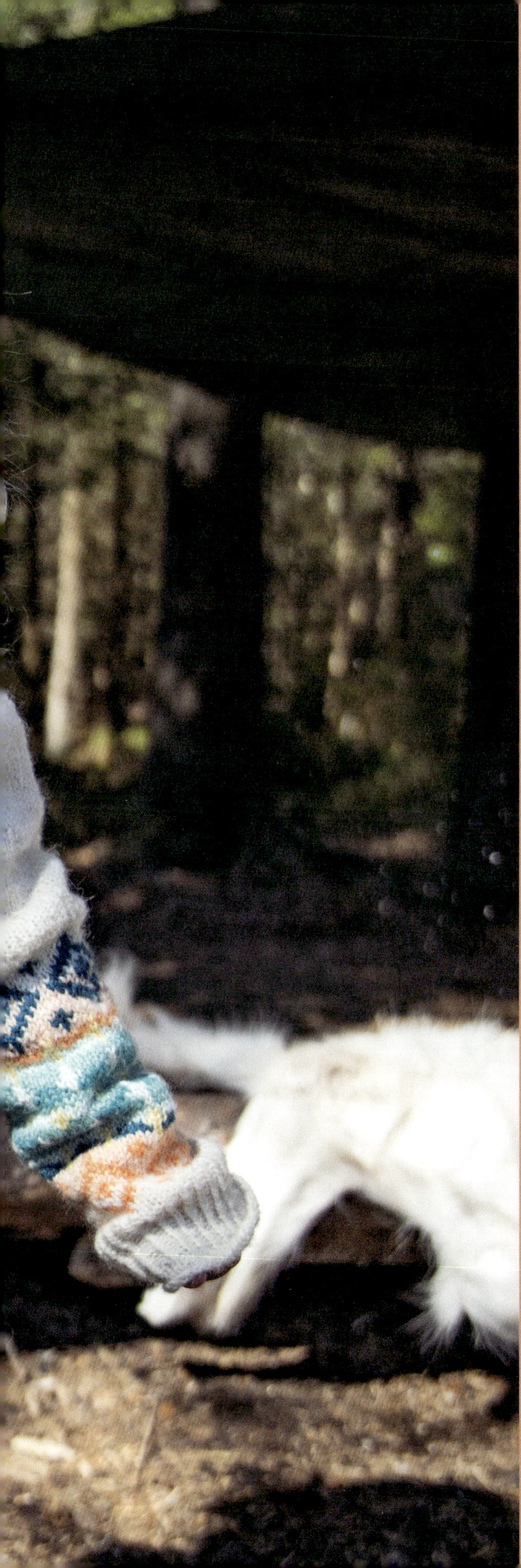

Kinder-pullover

Auch kleine Abenteurer müssen warm angezogen sein. Diese Pullover sind sehr haltbar und für so gut wie jedes Wetter geeignet.

Wie bei den Modellen für Erwachsene ist es mir bei den Kinderpullovern wichtig, Qualitätsgarn zu verwenden. Mehrere Pullover wurden mit Rauma 3-tråds gestrickt, ein klassisches Garn von unübertroffener Qualität. Es garantiert strapazierfähige und schöne Kleidungsstücke, die an die nächste Generation vererbt werden können. Wer es weicher mag, verwendet Rauma Mitu, denn dieses Garn besteht aus 50 % Wolle und 50 % Alpaka. Finull von Rauma ist ein weiches Lammwollgarn und ergibt sehr leichte, luftige und langlebige Kleidung – und ist in 130 Farben erhältlich!

Der einzige wirklich dicke Pullover ist Qanik aus Álafosslopi. Als weichere Alternative bieten sich Troll oder Blåne von Hillesvåg Ullvarefabrikk an.

Die Körpergröße von Kindern desselben Alters variiert sehr. Deshalb unbedingt sorgfältig die Maße des Kindes nehmen, um die passende Größe zu ermitteln.

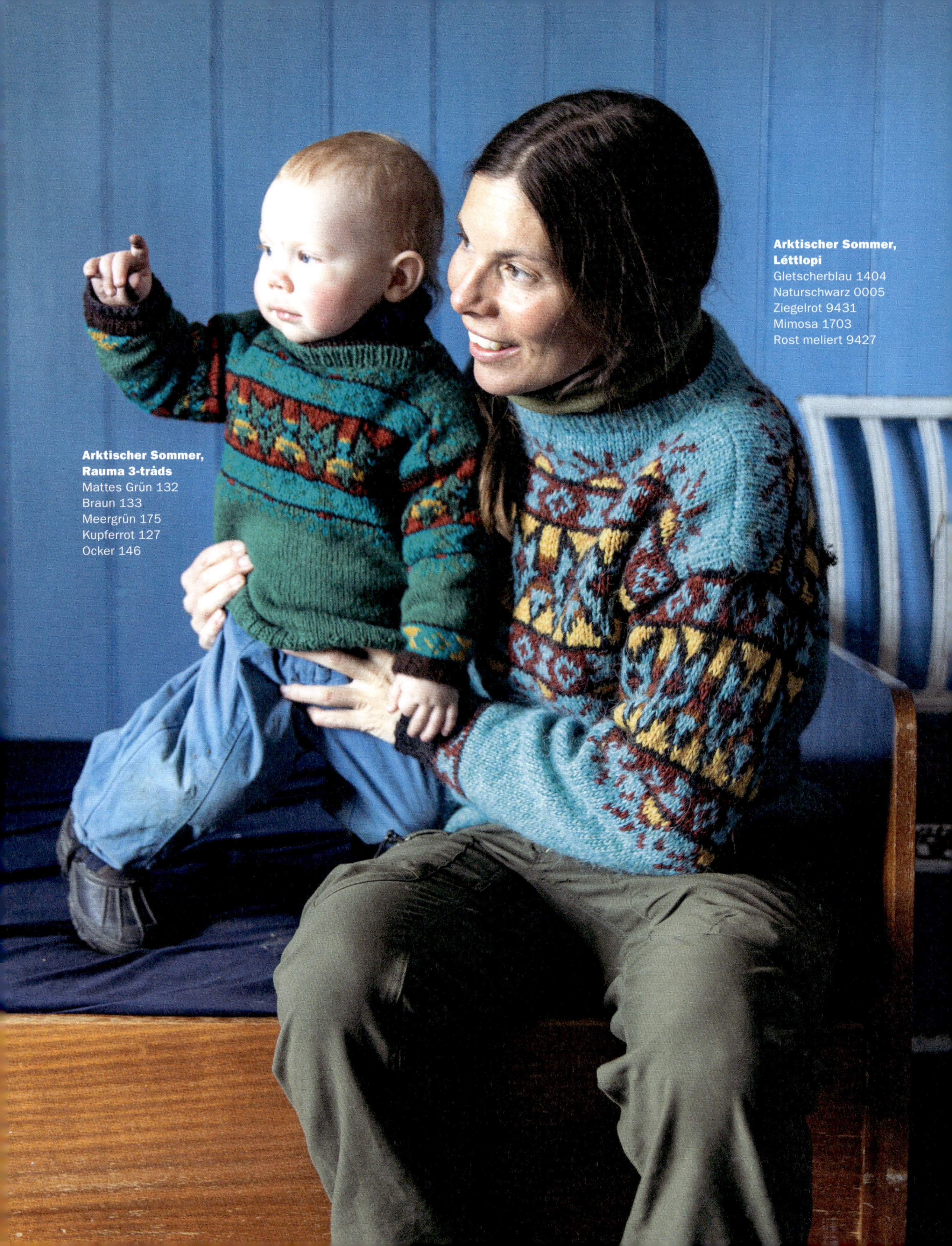

Arktischer Sommer, Léttlopi
Gletscherblau 1404
Naturschwarz 0005
Ziegelrot 9431
Mimosa 1703
Rost meliert 9427

Arktischer Sommer, Rauma 3-tråds
Mattes Grün 132
Braun 133
Meergrün 175
Kupferrot 127
Ocker 146

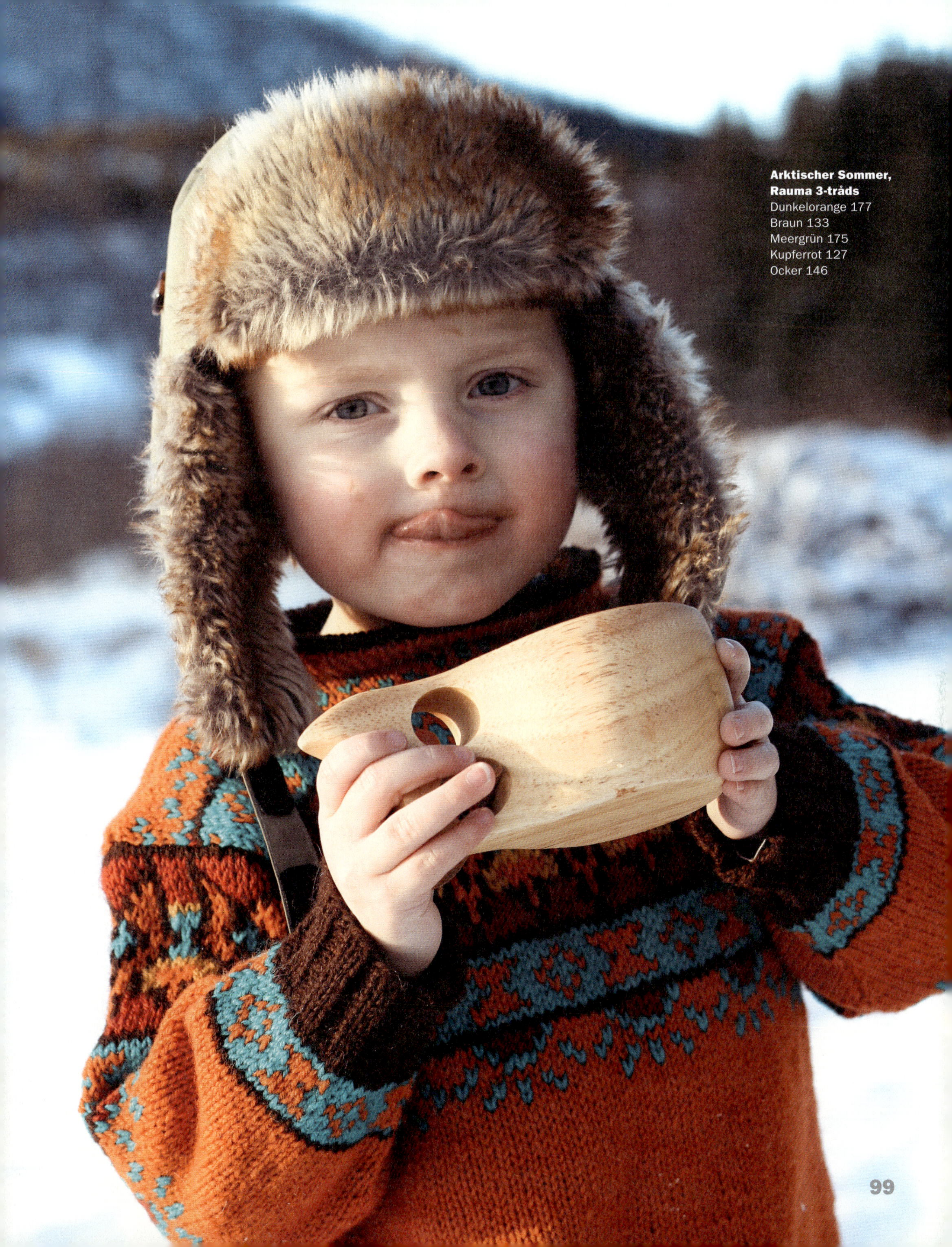

Arktischer Sommer, Rauma 3-tråds
Dunkelorange 177
Braun 133
Meergrün 175
Kupferrot 127
Ocker 146

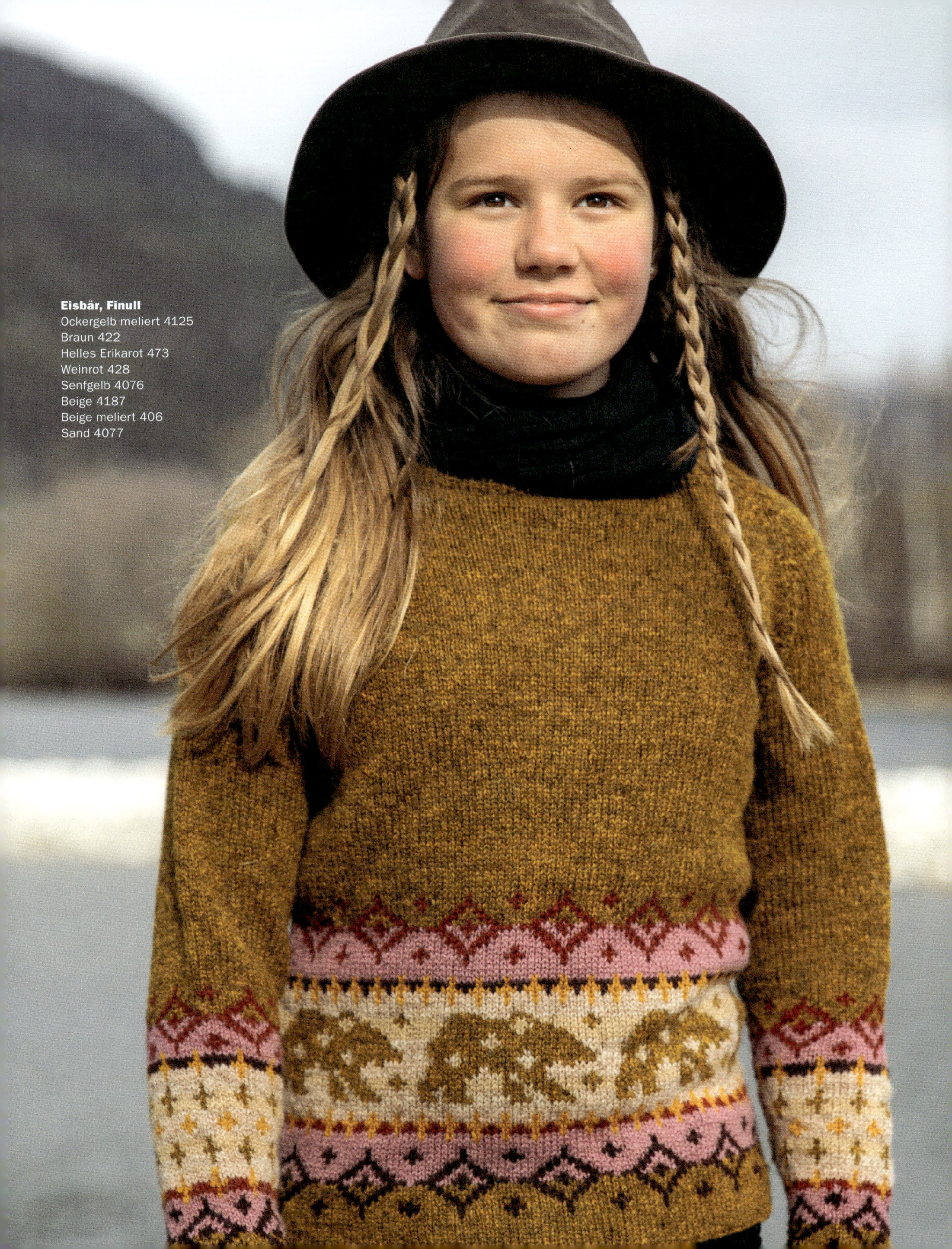

Eisbär, Finull
Ockergelb meliert 4125
Braun 422
Helles Erikarot 473
Weinrot 428
Senfgelb 4076
Beige 4187
Beige meliert 406
Sand 4077

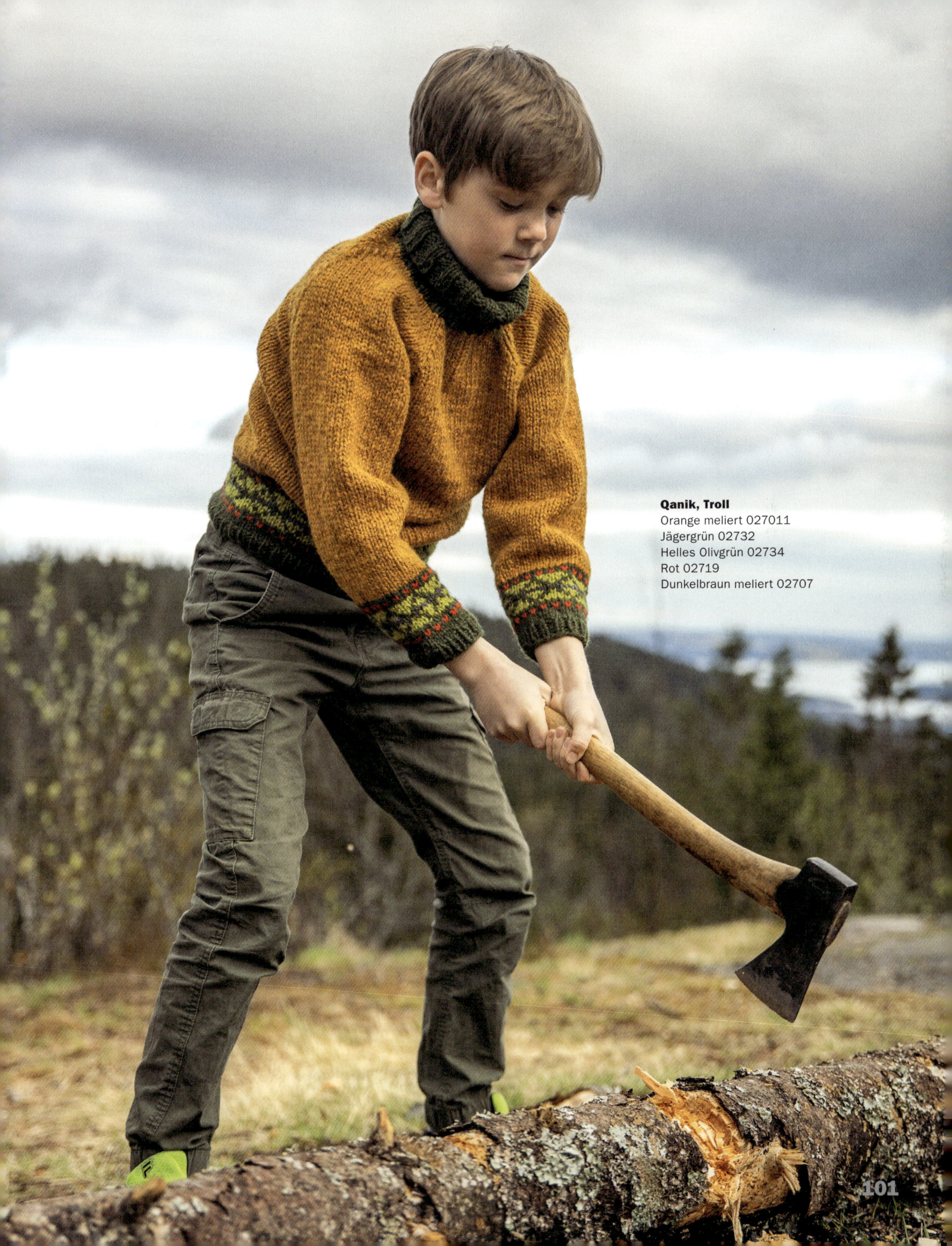

Qanik, Troll
Orange meliert 027011
Jägergrün 02732
Helles Olivgrün 02734
Rot 02719
Dunkelbraun meliert 02707

Suaq, Rauma 3-tråds
Helles Bauernblau 168
Dunkelgelb 131
Apfelgrün 198
Natur 101

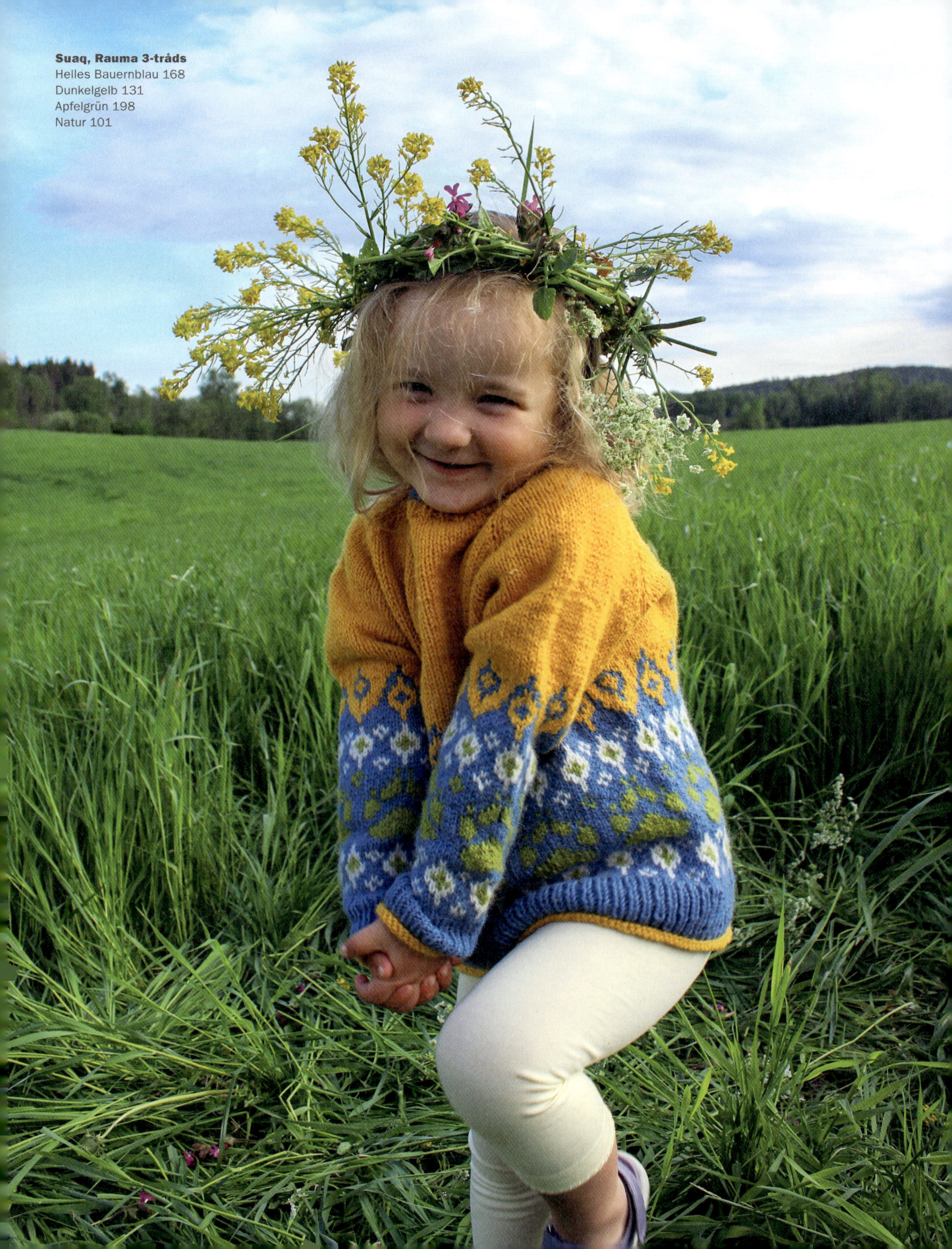

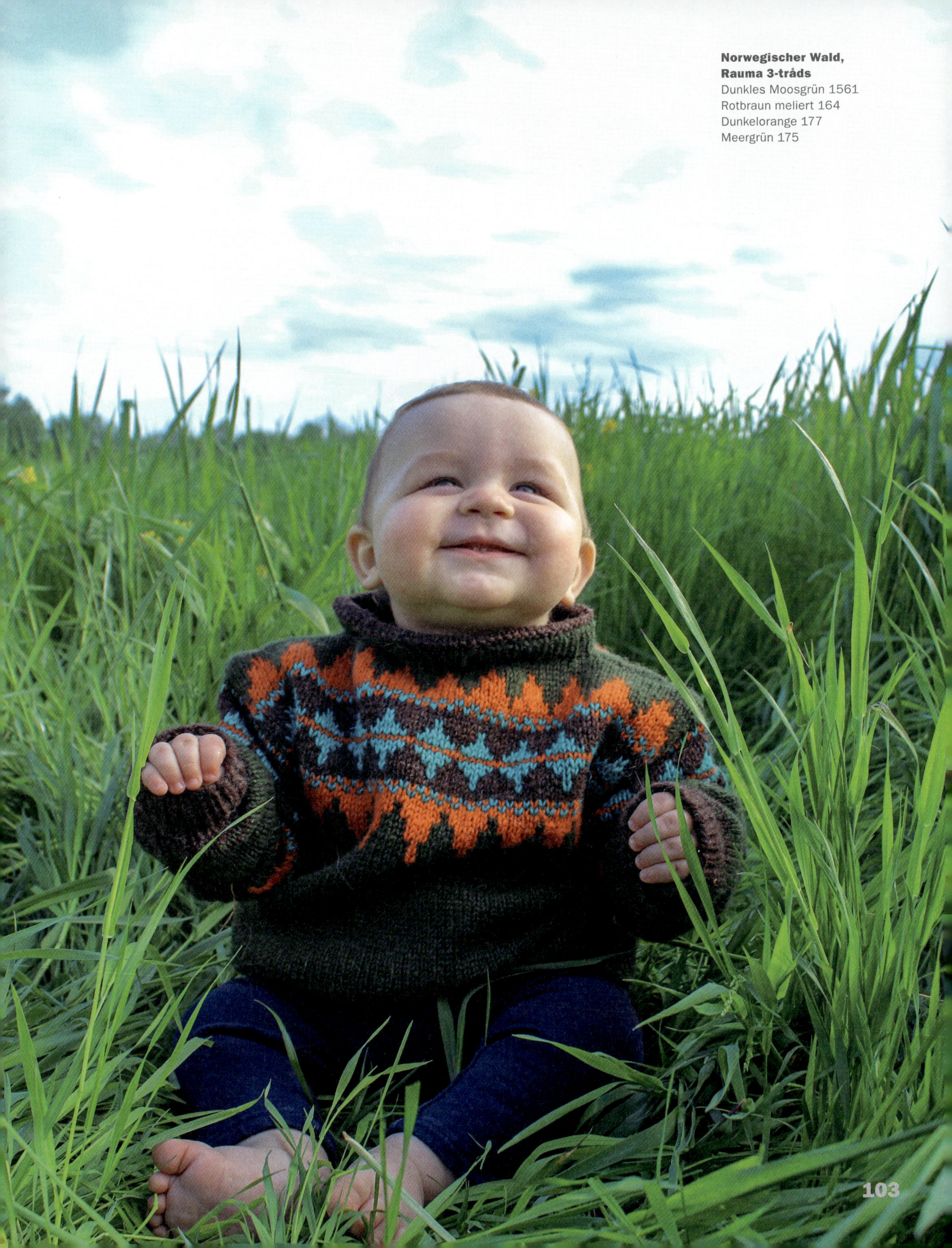

Norwegischer Wald,
Rauma 3-tråds
Dunkles Moosgrün 1561
Rotbraun meliert 164
Dunkelorange 177
Meergrün 175

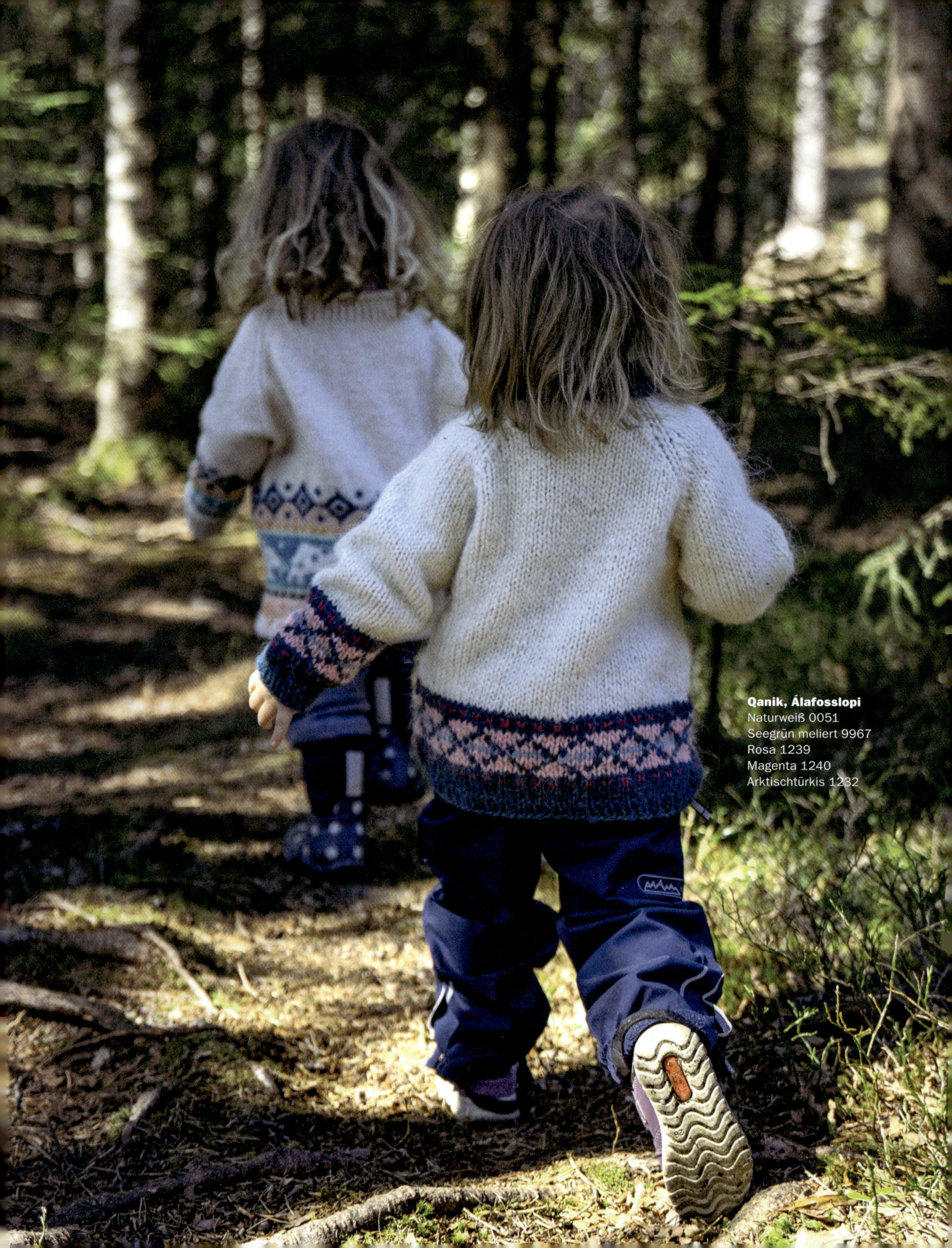

Qanik, Álafosslopi
Naturweiß 0051
Seegrün meliert 9967
Rosa 1239
Magenta 1240
Arktischtürkis 1232

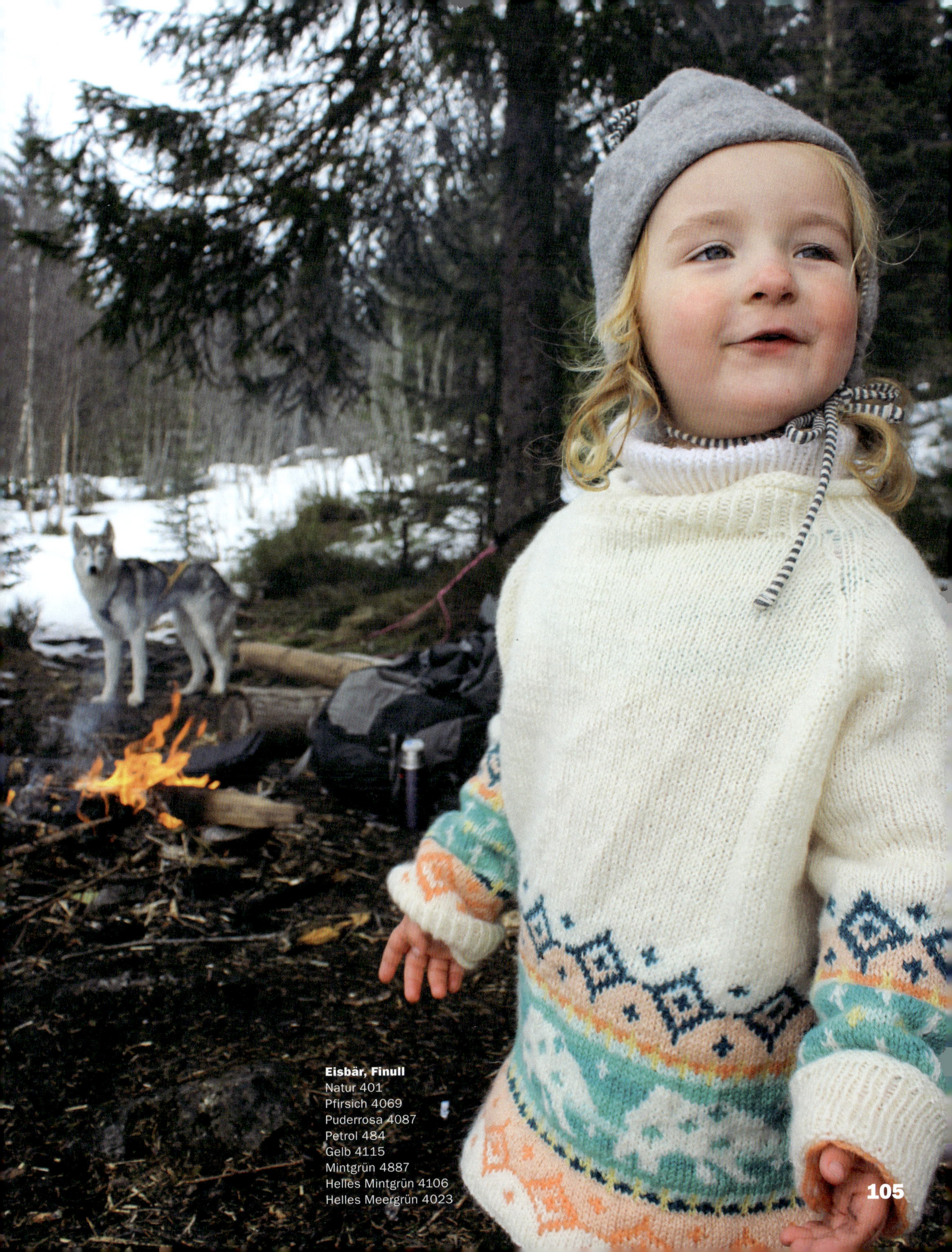

Eisbär, Finull
Natur 401
Pfirsich 4069
Puderrosa 4087
Petrol 484
Gelb 4115
Mintgrün 4887
Helles Mintgrün 4106
Helles Meergrün 4023

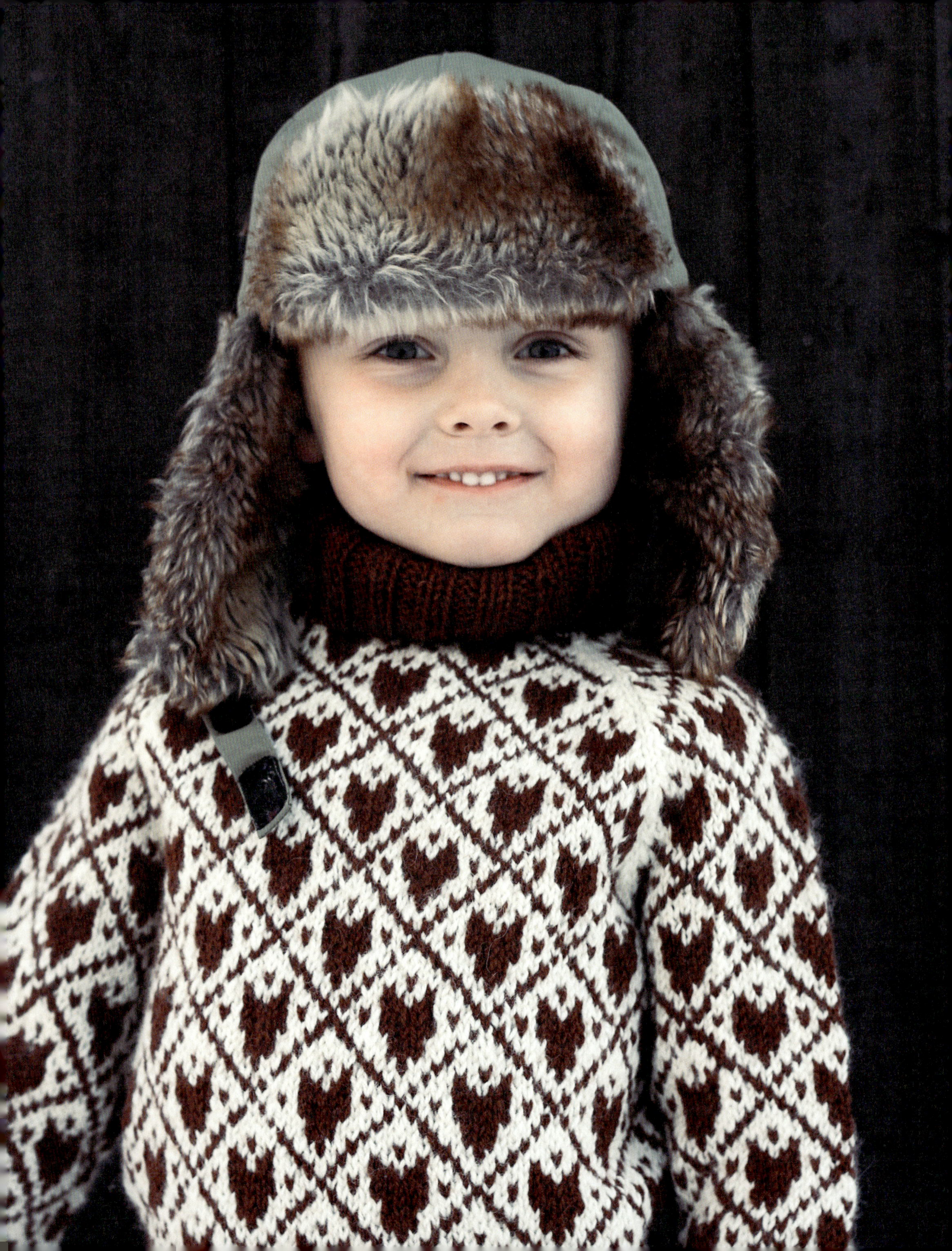

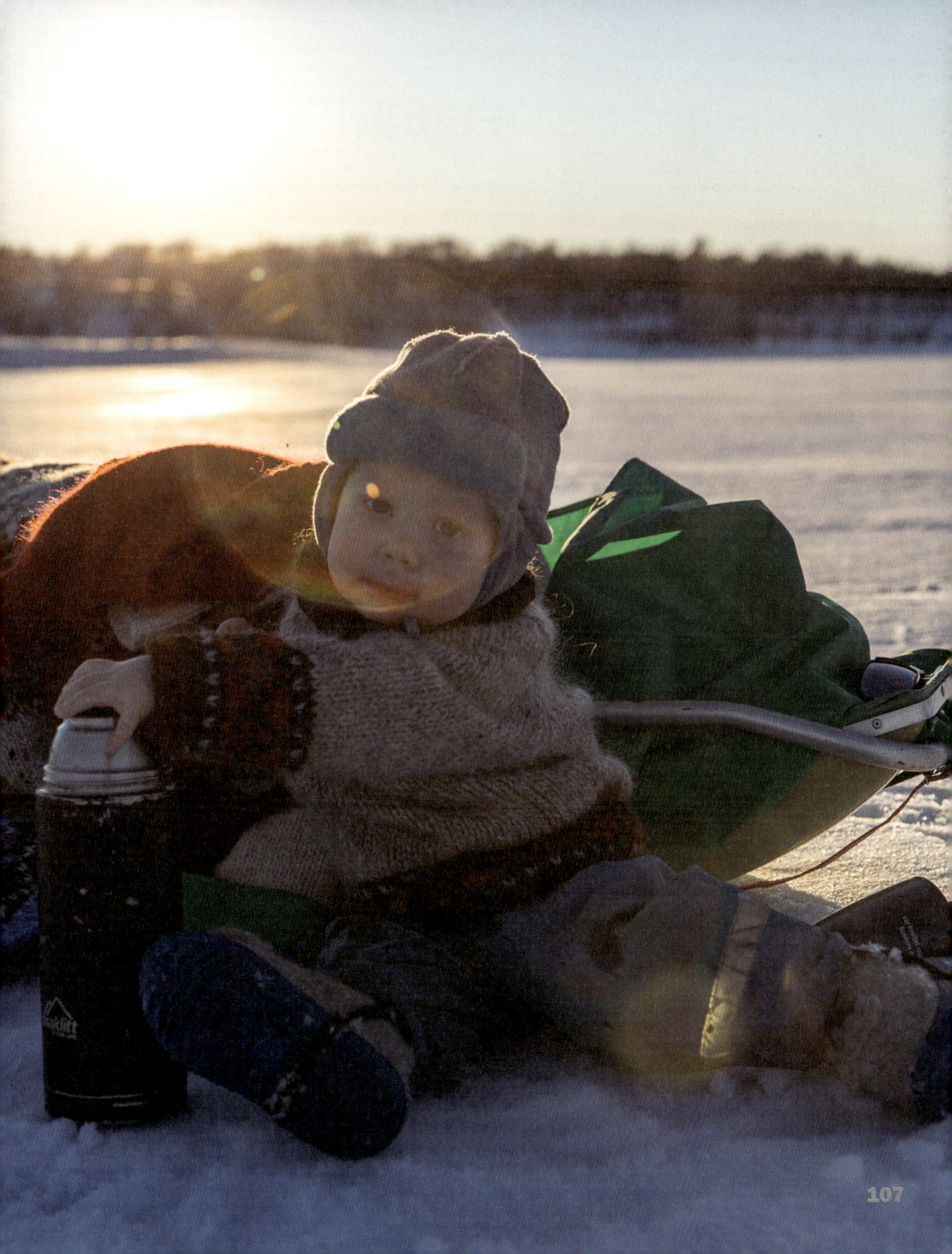

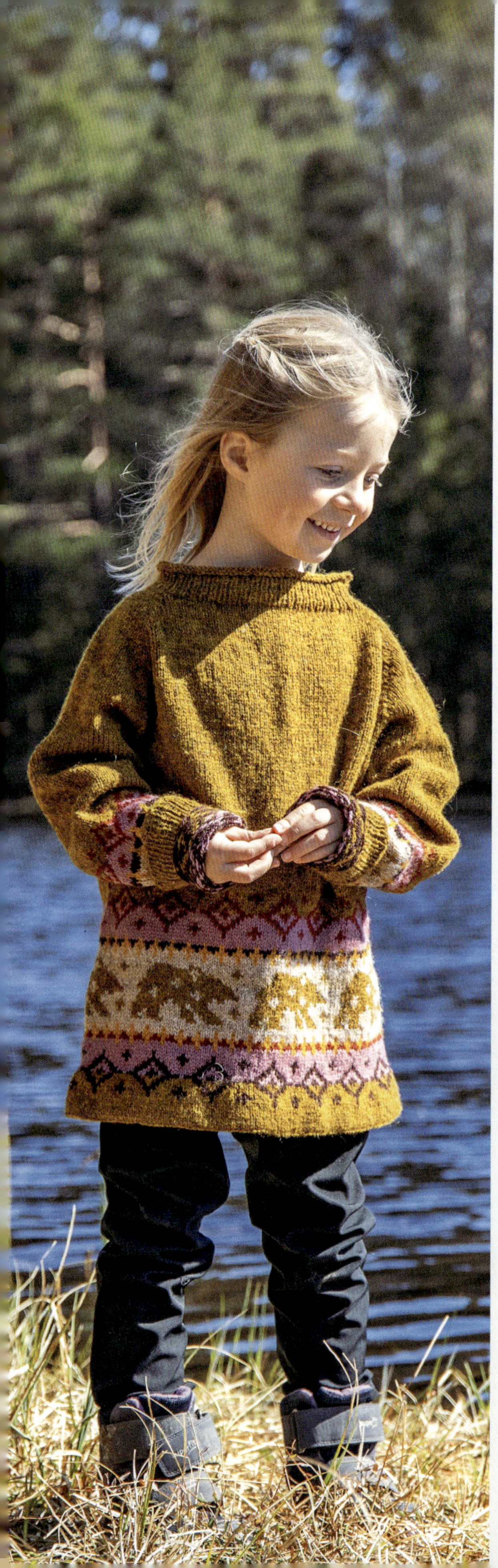

Eisbär

Ich habe jeweils eine Variante des Eisbärpullovers mit vier und mit acht Farben entworfen. Weil der Rapport des Musters sehr breit ist, sind die Größen hier von der Maschenprobe abhängig. Unbedingt eine Maschenprobe anfertigen, um die richtige Nadelstärke zu bestimmen.

Größen
1 (3) 5 (8) 10 Jahre

Maschenprobe
27 (25) 27 (25) 27 M mit Nadel Nr. 3 (3,5) 3 (3,5) 3 = 10 cm

Garn
Finull von Rauma

Garnmenge bei 8 Farben
Grundfarbe: 150 (150) 200 (200) 250 g
Musterfarbe 1–7: jeweils 50 g für alle Größen

Garnmenge bei 4 Farben
Grundfarbe: 150 (150) 200 (250) 250 g
Musterfarbe 1–3: jeweils 50 g für alle Größen

Stricknadeln
Nadelspiel Nr. 2,5 und 3 (3,5) 3 (3,5) 3
Rundstricknadel Nr. 2,5 und 3 (3,5) 3 (3,5) 3, 60 cm lang
Rundstricknadel Nr. 2,5, 40 cm lang

Pullovermaße
Ärmellänge: 22 (27) 29 (35) 38 cm
Brustumfang: 62 (67) 72 (78) 83 cm
Rumpflänge: 22 (27) 29 (35) 38 cm

RUMPF

168 (168) 196 (196) 224 M in der Grundfarbe mit Rundstricknadel Nr. 2,5 anschlagen und 4 (4) 5 (5) 5 cm glatt rechts str. Für die Umbruchkante 1 Rd linke M str. Mit Nadel Nr. 3 (3,5) 3 (3,5) 3 glatt rechts nach Zählmuster A (8 oder 4 Farben) str. Hinweis: Die Spannfäden auf der Rückseite des Bären sind recht lang, diese deshalb in regelmäßigen Abständen während des Strickens verkreuzen. Je nach Größe nach dem Zählmuster in der Grundfarbe weiterstr, bis der Rumpf 22 (27) 29 (35) 38 cm misst. Am Rd-Beginn und nach 84 (84) 98 (98) 112 M einen M-Markierer setzen = Vorder- und Rückenteil. Für die Armausschnitte 11 (11) 10 (10) 10 M auf jeder Seite auf einem Faden oder M-Halter stilllegen (die markierte M und gleich viele M beidseitig davon). Die Arbeit beiseitelegen und die Ärmel str.

ÄRMEL

48 (48) 50 (50) 54 M in der Grundfarbe mit Nadelspiel Nr. 2,5 anschlagen und für den Rollrand 5 Rd glatt rechts str. Dann 3 (3) 4 (4) 5 cm im 1/1-Rippenmuster (= 1 M rechts, 1 M links im Wechsel) str. Mit Rundstricknadel Nr. 3 (3,5) 3 (3,5) 3 glatt rechts weiterstr. In der 1. Rd gleichmäßig verteilt 6 (6) 8 (8) 6 zun = 54 (54) 58 (58) 60 M. Nach Zählmuster B str (mit 8 oder 4 Farben). Die M unter dem Ärmel mit einem M-Markierer kennzeichnen. Diese markierte M stets links str. Alle 2 cm jeweils vor und nach dieser markierten M 1 M zun, bis insgesamt 64 (64) 78 (78) 88 M vorhanden sind. Die zugenommenen M ins Muster integrieren. (Hinweis: Der Rapport geht unter dem Ärmel nicht auf.) In der Grundfarbe weiterstr, bis der Ärmel 22 (27) 29 (35) 38 cm misst. 11 (11) 10 (10) 10 M unter dem Ärmel auf einem Faden oder M-Halter stilllegen (die markierte M und gleich viele M beidseitig davon). Den zweiten Ärmel ebenso str.

PASSE MIT RAGLANABNAHMEN

Die Ärmel-M auf die Rundstricknadel mit den Rumpf-M str: ein Ärmel, Vorderteil, zweiter Ärmel, Rückenteil = 252 (252) 312 (312) 360 M. Dabei die M zwischen Ärmeln und Rumpf jeweils mit einem M-Markierer kennzeichnen = 4 markierte M. Nun wie folgt mit den Raglan-Abn beginnen: Beidseitig der markierten M betont abn, so werden 8 M in jeder Abn-Rd abgenommen. Auf der rechten Seite der markierten M linksgeneigt abn, dazu 2 M rechts verschränkt zusstr. Auf der linken Seite der markierten M rechtsgeneigt abn, dazu 2 M rechts zusstr. Diese Abn in jeder 2. Rd wiederholen, bis noch insgesamt 92 (92) 104 (104) 112 M vorhanden sind. Zur kurzen Rundstricknadel Nr. 2,5 wechseln und den Halsausschnitt str.

HALSAUSSCHNITT

Rundhalsausschnitt: 2 (2) 3 (3) 3 cm im 1/1-Rippenmuster str. Für den Rollrand 6 Rd glatt rechts str, dann locker abk.

Rollkragen: 10 (14) 16 (18) 18 cm im 2/2-Rippenmuster (= 2 M rechts, 2 M links im Wechsel) str, dann locker abk.

FERTIGSTELLEN

Den glatt rechts gestrickten Streifen am unteren Rand an der Umbruchkante nach innen umschlagen und festnähen. Alle Fäden vernähen und die offenen Kanten unter den Ärmeln zusammen abk oder im M-Stich schließen. Den Pullover ausspülen und liegend trocknen lassen.

Eisbär-Kinderpullover mit 8 Farben

Zählmuster A

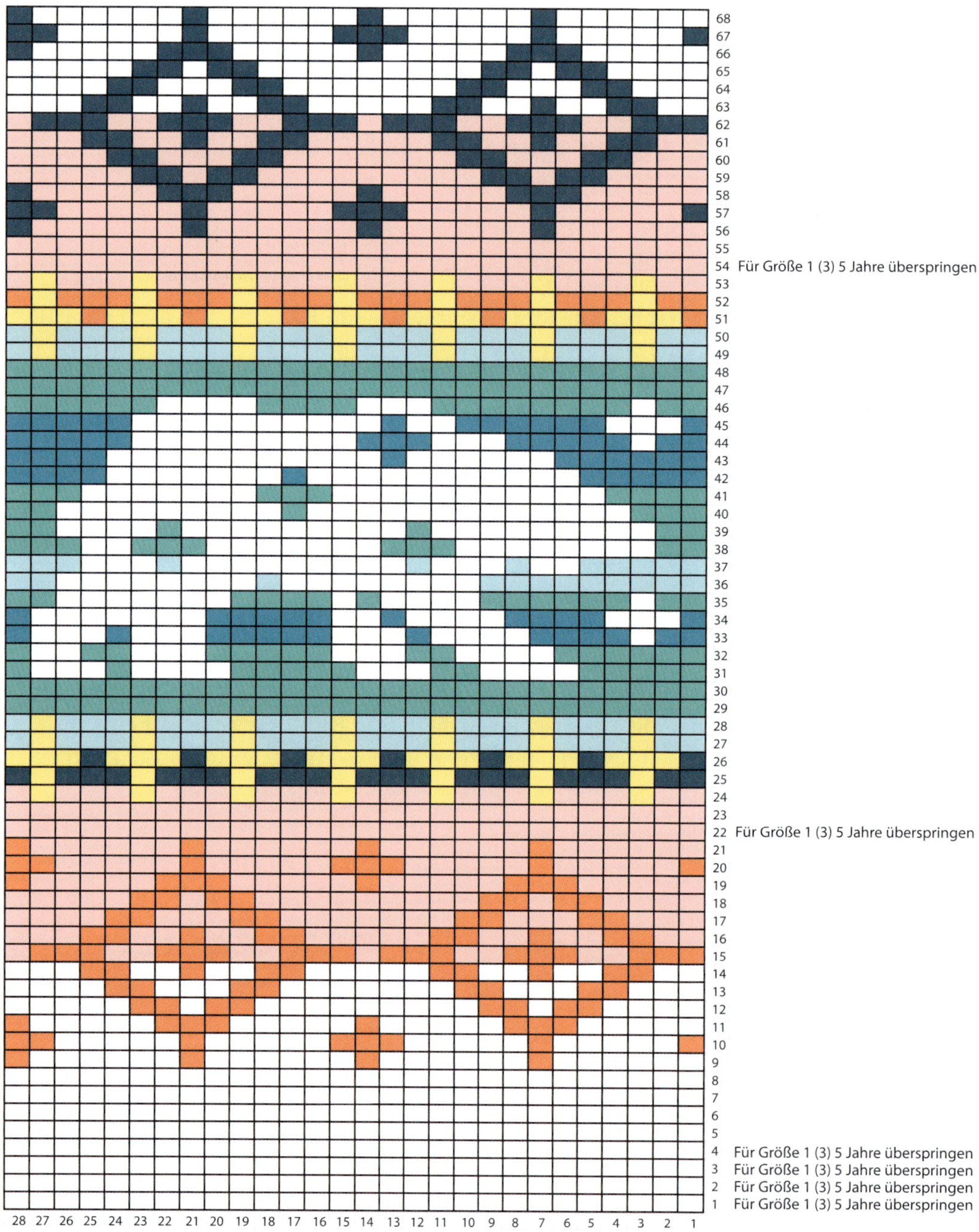

- **Grundfarbe**
- **Musterfarbe 1**
- **Musterfarbe 2**
- **Musterfarbe 3**
- **Musterfarbe 4**
- **Musterfarbe 5**
- **Musterfarbe 6**
- **Musterfarbe 7**

Zählmuster B

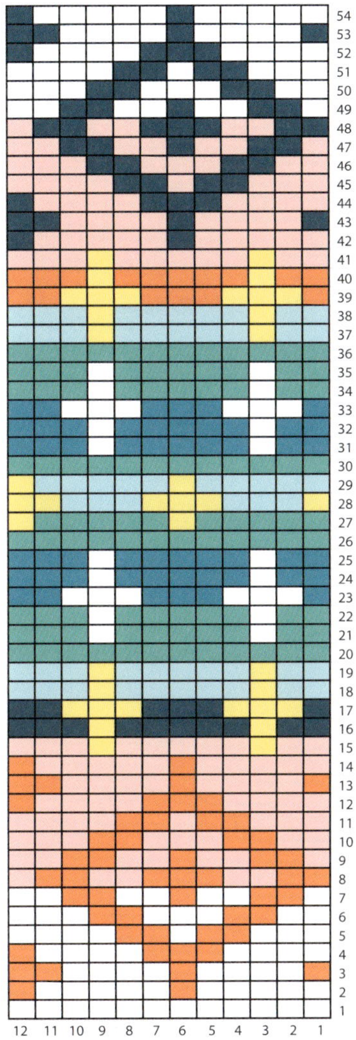

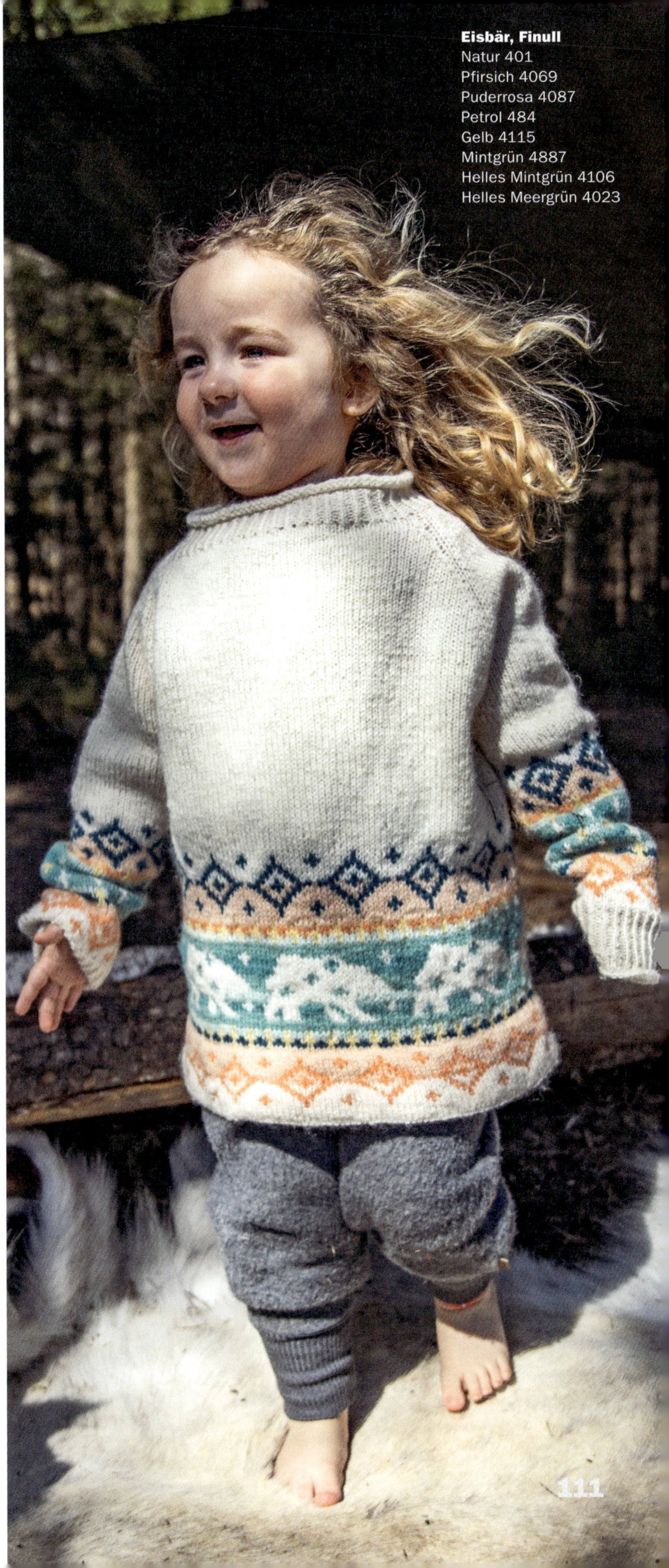

Eisbär, Finull
Natur 401
Pfirsich 4069
Puderrosa 4087
Petrol 484
Gelb 4115
Mintgrün 4887
Helles Mintgrün 4106
Helles Meergrün 4023

Eisbär-Kinderpullover mit 4 Farben

Zählmuster A

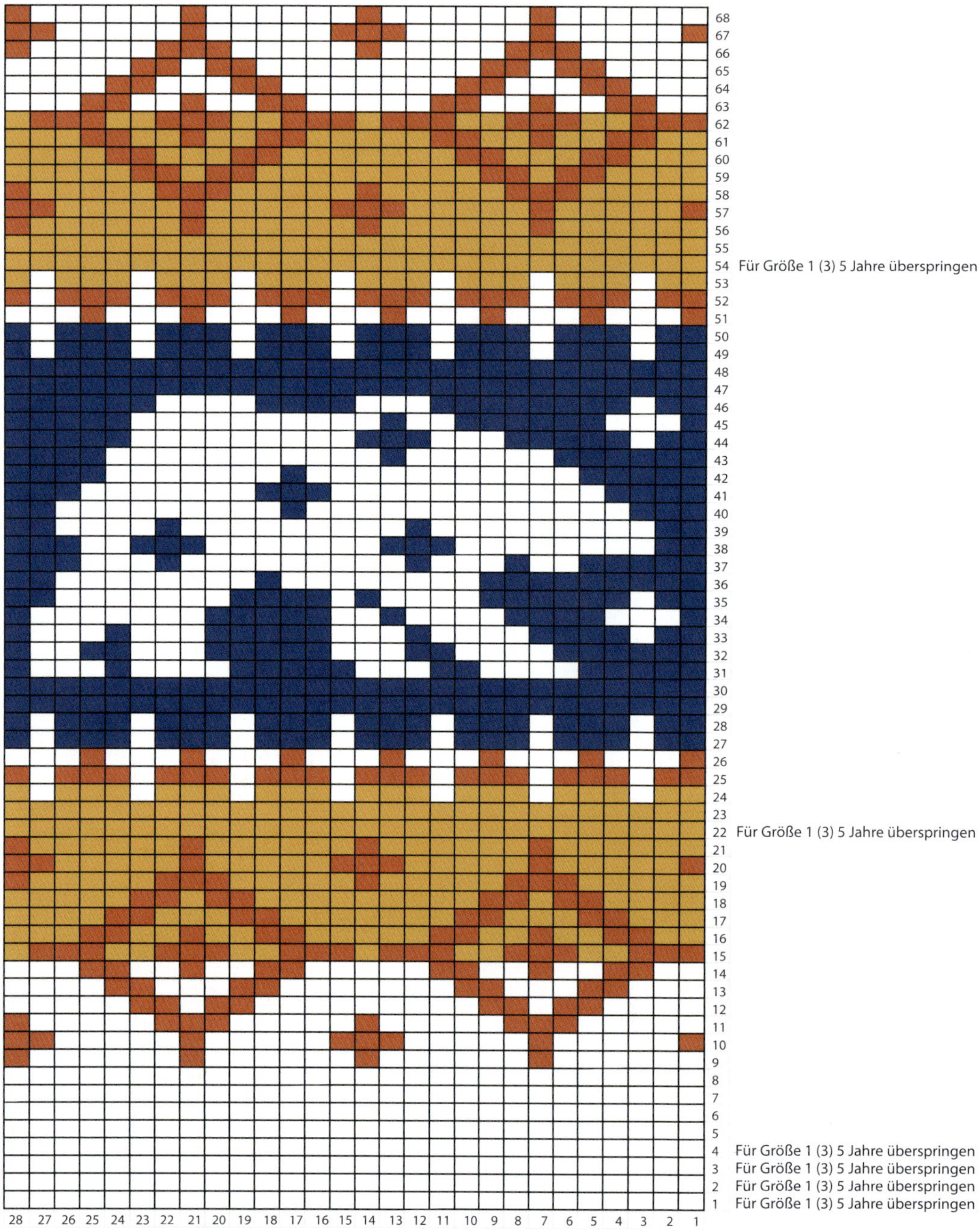

Grundfarbe

Musterfarbe 1

Musterfarbe 2

Musterfarbe 3

Zählmuster B

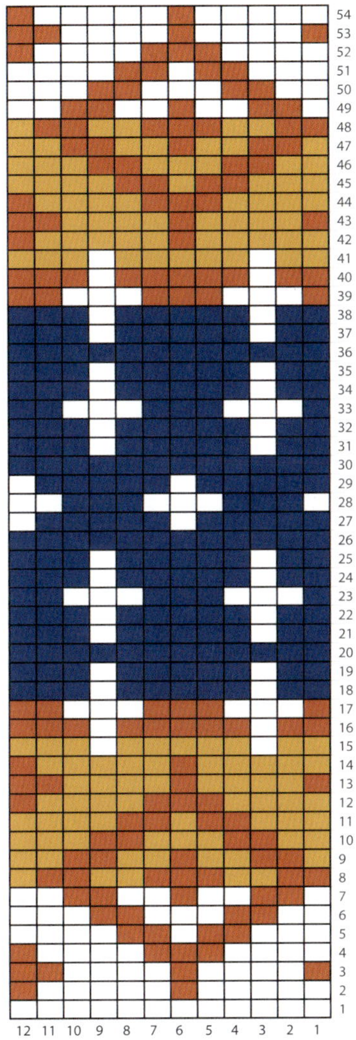

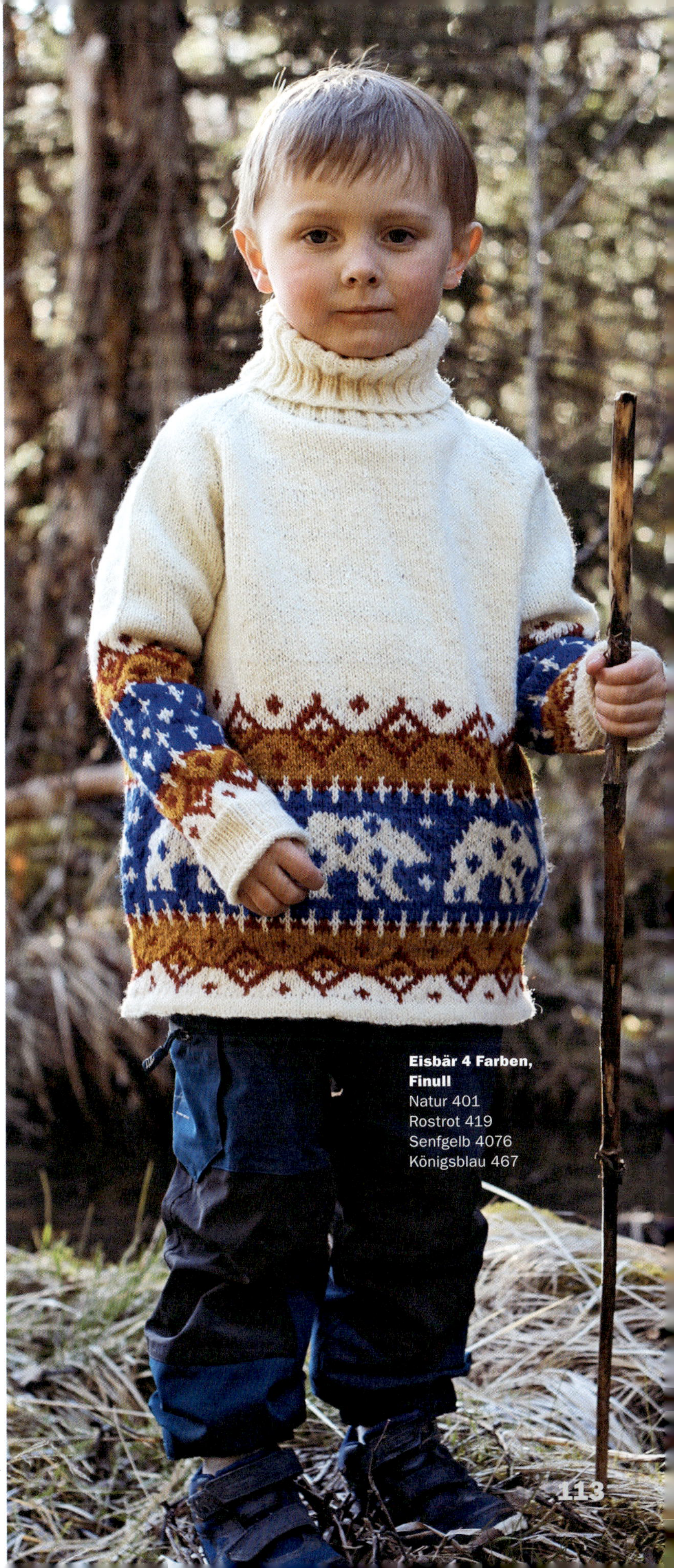

Eisbär 4 Farben, Finull
Natur 401
Rostrot 419
Senfgelb 4076
Königsblau 467

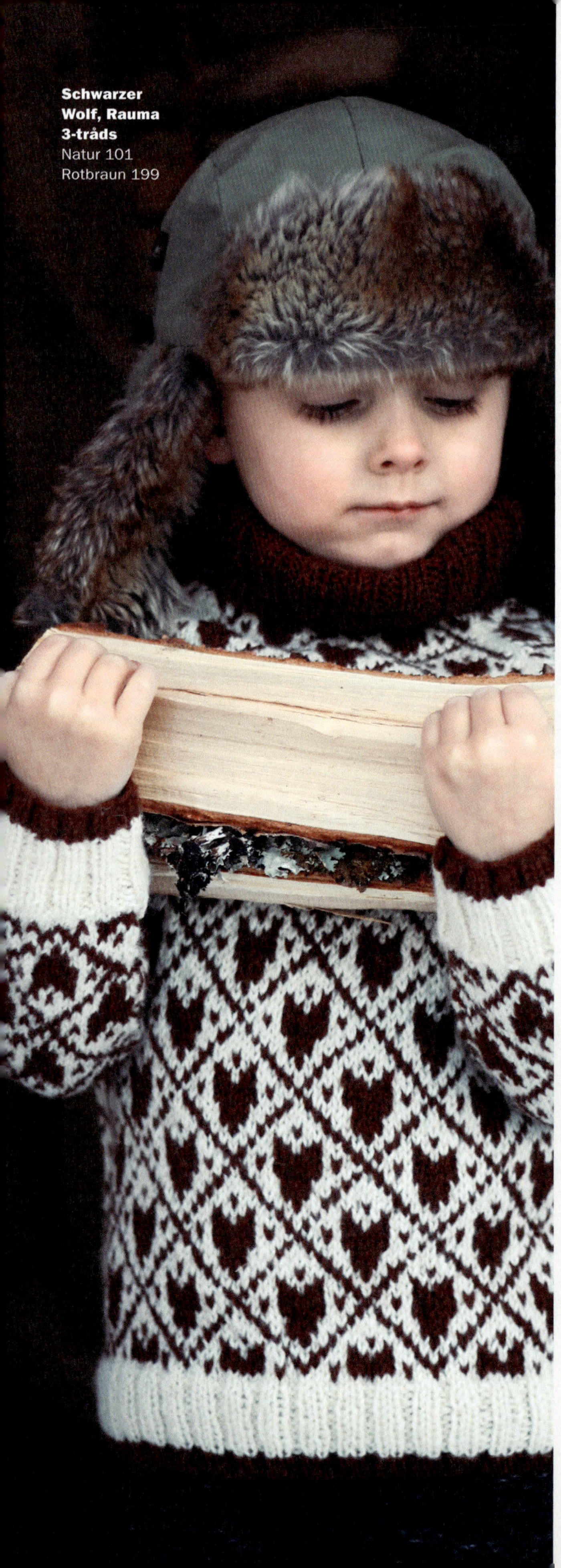

Schwarzer Wolf

#svartulvgenser #svartulvbarn

Größen
(1) 2 (4) 6 (8) 10 Jahre

Maschenprobe
22 M mit Nadel Nr. 3,5 = 10 cm

Garn
Rauma 3-tråds
Garnalternative: Rauma Mitu (50 % Wolle, 50 % Alpaka)

Garnmenge
Grundfarbe: (150) 150 (200) 250 (250) 300 g
Musterfarbe: (150) 150 (150) 200 (200) 250 g

Stricknadeln
Nadelspiel Nr. 3 und 3,5
Rundstricknadel Nr. 3 und 3,5, 60 oder 80 cm lang
Rundstricknadel Nr. 3; 40 cm lang

Pullovermaße
Ärmellänge: (22) 26 (28) 31 (35) 38 cm
Brustumfang: (63) 63 (70) 76 (82) 89 cm
Rumpflänge: (22) 26 (28) 31 (35) 38 cm

RUMPF

(140) 140 (152) 168 (180) 196 M in der Musterfarbe mit Rundstricknadel Nr. 3 anschlagen und 3 Rd im 2/2-Rippenmuster (= 2 M rechts, 2 M links im Wechsel) str. Zur Grundfarbe wechseln. 1 Rd rechte M str. Dann im 2/2-Rippenmuster str, bis das Bündchen (4) 4 (5) 5 (6) 6 cm misst. Mit Rundstricknadel Nr. 3,5 glatt rechts weiterstr. In der 1. Rd gleichmäßig verteilt (0) 0 (2) 0 (2) 0 zun = (140) 140 (154) 168 (182) 196 M. Am Rd-Beginn und nach (70) 70 (77) 84 (91) 98 M einen M-Markierer setzen = Vorder- und Rückenteil. Nach dem Zählmuster str. Das Zählmuster stets wiederholen, bis der Rumpf (22) 26 (28) 31 (35) 38 cm misst. Für die Armausschnitte (9) 7 (10) 10 (11) 11 M auf jeder Seite auf einem Faden oder M-Halter stilllegen (die markierte M und gleich viele M beidseitig davon). Die Arbeit beiseitelegen und die Ärmel str.

ÄRMEL

(40) 40 (44) 44 (48) 48 M in der Musterfarbe mit Nadelspiel Nr. 3 anschlagen und 3 Rd im 2/2-Rippenmuster str. Zur Grundfarbe wechseln und 1 Rd rechte M str. Im 2/2-Rippenmuster weiterstr, bis die Arbeit (4) 4 (5) 5 (6) 6 cm hoch ist. Mit Nadelspiel Nr. 3,5 glatt rechts weiterstr. In der 1. Rd gleichmäßig verteilt 8 M zun = (44) 44 (48) 48 (52) 52 M. Die M unter dem Ärmel mit einem M-Markierer kennzeichnen. Die markierte M stets links str. Nun alle 2 cm jeweils vor und nach dieser markierten M 1 M zun, bis insgesamt (56) 56 (58) 64 (72) 76 M vorhanden sind. Die neuen M jeweils in das Muster integrieren. Dann ohne Zun weiterstr, bis der Ärmel (22) 26 (28) 31 (35) 38 cm misst. (9) 7 (10) 10 (12) 12 M unter dem Ärmel auf einem Faden oder M-Halter stilllegen (die markierte M und gleich viele M beidseitig davon). Den zweiten Ärmel ebenso str.

PASSE MIT RAGLANABNAHMEN

Die Ärmel-M auf die Rundstricknadel mit den Rumpf-M str: ein Ärmel, Vorderteil, zweiter Ärmel, Rückenteil = (216) 224 (230) 256 (280) 302 M. Der erste Übergang zwischen Ärmel und Rumpf bildet den Rd-Beginn. (Hinweis: Das Muster muss zwischen Ärmeln und Rumpf nicht aufgehen, weil die M an den Raglan-Abn in der Grundfarbe das Muster ohnehin unterbrechen.) Die M zwischen Ärmeln und Rumpf jeweils mit einem M-Markierer kennzeichnen = 4 markierte M. Die markierte M und die M rechts und links der markierten M stets in der Grundfarbe str (also je 3 M in der Grundfarbe an jeder Abn-Stelle). Wichtig: Stets auch in der Grundfarbe abn. Mit den Raglan-Abn beginnen. Beidseitig der markierten M betont abn: Auf der rechten Seite der markierten M 1 M linksgeneigt abn, dazu 2 M rechts verschränkt zusstr. Auf der linken Seite der markierten M rechts geneigt abn, dazu 2 M rechts zusstr. In jeder Abn-Rd werden 8 M abgenommen. Diese Abn in jeder 2. Rd wiederholen, bis noch insgesamt (88) 88 (94) 104 (112) 110 M vorhanden sind. Den Halsausschnitt arbeiten.

HALSAUSSCHNITT

Rundhalsausschnitt: 1 Rd in der Grundfarbe str, dann zur kurzen Rundstricknadel Nr. 3 wechseln und die M-Zahl auf (76) 76 (80) 84 (88) 92 M anpassen. (2) 2 (2) 3 (3) 3 cm im 1/1-Rippenmuster (= 1 M rechts, 1 M links im Wechsel) str. Mit der Musterfarbe für den Rollrand 5 Rd glatt rechts str. Dann locker abk.

Rollkragen: 1 Rd in der Musterfarbe str, dann zur kurzen Rundstricknadel Nr. 3 wechseln und die M-Zahl auf (76) 76 (80) 84 (88) 92 M anpassen. (10) 12 (14) 16 (16) 18 cm im 2/2-Rippenmuster str. Dann locker abk.

FERTIGSTELLEN

Alle Fäden vernähen und die offenen Kanten unter den Ärmeln zusammen abk oder im M-Stich schließen. Den Pullover ausspülen und liegend trocknen lassen.

Zählmuster

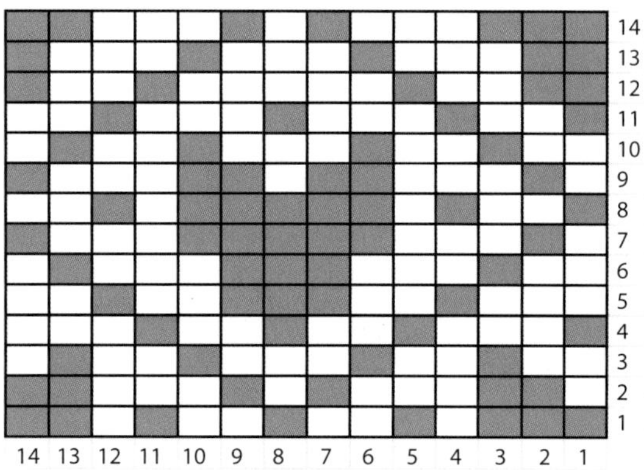

8 = vordere Mitte

Grundfarbe 1

Musterfarbe 1

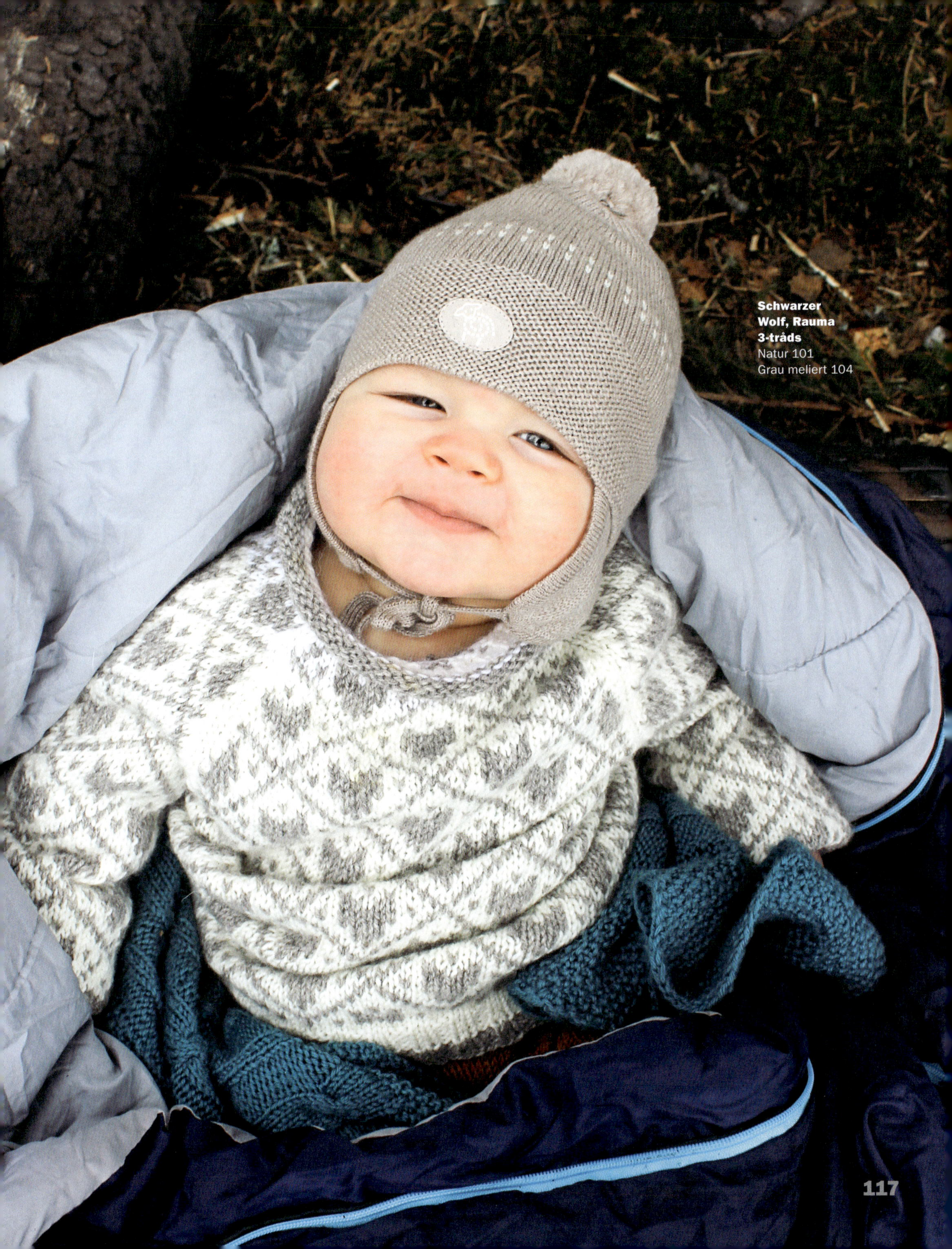

Schwarzer Wolf, Rauma 3-tråds
Natur 101
Grau meliert 104

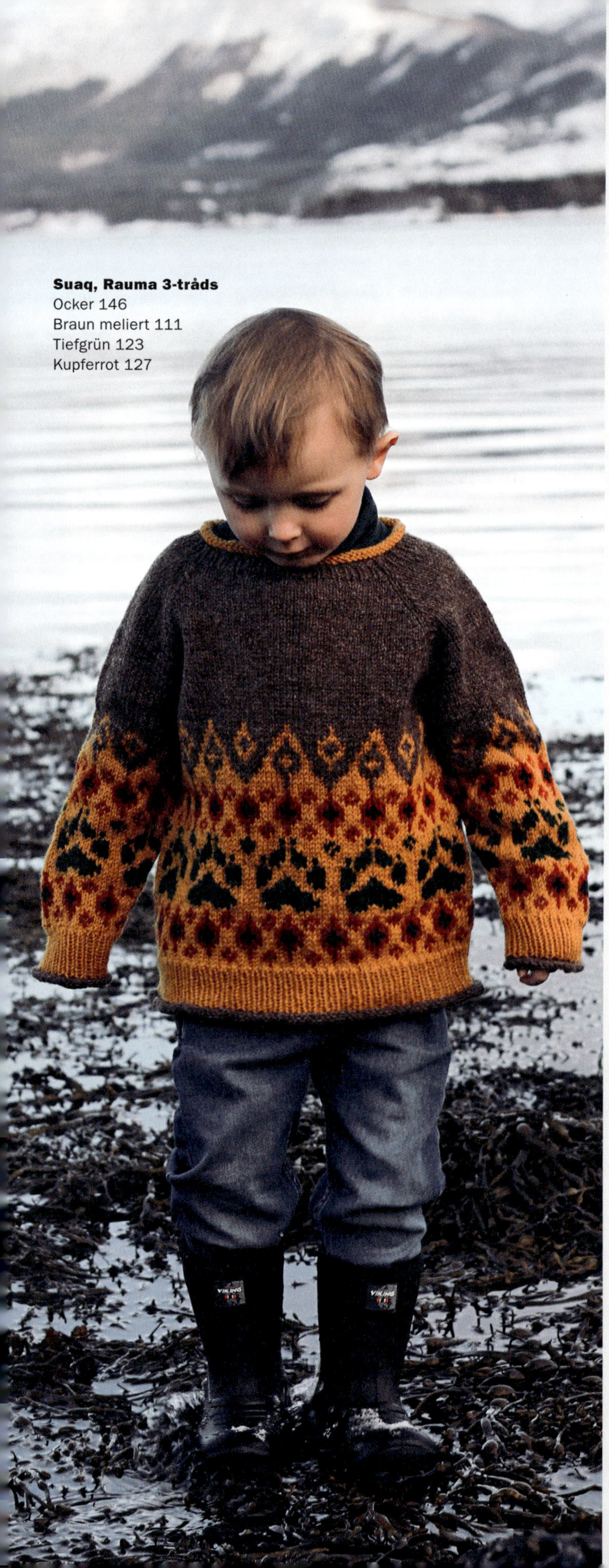

Suaq, Rauma 3-tråds
Ocker 146
Braun meliert 111
Tiefgrün 123
Kupferrot 127

Suaq

Größen
(1) 2 (5) 8 (10) Jahre

Maschenprobe
22 M mit Nadel Nr. 3,5 = 10 cm

Garn
Rauma 3-tråds
Garnalternative: Rauma Mitu (50 % Wolle, 50 % Alpaka)

Garnmenge
Grundfarbe 1: (100) 100 (150) 200 (200) g
Grundfarbe 2: (100) 100 (150) 200 (250) g
Musterfarbe 1: 50 g für alle Größen
Musterfarbe 2: 50 g für alle Größen

Stricknadeln
Nadelspiel Nr. 3 und 3,5
Rundstricknadel Nr. 3 und 3,5, 60 oder 80 cm lang
Rundstricknadel Nr. 3, 40 cm lang

Pullovermaße
Ärmellänge: (22) 26 (29) 35 (38) cm
Brustumfang: (65) 65 (73) 80 (87) cm
Rumpflänge: (22) 26 (29) 35 (38) cm

RUMPF

(144) 144 (160) 176 (192) M in Grundfarbe 2 mit Rundstricknadel Nr. 3 anschlagen und für den Rollrand 5 Rd glatt rechts str. Zu Grundfarbe 1 wechseln und 1 Rd rechte M str, dann (3) 3 (3) 4 (4) cm im 1/1-Rippenmuster (= 1 M rechts, 1 M links im Wechsel str). Mit Nadel Nr. 3,5 glatt rechts weiterstr. Nach Zählmuster A für die Größen 1, 2 und 5 Jahre, nach Zählmuster B für die Größen 8 und 10 Jahre str (evtl. mit dickeren Nadeln). In Grundfarbe 2 weiterstr, bis der Rumpf (22) 26 (29) 35 (38) cm misst. Am Rd-Beginn und nach (72) 72 (80) 88 (96) M einen M-Markierer setzen = Vorder- und Rückenteil. Für die Armausschnitte (10) 8 (10) 10 (11) M auf jeder Seite auf einem Faden oder M-Halter stilllegen (die markierte M und gleich viele M beidseitig davon). Die Arbeit beiseitelegen und die Ärmel str.

ÄRMEL

(40) 40 (44) 46 (46) M in Grundfarbe 2 mit Nadelspiel Nr. 3 anschlagen und für den Rollrand 5 Rd glatt rechts str. Zu Grundfarbe 1 wechseln, 1 Rd rechte M str, dann (3) 3 (3) 4 (4) cm im 1/1-Rippenmuster str. Mit Nadel Nr. 3,5 glatt rechts weiterstr. In der 1. Rd gleichmäßig verteilt (4) 4 (2) 4 (6) zun = (44) 44 (46) 50 (52) M. Nach Zählmuster A für die Größen 1, 2 und 5 Jahre, nach Zählmuster B für die Größen 8 und 10 Jahre str. Die M unter dem Ärmel mit einem M-Markierer kennzeichnen. Diese markierte M stets links str. Alle 2 cm jeweils vor und nach dieser markierten M 1 M zun, bis insgesamt (56) 56 (64) 72 (76) M vorhanden sind. Die zugenommenen M jeweils ins Muster integrieren. (Hinweis: Der Rapport geht unter dem Ärmel nicht auf.) In der Grundfarbe 2 weiterstr, bis der Ärmel (22) 26 (29) 35 (38) cm misst. (10) 8 (9) 10 (11) M unter dem Ärmel auf einem Faden oder M-Halter stilllegen (die markierte M und gleich viele M beidseitig davon). Den zweiten Ärmel ebenso str.

PASSE MIT RAGLANABNAHMEN

Die Ärmel-M auf die Rundstricknadel mit den Rumpf-M str: ein Ärmel, Vorderteil, zweiter Ärmel, Rückenteil = (216) 224 (250) 280 (300) M. Dabei die M zwischen Ärmeln und Rumpf jeweils mit einem M-Markierer kennzeichnen = 4 markierte M. Nun wie folgt mit den Raglan-Abn beginnen: Beidseitig der markierten M betont abn, also 8 M in jeder Abn-Rd. Auf der rechten Seite der markierten M linksgeneigt abn, dazu 2 M rechts verschränkt zusstr. Auf der linken Seite der markierten M rechtsgeneigt abn, dazu 2 M rechts zusstr. Diese Abn in jeder 2. Rd wiederholen, bis noch (88) 96 (98) 112 (108) M vorhanden sind. Zur kurzen Rundstricknadel Nr. 3 wechseln und die M-Zahl auf (76) 76 (84) 88 (92) M anpassen.

HALSAUSSCHNITT

Rundhalsausschnitt: (2) 2 (2) 3 (3) cm in Grundfarbe 2 im 1/1-Rippenmuster str. Mit Grundfarbe 1 für den Rollrand 5 Rd glatt rechts str, dann locker abk.
Rollkragen: (10) 12 (14) 16 (18) cm in Grundfarbe 2 im 2/2-Rippenmuster (= 2 M rechts, 2 M links im Wechsel) str, dann locker abk.

FERTIGSTELLEN

Alle Fäden vernähen und die offenen Kanten unter den Ärmeln zusammen abk oder im M-Stich schließen. Den Pullover ausspülen und liegend trocknen lassen.

Zählmuster A: 1, 2 und 5 Jahre

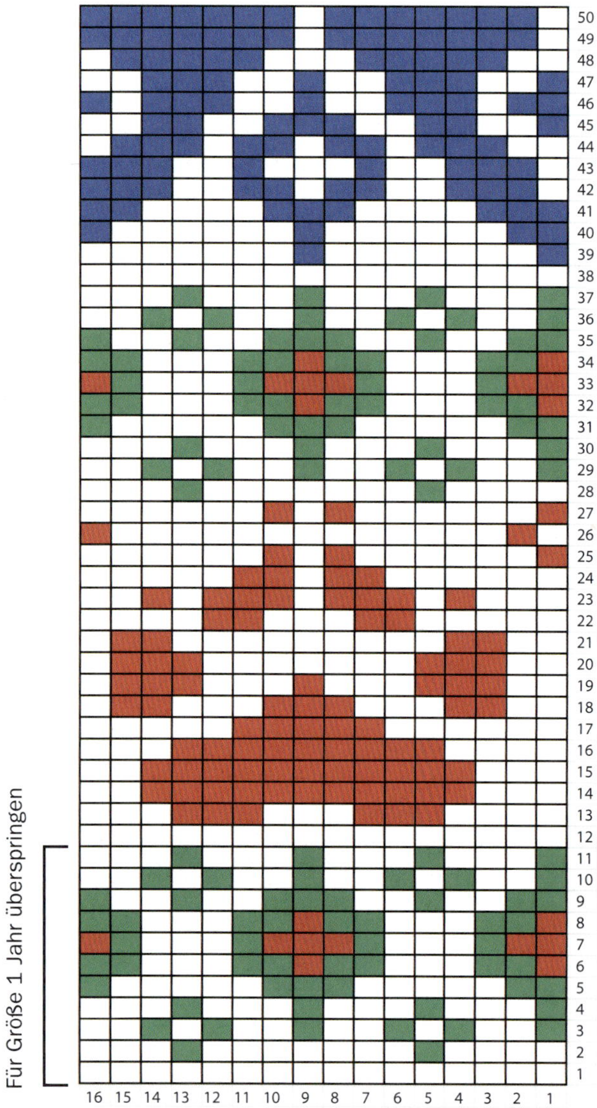

Zählmuster B: 8 und 10 Jahre

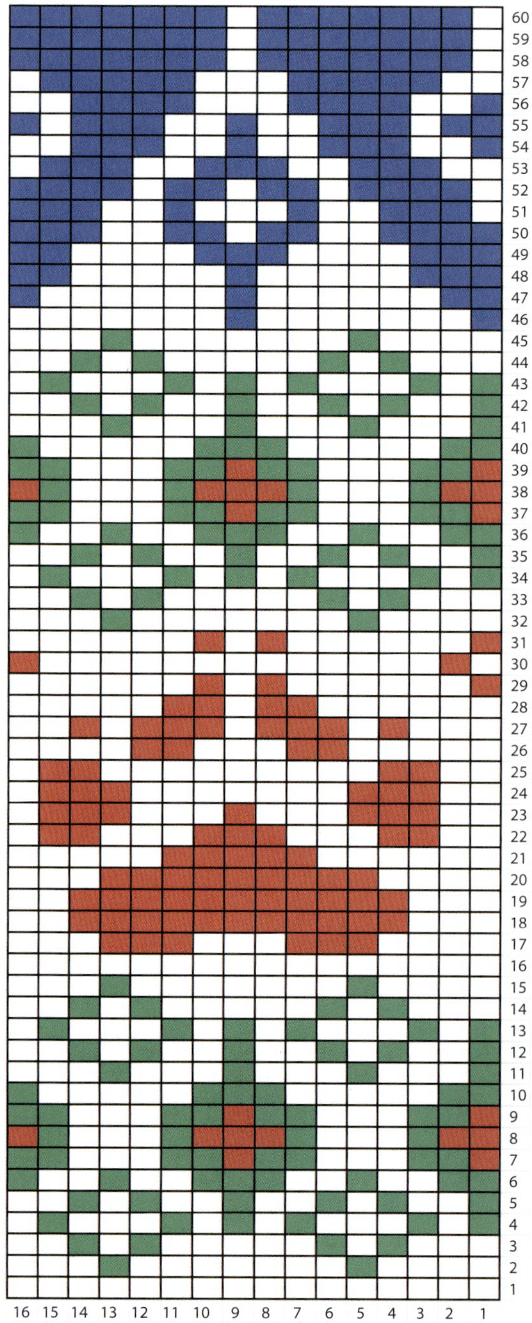

- Grundfarbe 1
- Grundfarbe 2
- Musterfarbe 1
- Musterfarbe 2

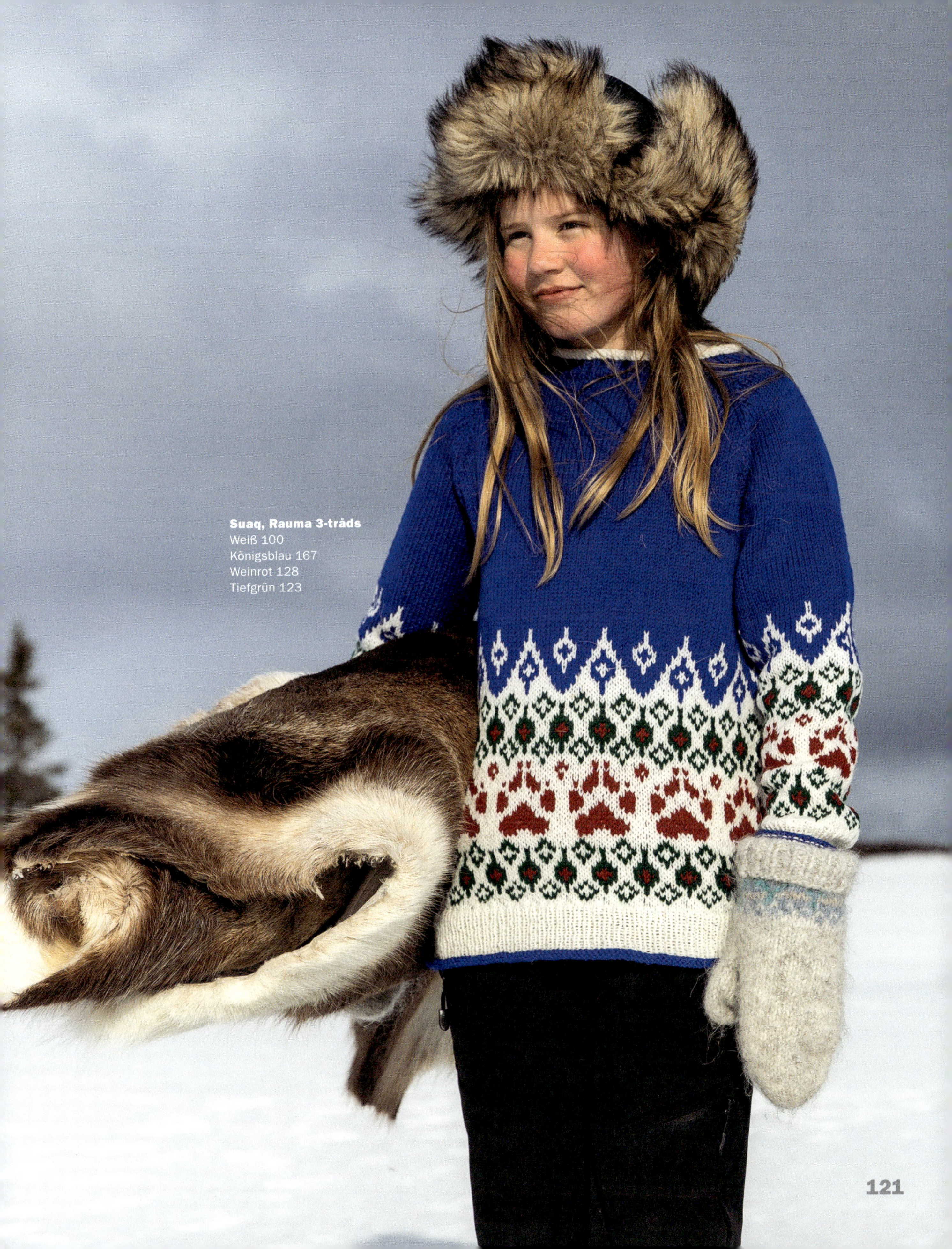

Suaq, Rauma 3-tråds
Weiß 100
Königsblau 167
Weinrot 128
Tiefgrün 123

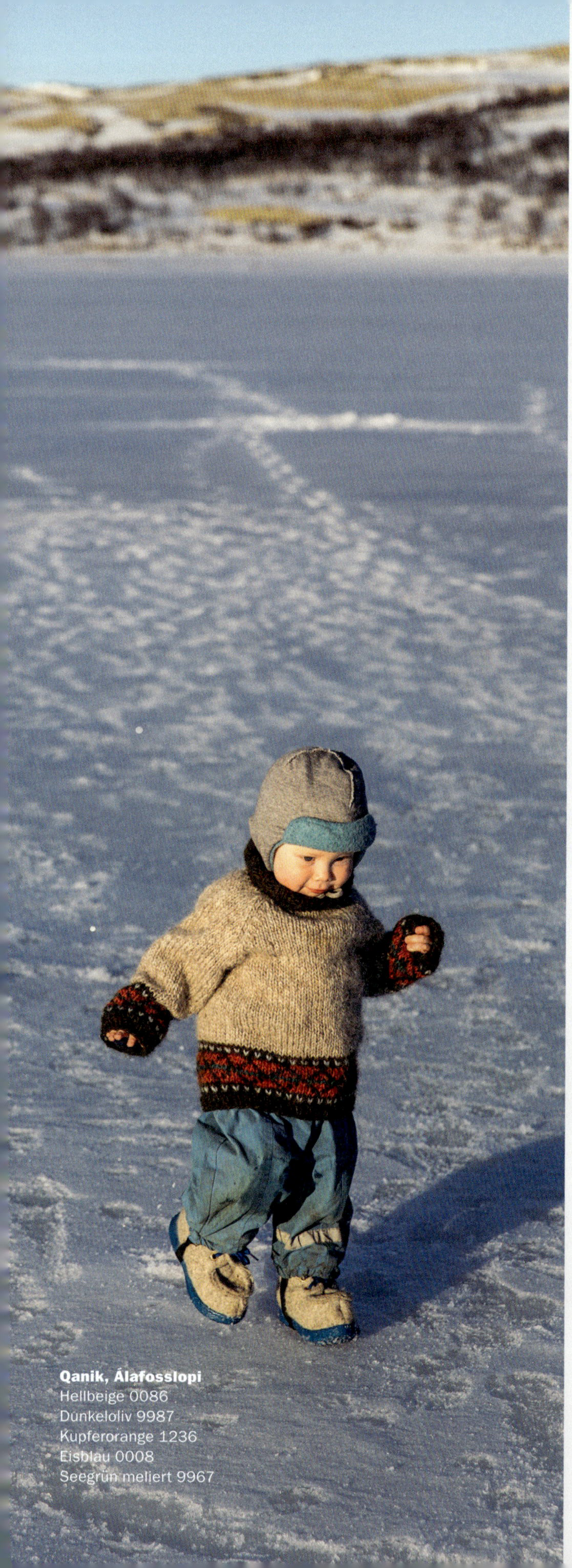

Qanik, Álafosslopi
Hellbeige 0086
Dunkeloliv 9987
Kupferorange 1236
Eisblau 0008
Seegrün meliert 9967

Qanik

Der Qanik-Pullover ist ideal, wenn Kinder sich bei Kälte draußen aufhalten. Ich habe Álafosslopi verwendet, weil es wasserabweisend ist. Ist ein noch weicheres Garn gewünscht, eignen sich auch Troll oder Blåne von Hillesvåg Ullvarefabrikk gut.

Größen
1 (2) 4 (6) 8 (10) Jahre

Maschenprobe
13 M mit Nadel Nr. 6 = 10 cm

Garn
Álafosslopi oder Troll und/oder Blåne-Pelzschafwollgarn von Hillesvåg Ullvarefabrikk

Garnmenge (mit Rollkragen)
Grundfarbe: 200 (200) 300 (300) 400 (400) g
Musterfarbe 1: 100 (200) 200 (200) 200 (200) g
Musterfarbe 2: 50 g für alle Größen
Musterfarbe 3: 50 g (oder Garnrest)
Musterfarbe 4: 50 g für alle Größen

Stricknadeln
Nadelspiel Nr. 4,5 und 6
Rundstricknadel Nr. 4,5 und 6, 60 cm lang
Rundstricknadel Nr. 4,5, 40 cm lang

Pullovermaße
Ärmellänge: 22 (26) 29 (32) 35 (38) cm
Brustumfang: 65 (69) 74 (78) 83 (87) cm
Rumpflänge: 22 (26) 29 (32) 35 (38) cm

RUMPF

84 (90) 96 (102) 108 (114) M in Musterfarbe 1 mit der Rundstricknadel Nr. 4,5 anschlagen und 4 (5) 5 (5) 5 (5) Rd im 1/1-Rippenmuster (= 1 M rechts, 1 M links im Wechsel) str. Mit Nadel Nr. 6 glatt rechts nach Zählmuster str (evtl. mit dickeren Nadeln). In der Grundfarbe weiterstr, bis der Rumpf 22 (26) 29 (32) 35 (38) cm misst. Am Rd-Beginn und nach 42 (45) 48 (51) 54 (57) M einen M-Markierer setzen = Vorder- und Rückenteil. Für die Armausschnitte 5 M auf jeder Seite auf einem Faden oder M-Halter stilllegen (die markierte M und je 2 M beidseitig davon). Die Arbeit beiseitelegen und die Ärmel str.

ÄRMEL

24 (26) 28 (30) 32 (32) M in Musterfarbe 1 mit Nadelspiel Nr. 4,5 anschlagen und 4 (5) 5 (5) 5 (5) Rd im 1/1-Rippenmuster str. Mit Rundstricknadel Nr. 6 glatt rechts weiterstr. In der 1. Rd gleichmäßig verteilt 6 (4) 2 (0) 4 (4) M zun = 30 (30) 30 (30) 36 (36) M. Nach Zählmuster str (evtl. mit dickeren Nadeln). Die M unter dem Ärmel mit einem M-Markierer kennzeichnen und alle 2 cm jeweils vor und nach dieser markierten M 1 M zun, bis insgesamt 38 (40) 44 (46) 48 (50) M vorhanden sind. In der Grundfarbe weiterstr, bis der Ärmel 22 (26) 29 (32) 35 (38) cm misst. 5 M unter dem Ärmel auf einem Faden oder M-Halter stilllegen (die markierte M und je 2 M beidseitig davon). Den zweiten Ärmel ebenso str.

PASSE MIT RAGLANABNAHMEN

Die Ärmel-M auf die Rundstricknadel mit den Rumpf-M str: ein Ärmel, Vorderteil, zweiter Ärmel, Rückenteil = 140 (150) 164 (174) 184 (194) M. Der erste Übergang zwischen Ärmel und Rumpf bildet den Rd-Beginn. Die M an den Übergängen zwischen Ärmeln und Rumpf jeweils mit einem M-Markierer kennzeichnen = 4 markierte M. Nun mit den Raglan-Abn beginnen: Beidseitig der markierten M betont abn, also 8 M in jeder Abn-Rd. Auf der rechten Seite der markierten M 1 M linksgeneigt abn, dazu 2 M rechts verschränkt zusstr. Auf der linken Seite der markierten M rechtsgeneigt abn, dazu 2 M rechts zusstr. Diese Abn in jeder 2. Rd wiederholen, bis noch insgesamt 60 (62) 68 (70) 72 (74) M vorhanden sind. Noch 1 Rd glatt rechts str und gleichzeitig die M-Zahl auf 56 (56) 64 (64) 68 (68) M anpassen.

HALSAUSSCHNITT

1 Rd rechte M in Musterfarbe 1 str. Zur Rundstricknadel Nr. 4,5 wechseln.
Rundhalsausschnitt: 6 (8) 8 (10) 10 (10) cm im 1/1-Rippenmuster str, dann locker abk. Zur Hälfte nach innen umschlagen und mit lockeren Stichen an der Halsausschnittkante festnähen.
Rollkragen: 10 (12) 14 (14) 16 (18) cm im 2/2-Rippenmuster (= 2 M rechts, 2 M links im Wechsel) str, dann locker abk.

FERTIGSTELLEN

Alle Fäden vernähen und die offenen Kanten unter den Ärmeln zusammen abk oder im M-Stich schließen. Den Pullover ausspülen und liegend trocknen lassen.

Zählmuster

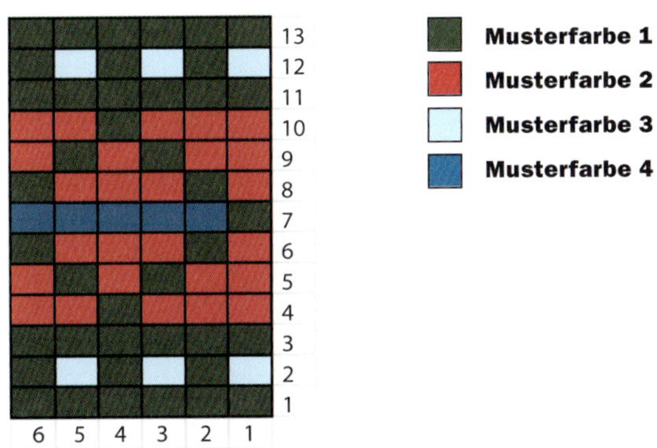

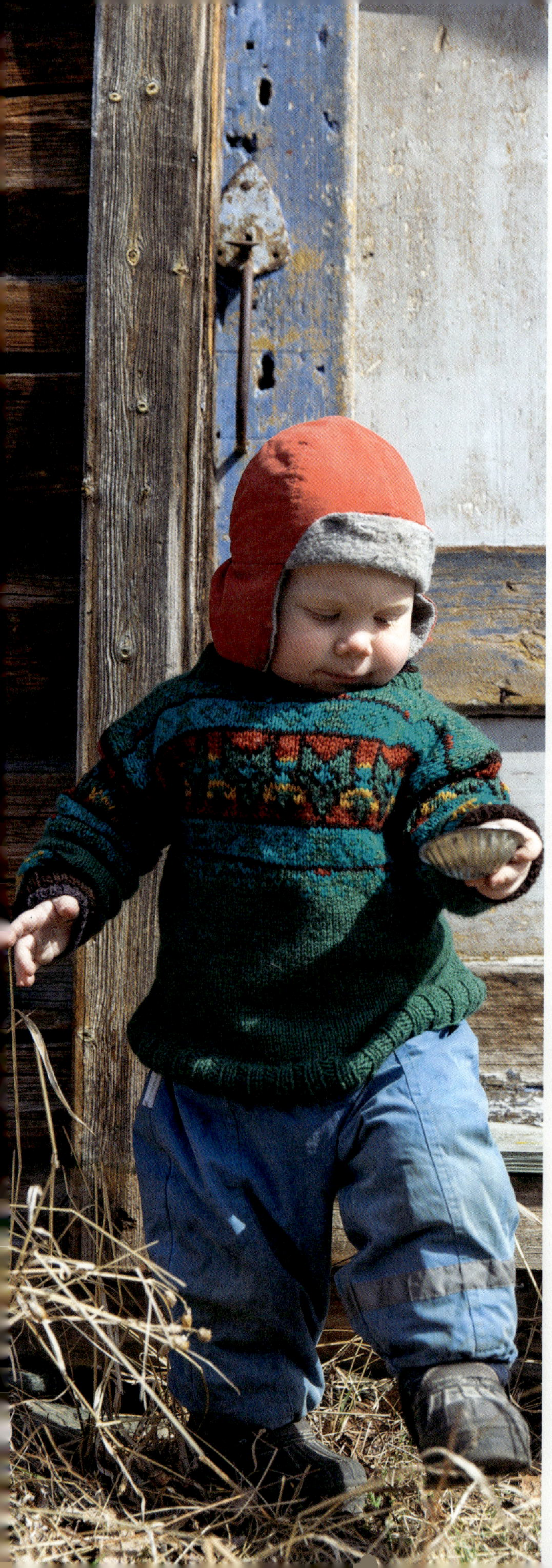

Arktischer Sommer

Größen
1 (2) 4 (6) 8 (10) Jahre

Maschenprobe
22 M mit Nadel Nr. 3,5 = 10 cm

Garn
Rauma 3-tråds
Garnalternative: Rauma Mitu (50 % Wolle, 50 % Alpaka)

Garnmenge
Grundfarbe: 150 (200) 250 (300) 300 (350) g
Musterfarbe 1: 100 g für alle Größen
Musterfarbe 2: 50 (50) 50 (100) 100 (100) g
Musterfarbe 3: 50 g für alle Größen
Musterfarbe 4: 50 g für alle Größen

Stricknadeln
Nadelspiel Nr. 3 und 3,5
Rundstricknadel Nr. 3 und 3,5, 60 oder 80 cm lang
Rundstricknadel Nr. 3, 40 cm lang

Pullovermaße
Pullover mit eingesetzten Ärmeln sitzen besser, wenn sie ein wenig weiter sind. Dafür den tatsächlichen Brustumfang des Kindes messen und noch einige Zentimeter hinzurechnen.

Ärmellänge: 24 (27) 32 (35) 38 (42) cm
Brustumfang: 65 (71) 76 (81) 87 (92) cm
Gesamtlänge: 34 (38) 42 (45) 49 (52) cm

VORDER- UND RÜCKENTEIL

144 (156) 168 (180) 192 (204) M in der Grundfarbe mit Rundstricknadel Nr. 3,5 anschlagen und 4 (5) 5 (5) 5 (5) cm im 2/2-Rippenmuster (= 2 M rechts, 2 M links im Wechsel) str. Mit Nadel Nr. 3,5 glatt rechts in der Grundfarbe str, bis Vorder- und Rückenteil 17 (21) 24 (27) 31 (34) cm lang sind. Am Rd-Beginn und nach 72 (78) 84 (90) 96 (102) M einen M-Markierer setzen = Vorder- und Rückenteil. Nach Zählmuster A str (evtl. mit dickeren Nadeln). Die Arbeit beiseitelegen und die Ärmel str.

ÄRMEL

40 (40) 44 (44) 48 (48) M in Musterfarbe 1 mit Nadelspiel Nr. 3 anschlagen und 4 (4) 5 (5) 5 (5) cm im 2/2-Rippenmuster str. Mit Nadelspiel Nr. 3,5 glatt rechts weiterstr. In der 1. Rd gleichmäßig verteilt 8 (8) 10 (10) 12 (12) M zun = 48 (48) 54 (54) 60 (60) M. Die 1. M der Rd mit einem M-Markierer kennzeichnen. Die markierte M stets links str. Nach Zählmuster B str (evtl. mit dickeren Nadeln). (Hinweis: Der Rapport geht nicht für alle Größen auf.) Alle 2 cm jeweils vor und nach der markierten M 1 M zun, bis insgesamt 60 (66) 72 (76) 80 (86) M vorhanden sind. Weiterstr, bis der Ärmel 13 (16) 20 (23) 26 (30) cm misst. Nach Zählmuster C str (evtl. mit dickeren Nadeln). Für einige Größen werden die Zun in Zählmuster C fortgesetzt. Die neuen M jeweils ins Muster integrieren. (Hinweis: Der Rapport geht unter dem Ärmel nicht auf.) Den Ärmel auf links drehen und für den Beleg 4 Rd glatt rechts str. Der Beleg wird beim Fertigstellen auf der Innenseite des Pullovers über die Schnittkante genäht. Die M locker abk. Den zweiten Ärmel ebenso str.

FERTIGSTELLEN

Alle Fäden vernähen und den Pullover leicht dämpfen (mit einem Bügeleisen und einem feuchten Tuch). Die Armausschnitte am Rumpfteil mit einem Kontrastfaden markieren (senkrechte Linie mit langen Vorstichen zwischen 2 M): Die Höhe muss dabei der Breite des Ärmels entsprechen. Rechts und links zur Markierung mit 1 M Abstand sowie die kurze Querverbindung mit der Nähmaschine nähen. Dazu dreimal mit Geradstich und kurzer Stichlänge darübernähen. Dann die Arbeit an den Schultern verbinden: die Kanten zusammen abk oder im M-Stich schließen (dabei die M für den Halsausschnitt auf eine Hilfsnadel legen, siehe unten). Nun die Arbeit zwischen den beiden Nähten aufschneiden. Die Ärmel einnähen. Zuletzt die Belege über die Schnittkante nähen.

HALSAUSSCHNITT

Die mittleren 39 (39) 41 (43) 45 (47) M von Vorder- und Rückenteil auf das Nadelspiel oder die kurze Rundstricknadel Nr. 3 nehmen. Dabei je 1 M von jeder Schulternaht auffassen, damit am Übergang vom Halsausschnitt zur Schulter kein Loch bleibt = 80 (80) 84 (88) 92 (96) M.
Rundhalsausschnitt: 2 (2) 2 (3) 3 (3) cm in der Grundfarbe im 1/1-Rippenmuster (= 1 M rechts, 1 M links im Wechsel) str. Zu Musterfarbe 1 wechseln, 1 Rd rechte M und 1 Rd linke M str. Dann 2 (2) 2 (3) 3 (3) cm glatt rechts str. Die M locker abk. Den Rand nach innen umschlagen und festnähen.
Rollkragen: 10 (12) 14 (16) 18 (18) cm im 2/2-Rippenmuster in der Grundfarbe str. Die M locker abk. Den Pullover ausspülen und liegend trocknen lassen.

Zählmuster A (Vorder- und Rückenteil)

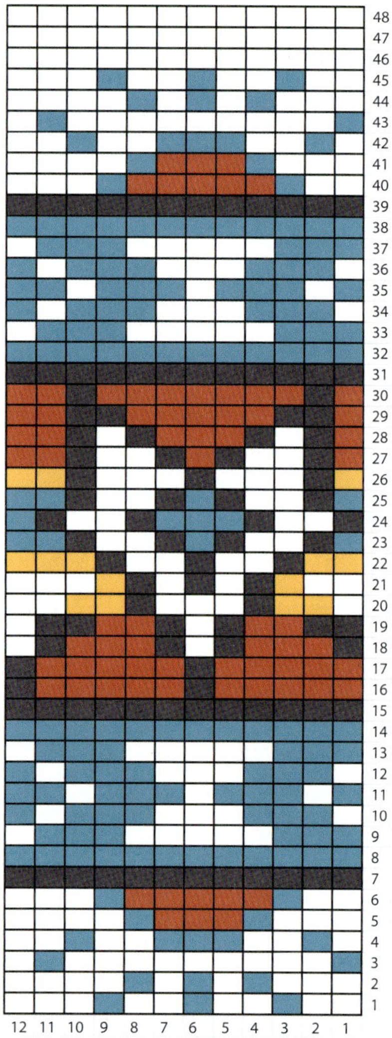

40: Für Größe 1 (2) Jahre überspringen

17: Für Größe 1 (2) Jahre überspringen

6: Für Größe 1 (2) Jahre überspringen

Zählmuster B (Ärmel)

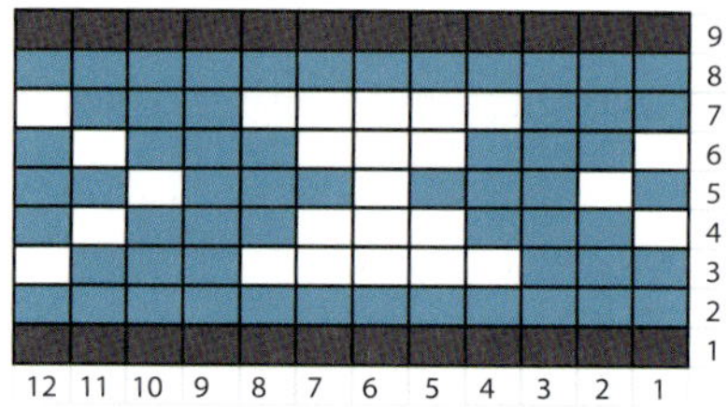

Zählmuster C (Ärmel)

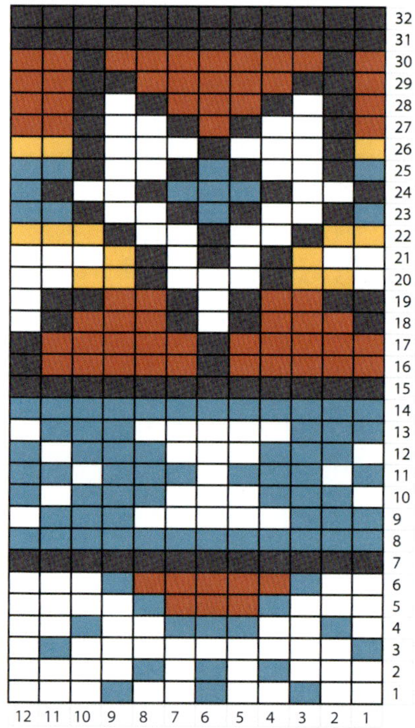

17: Für Größe 1 (2) Jahre überspringen

6: Für Größe 1 (2) Jahre überspringen

Grundfarbe

Musterfarbe 1

Musterfarbe 2

Musterfarbe 3

Musterfarbe 4

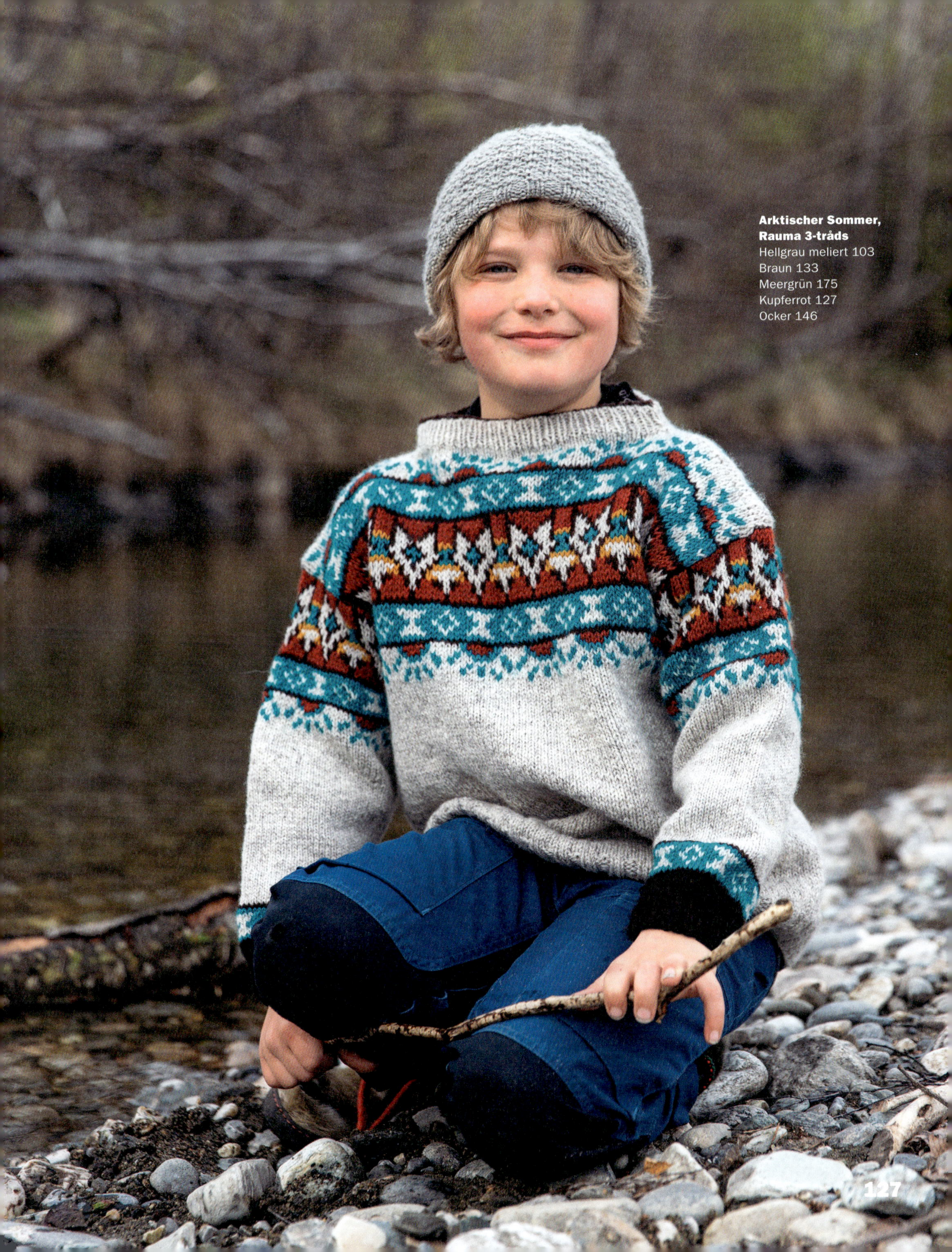

Arktischer Sommer, Rauma 3-tråds
Hellgrau meliert 103
Braun 133
Meergrün 175
Kupferrot 127
Ocker 146

Norwegischer Wald

#norskskoggenser

Größen
1 (2) 4 (6) 8 (10) Jahre

Maschenprobe
22 M mit Nadel Nr. 3,5 = 10 cm

Garn
Rauma 3-tråds oder Rauma Mitu (50 % Wolle, 50 % Alpaka)

Garnmenge
Grundfarbe: 200 (200) 250 (300) 300 (350) g
Musterfarbe 1: 50 (50) 100 (100) 100 (100) g
Musterfarbe 2: 50 (50) 100 (100) 100 (100) g
Musterfarbe 3: 50 g für alle Größen

Stricknadeln
Nadelspiel Nr. 3 und 3,5
Rundstricknadel Nr. 3 und 3,5, 60 oder 80 cm lang
Rundstricknadel Nr. 3, 40 cm lang

Pullovermaße
Pullover mit eingesetzten Ärmeln sitzen besser, wenn sie ein wenig weiter sind. Dafür den tatsächlichen Brustumfang des Kindes messen und noch einige Zentimeter hinzurechnen.

Ärmellänge: 24 (27) 32 (35) 38 (42) cm
Brustumfang: 65 (71) 76 (81) 87 (92) cm
Gesamtlänge: 34 (38) 42 (45) 49 (52) cm

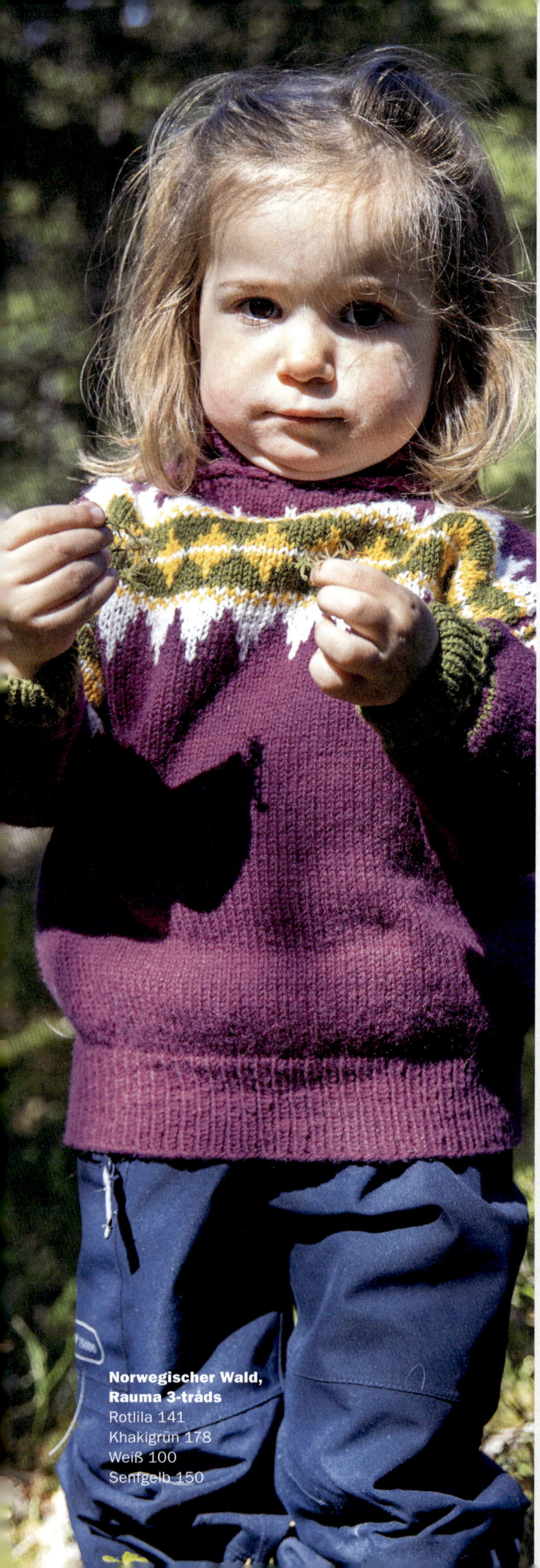

Norwegischer Wald, Rauma 3-tråds
Rotlila 141
Khakigrün 178
Weiß 100
Senfgelb 150

VORDER- UND RÜCKENTEIL

144 (156) 168 (180) 192 (204) M in der Grundfarbe mit Rundstricknadel Nr. 3 anschlagen, zur Runde schließen und 4 (4) 5 (5) 6 (6) cm im 1/1-Rippenmuster (= 1 M rechts, 1 M links im Wechsel) str. Mit Nadel Nr. 3,5 glatt rechts in der Grundfarbe weiterstr, bis Vorder- und Rückenteil 19 (23) 27 (30) 34 (37) cm lang sind. Am Rd-Beginn und nach 72 (78) 84 (90) 96 (102) M einen M-Markierer setzen = Vorder- und Rückenteil. Nach Zählmuster A str (evtl. mit dickeren Nadeln). Die Arbeit beiseitelegen und die Ärmel str.

ÄRMEL

40 (40) 44 (44) 48 (48) M in Musterfarbe 1 mit Nadelspiel Nr. 3 anschlagen, zur Runde schließen und 4 (4) 5 (5) 6 (6) cm im 1/1-Rippenmuster str. Mit Nadelspiel Nr. 3,5 glatt rechts weiterstr. In der 1. Rd gleichmäßig verteilt 8 (8) 10 (10) 12 (12) M zun = 48 (48) 54 (54) 60 (60) M. Nach Zählmuster B str (evtl. mit dickeren Nadeln). Die M unter dem Ärmel mit einem M-Markierer kennzeichnen. Die markierte M stets links str. Alle 2 cm jeweils vor und nach der markierten Mittel-M 1 M zun, bis insgesamt 60 (66) 72 (78) 84 (84) M vorhanden sind. In der Grundfarbe weiterstr, bis der Ärmel 14 (17) 22 (25) 28 (32) cm misst. Dann nach Zählmuster C str (evtl. mit dickeren Nadeln). Für einige Größen werden die Zun bis in Zählmuster C fortgesetzt. Die neuen M stets ins Muster integrieren. Den Ärmel auf links drehen und für den Beleg 4 Rd glatt rechts str. Der Beleg wird beim Fertigstellen auf der Innenseite des Pullovers über die Schnittkante genäht. Die M locker abk. Den zweiten Ärmel ebenso str.

FERTIGSTELLEN

Alle Fäden vernähen und den Pullover leicht dämpfen (mit einem Bügeleisen und einem feuchten Tuch). Die Armausschnitte am Rumpfteil mit einem Kontrastfaden markieren (senkrechte Linie mit langen Vorstichen zwischen 2 M): Die Höhe muss dabei der Breite des Ärmels entsprechen. Rechts und links zur Markierung mit 1 M Abstand sowie die kurze Querverbindung mit der Nähmaschine nähen. Dazu dreimal mit Geradstich und kurzer Stichlänge darübernähen. Dann die Arbeit an den Schultern verbinden, dazu die Kanten zusammen abk oder im M-Stich schließen (dabei die M für den Halsausschnitt auf eine Hilfsnadel legen, siehe unten). Nun die Arbeit zwischen den beiden Nähten aufschneiden. Die Ärmel einnähen. Zuletzt die Belege über die Schnittkante nähen.

HALSAUSSCHNITT

Die mittleren 39 (39) 41 (43) 45 (47) M von Vorder- und Rückenteil auf das Nadelspiel oder die kurze Rundstricknadel Nr. 3 nehmen. Dabei je 1 M von jeder Schulternaht auffassen, damit am Übergang vom Halsausschnitt zur Schulter kein Loch bleibt = 80 (80) 84 (88) 92 (96) M.

Rundhalsausschnitt: 2 (2) 2 (3) 3 (3) cm in der Grundfarbe im 1/1-Rippenmuster str. Zu Musterfarbe 1 wechseln, 1 Rd rechte M und 1 Rd linke M str. Dann 2 (2) 2 (3) 3 (3) cm glatt rechts str. Die M locker abk. Den Rand nach innen umschlagen und festnähen.

Rollkragen: 10 (12) 14 (16) 18 (18) cm in der Grundfarbe im 2/2-Rippenmuster (= 2 M rechts, 2 M links im Wechsel) str. Die M locker abk. Den Pullover ausspülen und liegend trocknen lassen.

Zählmuster A (Vorder- und Rückenteil)

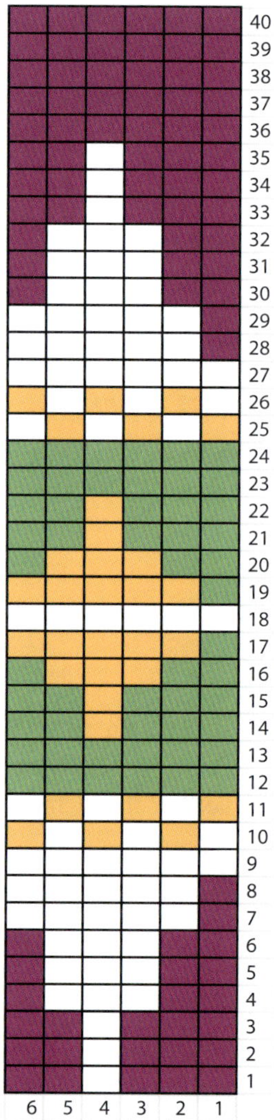

Zählmuster B (Ärmel)

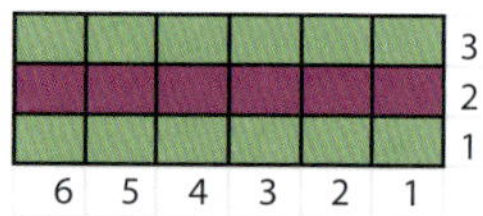

Zählmuster C (Ärmel)

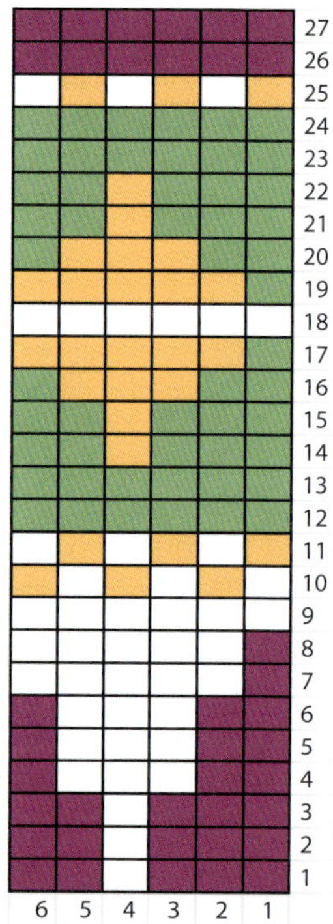

Grundfarbe

Musterfarbe 1

Musterfarbe 2

Musterfarbe 3

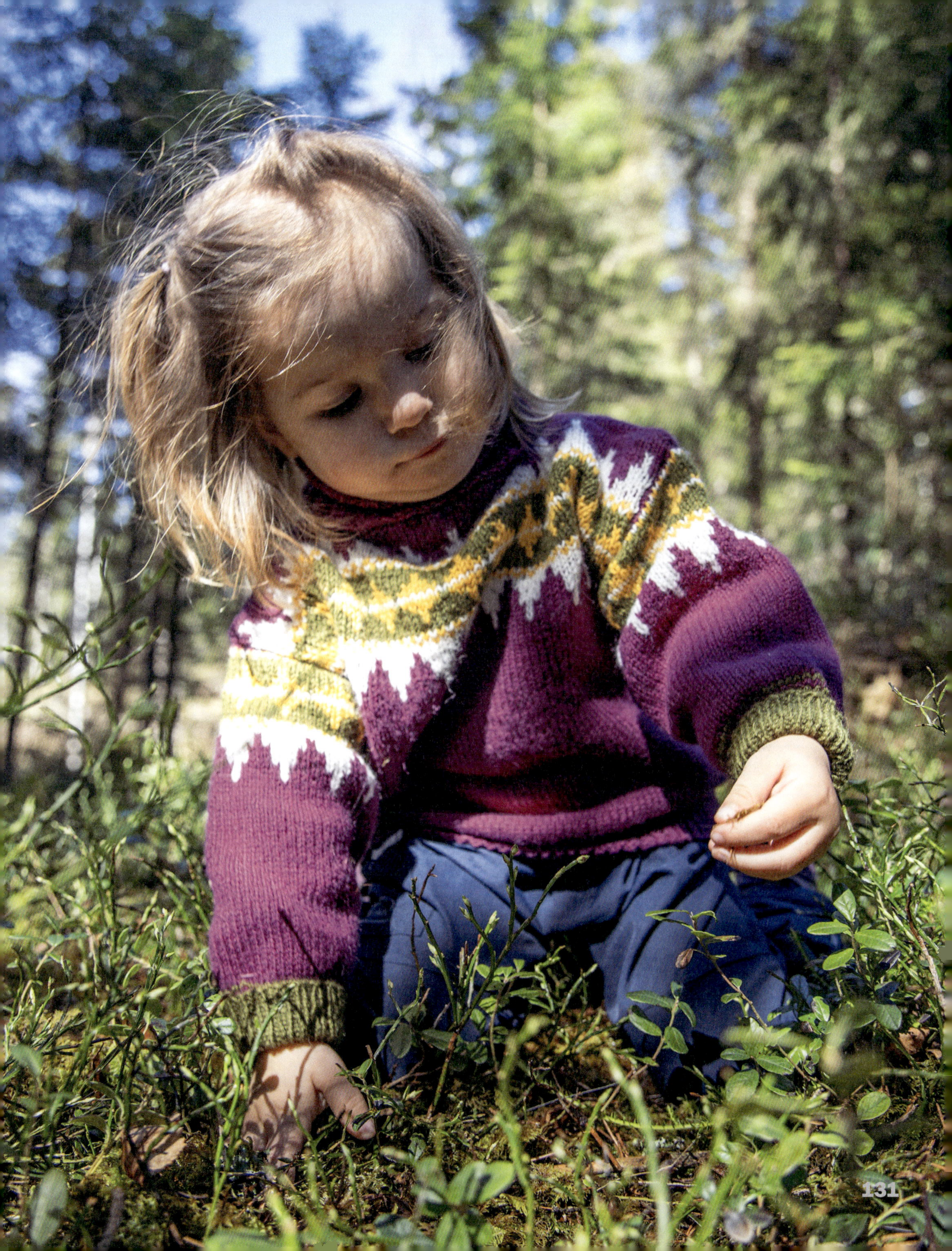

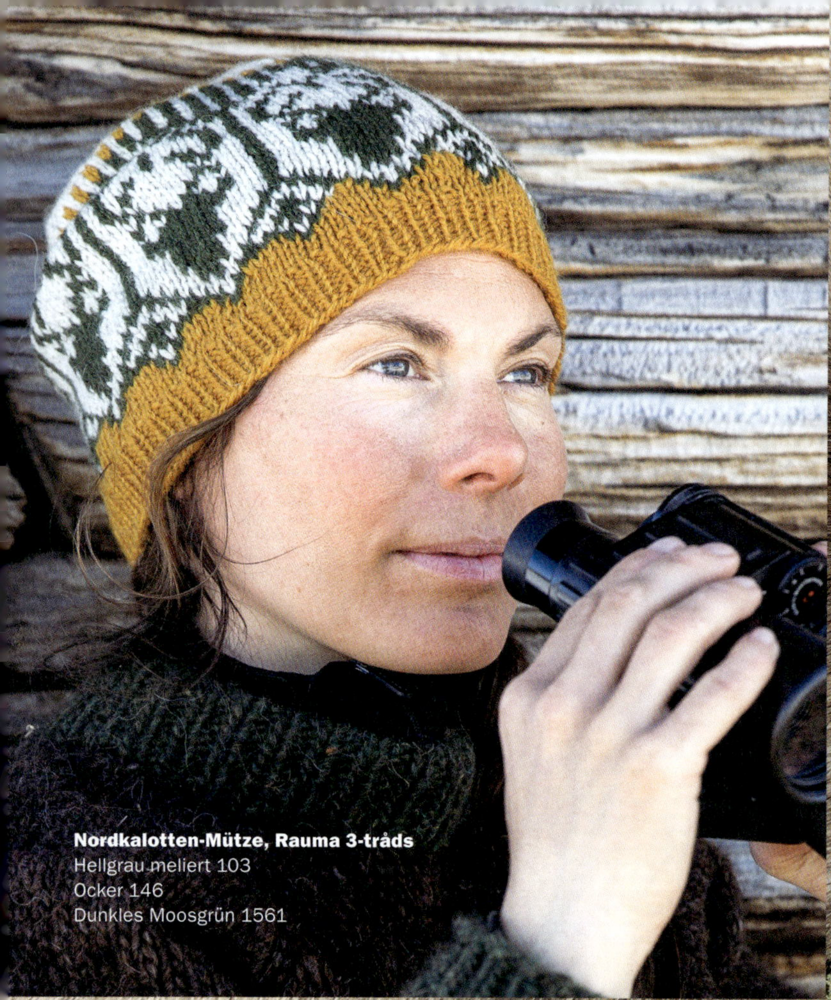

Nordkalotten-Mütze, Rauma 3-tråds
Hellgrau meliert 103
Ocker 146
Dunkles Moosgrün 1561

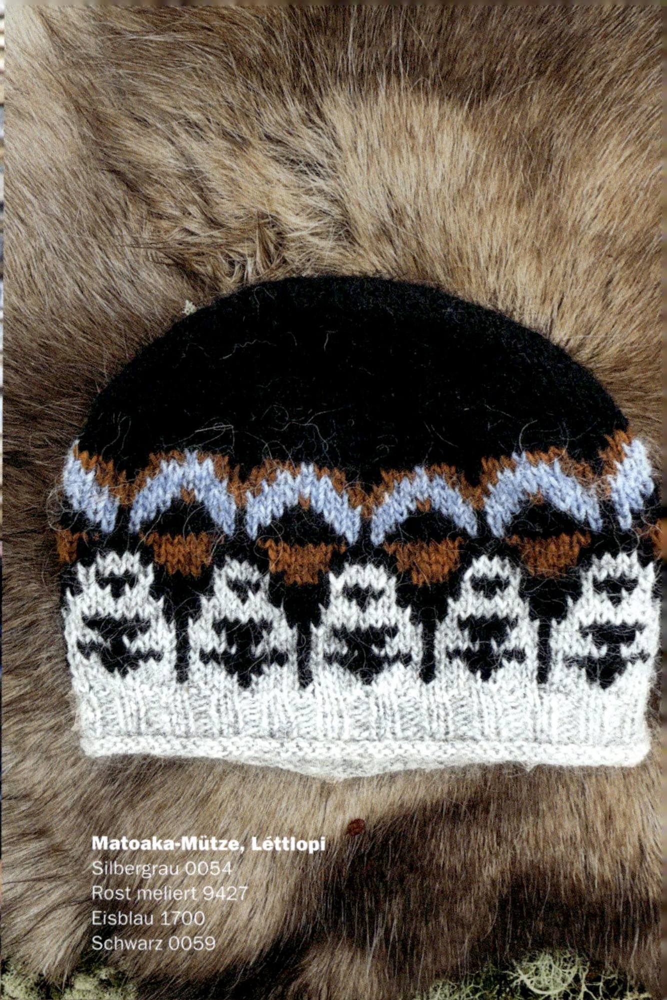

Matoaka-Mütze, Léttlopi
Silbergrau 0054
Rost meliert 9427
Eisblau 1700
Schwarz 0059

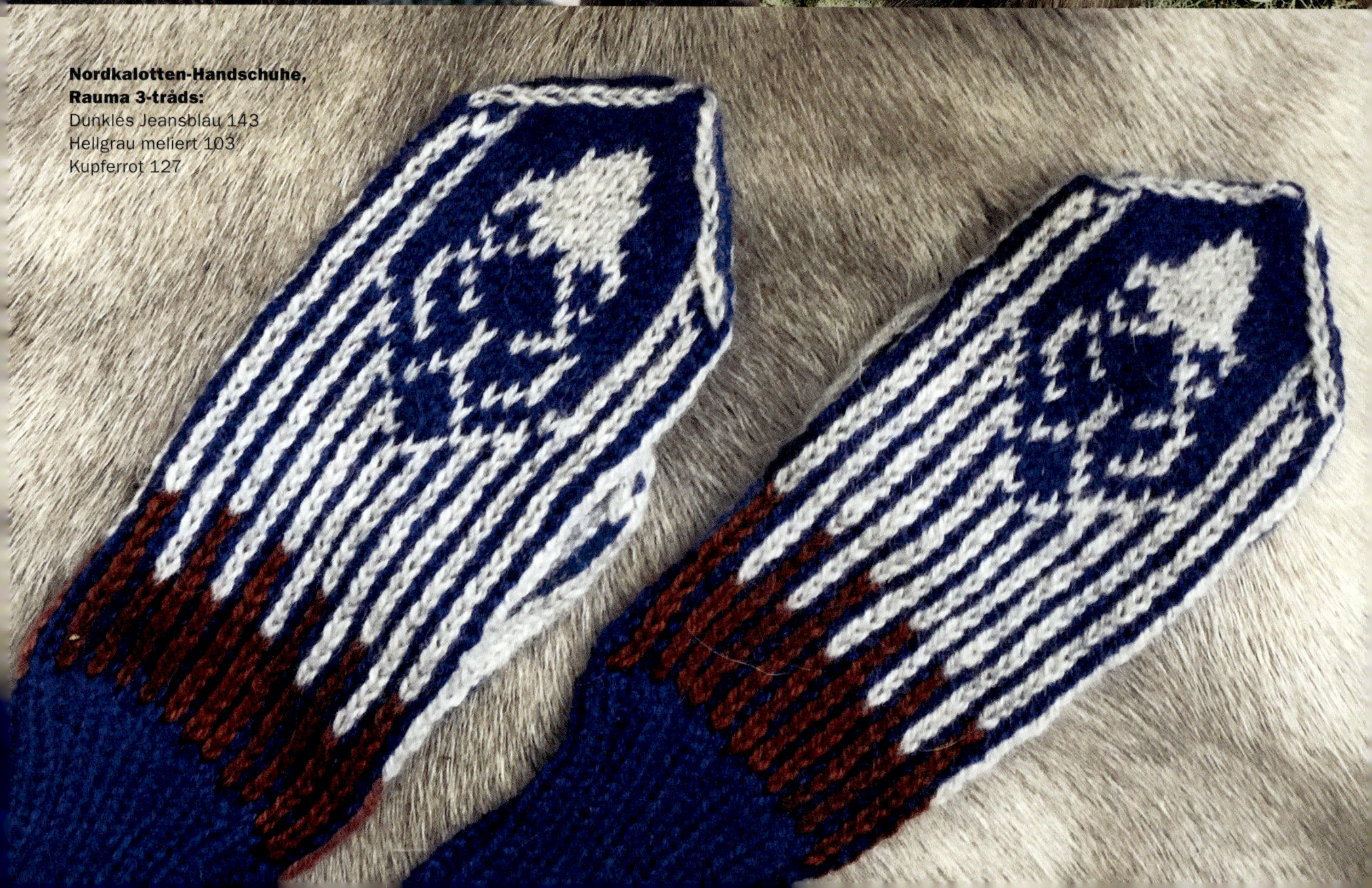

Nordkalotten-Handschuhe, Rauma 3-tråds:
Dunkles Jeansblau 143
Hellgrau meliert 103
Kupferrot 127

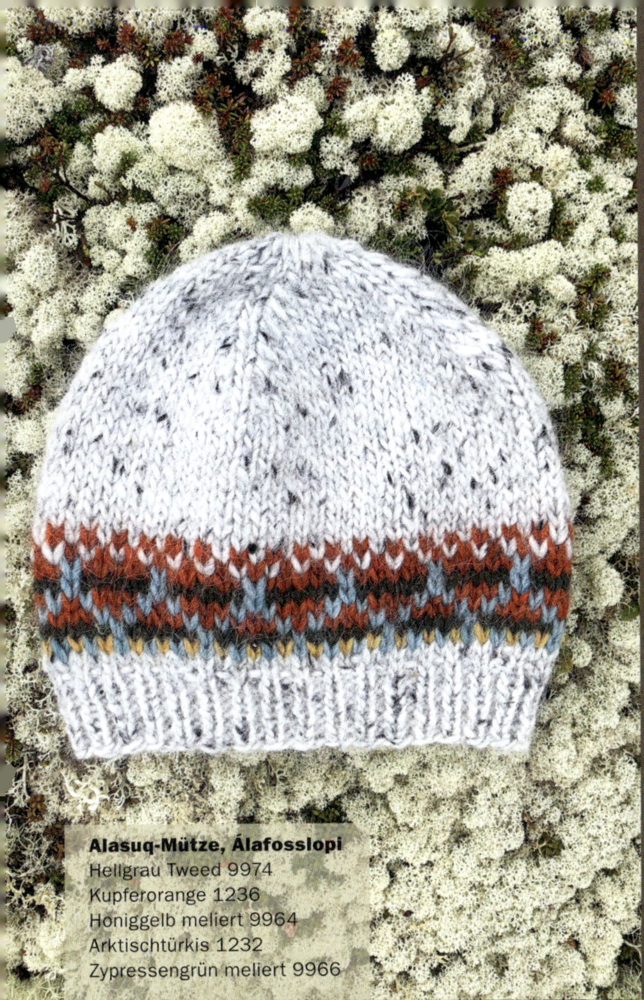

Alasuq-Mütze, Álafosslopi
Hellgrau Tweed 9974
Kupferorange 1236
Honiggelb meliert 9964
Arktischtürkis 1232
Zypressengrün meliert 9966

Accessoires

Beim Pulloverstricken bleibt immer Garn übrig. Wenn der Restehaufen unübersichtlich wird, ist es an der Zeit, ein Paar Handschuhe oder eine Mütze zu fertigen. Beides lässt sich schnell stricken und eignet sich perfekt als Geschenk für Freunde, die auch im Winter gern draußen sind. Die Beschenkten werden Ihnen ganz sicher warme Gedanken senden, wenn sie ihre kalten Hände in eigens für sie gefilzte Handschuhe stecken können.

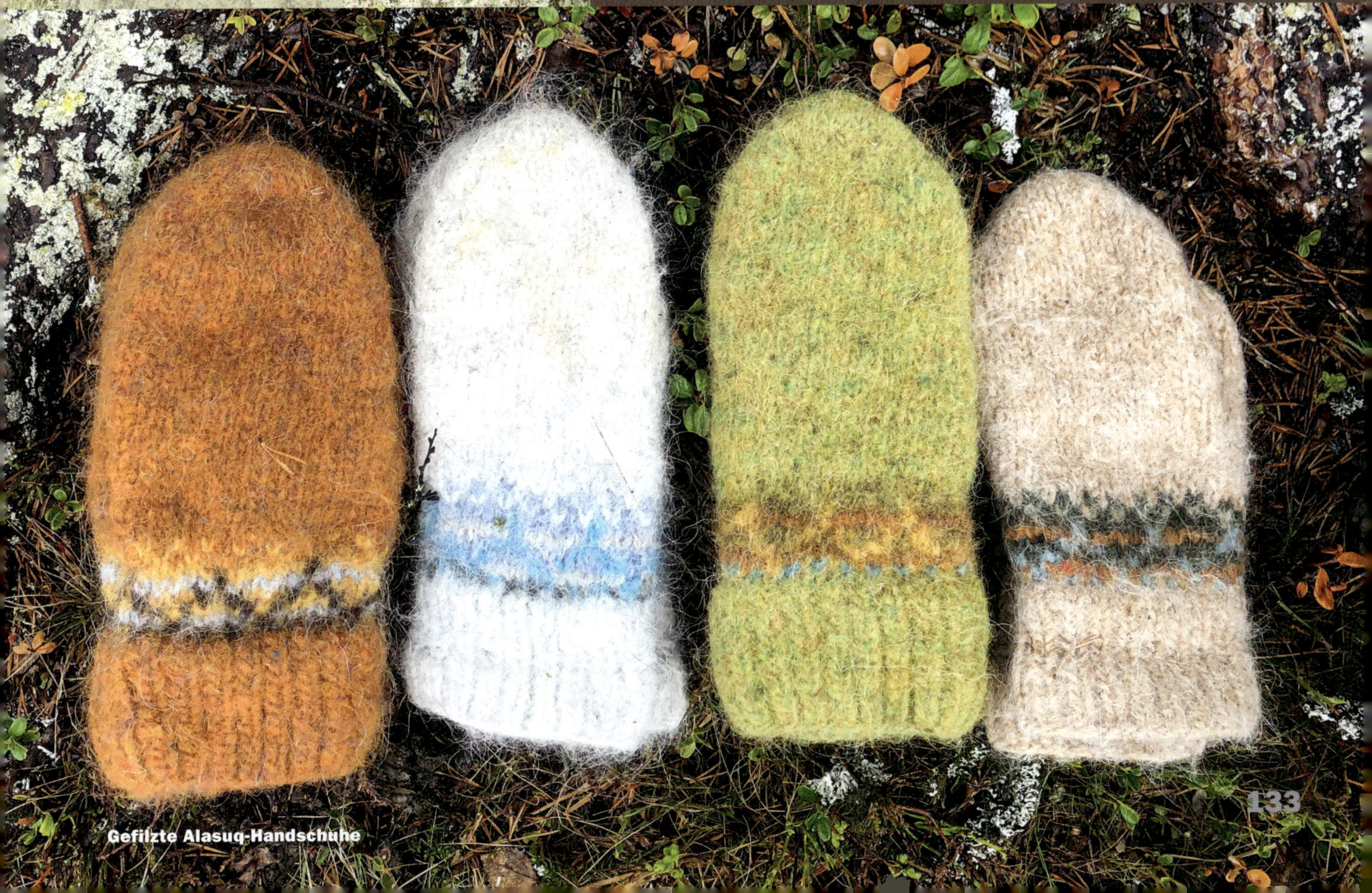

Gefilzte Alasuq-Handschuhe

Alasuq-Mütze

Die Mütze (#alasuqlue) aus Álafosslopi eignet sich hervorragend, um Reste zu verstricken. Wer viele Reste von Léttlopi hat, sollte nicht vergessen, dass ein doppelter Faden Léttlopi einem einfachen Faden Álafosslopi entspricht.

Größen
Damen (Herren)

Maschenprobe
13 M mit Nadel Nr. 6 = 10 cm

Garn
Álafosslopi: 100 g als Grundfarbe und Reste für die Musterfarben

Stricknadeln
Rundstricknadel Nr. 4,5, 50 (oder 40) cm lang
Rundstricknadel Nr. 6, 50 (oder 40) cm lang
Nadelspiel Nr. 6

Maße
Umfang: 55 (60) cm
Höhe: 23 (25) cm

66 (72) M in der Grundfarbe mit Rundstricknadel Nr. 4,5 anschlagen und in Rd 3 cm im 1/1-Rippenmuster (= 1 M rechts, 1 M links im Wechsel) str. Mit Nadel Nr. 6 glatt rechts weiterstr. In der 1. Rd gleichmäßig verteilt 6 (6) M zun = 72 (78) M. Nach dem Zählmuster str. Danach in der Grundfarbe weiterstr, bis die Arbeit 14 (16) cm hoch ist, die M-Zahl auf 72 (72) M anpassen. Mit M-Markierer 4 M mit jeweils 17 (17) M dazwischen kennzeichnen. Beidseitig der markierten M in jeder 2. Rd jeweils 1 M betont abn*, also 8 M pro Abn-Rd, bis nur noch 16 (16) M verbleiben. Den Faden abschneiden, durch diese 16 (16) M ziehen und festziehen. Den Faden auf der Innenseite vernähen.

Die Mütze in kaltes Wasser legen und in Form ziehen. Liegend trocknen lassen.

*Betont abnehmen: Auf der rechten Seite der markierten M linksgeneigt abn, dazu 2 M rechts verschränkt zusstr. Auf der linken Seite der markierten M rechtsgeneigt abn, dazu 2 M rechts zusstr.

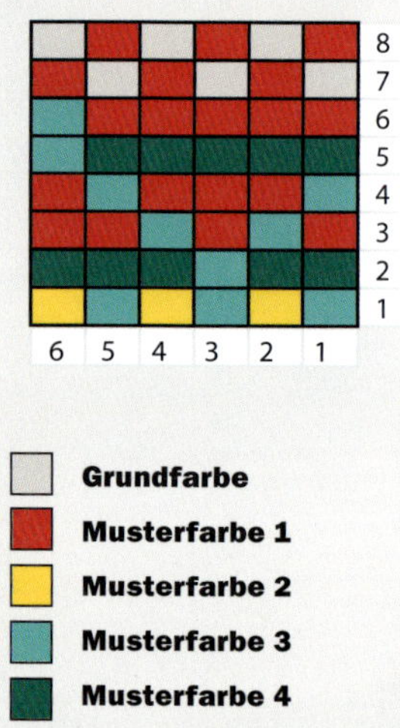

Gefilzte Alasuq-Handschuhe

Diese Handschuhe (#alasuqvotter) sind winddicht und einfach ideal bei beißender Kälte und scharfem Wind.

Größen
Damen (Herren)

Maschenprobe
13 M mit Nadel Nr. 6 = 10 cm vor dem Filzen

Garn
Álafosslopi, Blåne oder Troll, z. B. Reste

Garnmenge
200 g als Grundfarbe und Garnreste für das Muster

Stricknadeln
Nadelspiel Nr. 6

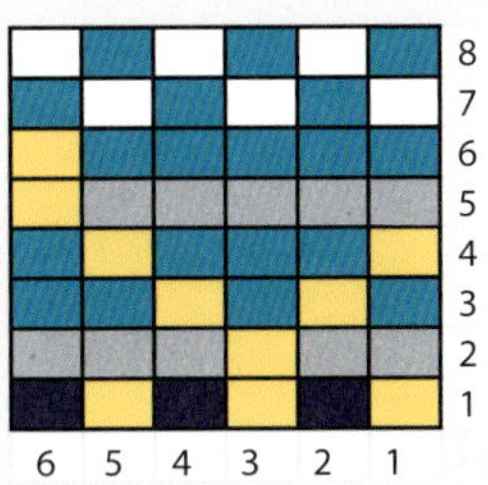

Grundfarbe
Musterfarbe 1
Musterfarbe 2
Musterfarbe 3
Musterfarbe 4

36 (36) M in der Grundfarbe mit Nadelspiel Nr. 6 anschlagen und 14 Rd im 1/1-Rippenmuster (= 1 M rechts, 1 M links im Wechsel) str. Ab jetzt wird glatt rechts gestrickt. Die 1. Rd in der Grundfarbe str, dabei gleichmäßig verteilt 4 M abn = 32 (32) M. Nach dem Zählmuster str. Weitere 3 (4) Rd in der Grundfarbe str. Nun für den Daumen die ersten 6 M mit einem Hilfsfaden str, dann diese 6 M zurück auf die linke Nadel legen und diese 6 M noch einmal in der Grundfarbe str. Weitere 22 (26) Rd str, dann mit den Abn beginnen.

In der nächsten Rd an beiden Seiten des Handschuhs einen M-Markierer setzen: 1 markierte M (= 1. M der Rd), 15 M, 1 markierte M, 15 M. Beidseitig der markierten M in jeder 2. Rd jeweils 1 M betont abn (siehe Seite 134), also 4 M pro Abn-Rd, bis nur noch 8 (9) M auf den Nadeln liegen. Den Faden abschneiden, durch die restlichen M ziehen und festziehen. Den Faden auf der Innenseite vernähen.

Daumen: Mit einer Nadel die M unterhalb des Hilfsfadens aufnehmen, mit einer zweiten Nadel die M oberhalb des Hilfsfadens aufnehmen, dann den Hilfsfaden herausziehen. Die ersten 6 Daumen-M str, dann 2 M an der Seite herausstr, die nächsten 6 Daumen-M str, weitere 2 M an der anderen Seite herausstr = 16 M auf den Nadeln. 16 (18) Rd glatt rechts str, dann gleichmäßig verteilt 8 M abn. Den Faden abschneiden, durch die restlichen M fädeln und festziehen. Den Faden auf der Innenseite vernähen. Den zweiten Handschuh ebenso str, jedoch den Daumen über die letzten 6 M arbeiten.

Filzen: Es gibt verschiedene Möglichkeiten, etwas Gestricktes zu filzen. Ich bevorzuge das Filzen im Wäschetrockner, da man hier die größtmögliche Kontrolle hat. Die Handschuhe ausspülen und in den Trockner geben. Immer wieder öffnen und prüfen, ob die gewünschte Größe erreicht ist.

Matoaka-Mütze

Die Anleitung für den Matoaka-Pullover befindet sich in meinem ersten Buch »Einfach nordisch stricken«. Ich fand, eine Mütze (#matoakalue) dazu ist ein Muss.

Größen

Damen (Herren)

Maschenprobe

18 M mit Nadel Nr. 4,5 = 10 cm

Garn

Léttlopi oder Vidde-Lammwollgarn und/oder Varde-Pelzschafwollgarn

Garnmenge

Grundfarbe: 50 g für alle Größen
Musterfarbe 1: 50 g für alle Größen
Musterfarbe 2: 50 g für alle Größen
Musterfarbe 3: 50 g für alle Größen

Stricknadeln

Rundstricknadel Nr. 3,5, 50 oder 40 cm lang
Rundstricknadel Nr. 4,5, 50 oder 40 cm lang
Nadelspiel Nr. 4,5

Maße

Umfang: 50 (55) cm
Höhe: ca. 23 (25) cm

88 (96) M in der Grundfarbe mit Rundstricknadel Nr. 3,5 anschlagen, zur Runde schließen und für den Rollrand 5 Rd glatt rechts str. Dann 2 cm im 2/2-Rippenmuster (= 2 M rechts, 2 M links im Wechsel) str. Mit Rundstricknadel Nr. 4,5 glatt rechts weiterstr. In der 1. Rd gleichmäßig verteilt 2 (4) M zun. Nach dem Zählmuster str. Danach in Musterfarbe 3 weiterstr, dabei in der 1. Uni-Rd die M-Zahl wieder auf 88 (96) M anpassen. In einer Höhe von 14 (16) cm ab Anschlag mit M-Markierer 4 M mit jeweils 21 (23) M dazwischen kennzeichnen. Beidseitig der markierten M in jeder 2. Rd jeweils 1 M betont abn*, also 8 M pro Abn-Rd, bis nur noch 16 M auf den Nadeln liegen. Den Faden abschneiden, durch diese 16 M fädeln und festziehen. Den Faden auf der Innenseite vernähen.

Die Mütze in kaltes Wasser legen und in Form ziehen. Liegend trocknen lassen.

*Betont abnehmen: Auf der rechten Seite der markierten M linksgeneigt abn, dazu 2 M rechts verschränkt zusstr. Auf der linken Seite der markierten M rechtsgeneigt abn, dazu 2 M rechts zusstr.

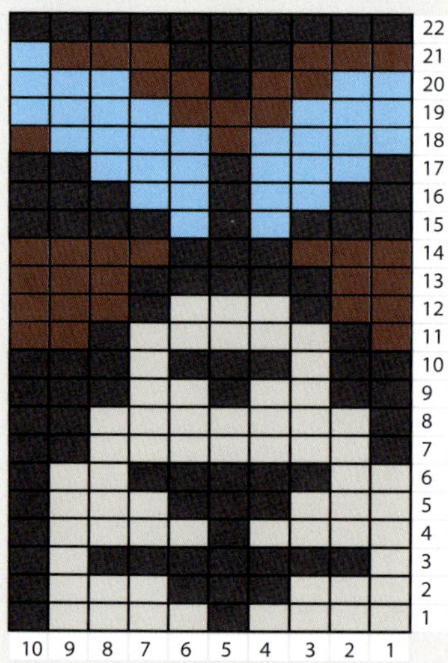

Grundfarbe
Musterfarbe 1
Musterfarbe 2
Musterfarbe 3

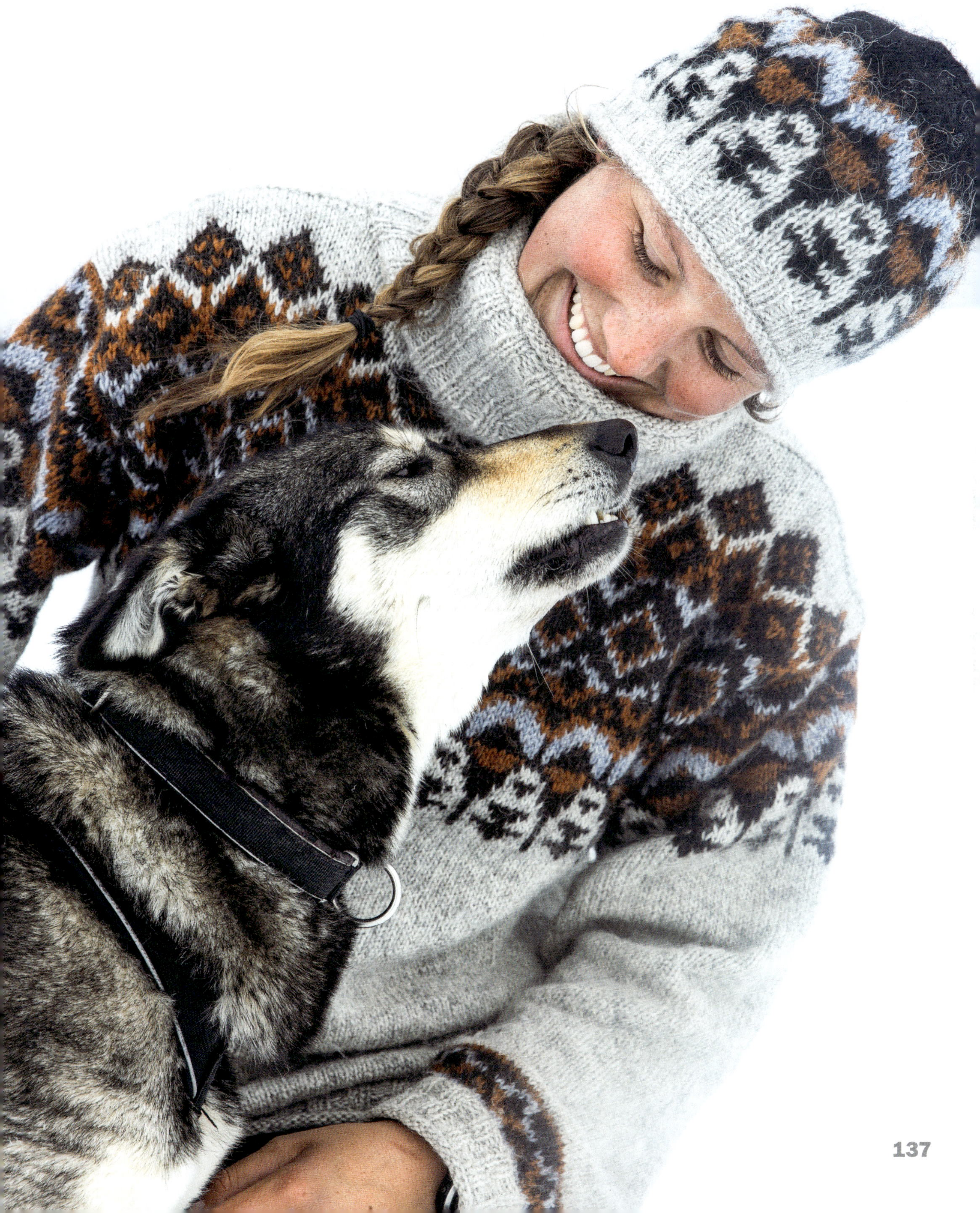

Nordkalotten-Mütze

Das Nordkalottenmuster stammt aus meinem letzten Buch, diesmal schmückt es Mütze (#nordkalottlue) und Handschuhe (#nordkalottvotter).

Größen
Damen (Herren)

Maschenprobe
Damen: 22 M mit Nadel Nr. 3,5 = 10 cm
Herren: 20 M mit Nadel Nr. 4 = 10 cm

Garn
Rauma 3-tråds

Garnmenge
Grundfarbe: 100 g für alle Größen
Musterfarbe 1: 50 g für alle Größen
Musterfarbe 2: 50 g für alle Größen

Stricknadeln
Rundstricknadel Nr. 3 (3), 50 (oder 40) cm lang
Rundstricknadel Nr. 3,5 (4), 50 (oder 40) cm lang
Nadelspiel Nr. 3,5 (4)

Maße
Umfang: 51 (56) cm
Höhe: ca. 23 (25) cm

112 (112) M in Musterfarbe 1 mit der Rundstricknadel Nr. 3 (3) anschlagen und zur Runde schließen. 3 (3) cm im 1/1-Rippenmuster (= 1 M rechts, 1 M links im Wechsel) str. Mit Rundstricknadel Nr. 3,5 (4) glatt rechts weiterstr. Gemäß Zählmuster str, danach wieder in der Grundfarbe. Mit M-Markierer 4 M mit jeweils 27 (27) M dazwischen kennzeichnen. Beidseitig der markierten M in jeder 2. Rd jeweils 1 M betont abn*, also 8 M pro Abn-Rd, bis nur noch 16 M auf der Nadel liegen. Den Faden abschneiden, durch diese 16 M fädeln und festziehen. Den Faden auf der Innenseite vernähen.

Die Mütze in kaltes Wasser legen und in Form ziehen. Liegend trocknen lassen.

*Betont abnehmen: Auf der rechten Seite der markierten M linksgeneigt abn, dazu 2 M rechts verschränkt zusstr. Auf der linken Seite der markierten M rechtsgeneigt abn, dazu 2 M rechts zusstr.

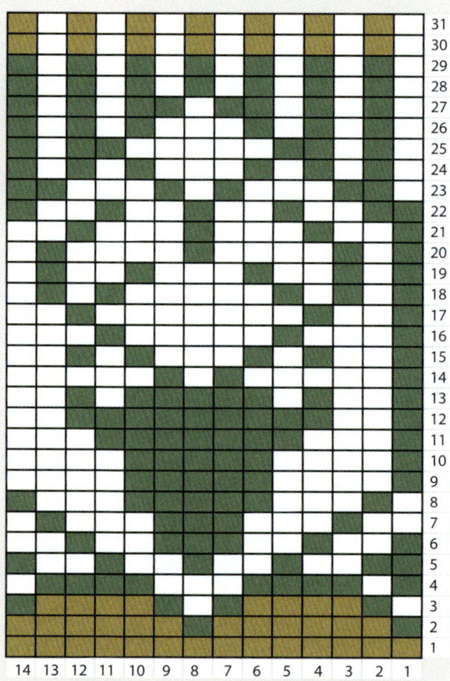

Grundfarbe
Musterfarbe 1
Musterfarbe 2

Nordkalotten-Handschuhe

Größen
Damen (Herren)

Maschenprobe
Damen: 22 M mit Nadel Nr. 3,5 = 10 cm
Herren: 20 M mit Nadel Nr. 4 = 10 cm

Garn
Rauma 3-tråds

Garnmenge
Grundfarbe: 100 (200) g für alle Größen
Musterfarbe 1: 50 (50) g für alle Größen
Musterfarbe 2: 50 (50) g für alle Größen

Stricknadeln
Nadelspiel Nr. 3 (3)
Nadelspiel Nr. 3,5 (4)

Mäße
Umfang: 21 (24) cm

40 (44) M in der Grundfarbe mit Nadelspiel Nr. 3 anschlagen und 10 cm in Rd im 2/2-Rippenmuster (= 2 M rechts, 2 M links im Wechsel) str. Mit Nadelspiel Nr. 3,5 (4) glatt rechts weiterstr. In der 1. Rd gleichmäßig verteilt 8 (4) M zun = 48 (48) M. Nach dem Zählmuster für den rechten oder linken Handschuh (siehe nächste Doppelseite) str. Dabei für den Daumen in der 15. Rd die 9 roten M mit einem Hilfsfaden str, dann diese 9 M zurück auf die linke Nadel legen und diese 9 M noch einmal in der Grundfarbe str. Weiter nach dem jeweiligen Zählmuster str.

Die Abn für die Spitze in jeder Rd gemäß Zählmuster arbeiten. Rechts von der Mittelmasche linksgeneigt abn, dazu 1 M wie zum Rechtsstr abheben, 1 M in der Musterfarbe rechts str, dann die abgehobene M über die gestrickte M ziehen. Links der Mittelmasche rechtsgeneigt abn, dazu 2 M rechts zusstr. Es werden insgesamt 4 M pro Rd abgenommen. Die Abn stets in Musterfarbe 1 arbeiten. Diese Abn in jeder 2. Rd wiederholen, bis nur noch 8 M auf den Nadeln liegen. Den Faden abschneiden, durch die restlichen M fädeln und festziehen. Den Faden auf der Innenseite vernähen.

Daumen: Mit einer Nadel die M unterhalb des Hilfsfadens aufnehmen, mit einer zweiten Nadel die M oberhalb des Hilfsfadens aufnehmen, dann den Hilfsfaden herausziehen. Die ersten 9 Daumen-M str, dann 2 M an der Seite herausstr, die nächsten 9 Daumen-M str, weitere 2 M an der Seite herausstr = 22 M auf den Nadeln. Das Zählmuster für den Daumen (Seite 141) str, auch hier betont abnehmen. Es liegen nun noch 10 M auf den Nadeln. Den Faden abschneiden, durch die restlichen M ziehen und festziehen. Den Faden auf der Innenseite vernähen. Die Fäden vernähen, den Handschuh ausspülen und liegend trocknen lassen.

Zählmuster RECHTER Handschuh

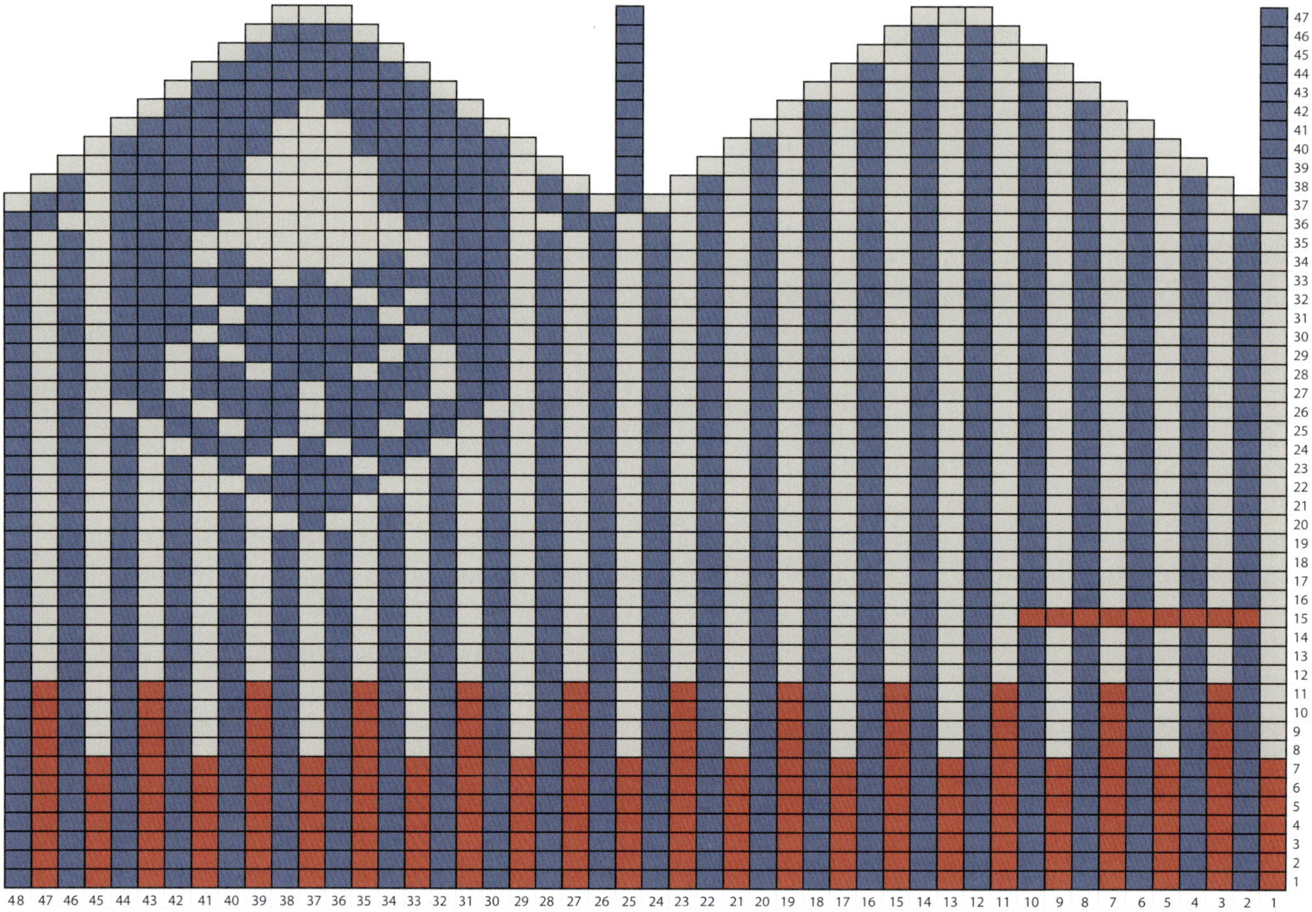

Grundfarbe

Musterfarbe 1

Musterfarbe 2

Zählmuster LINKER Handschuh

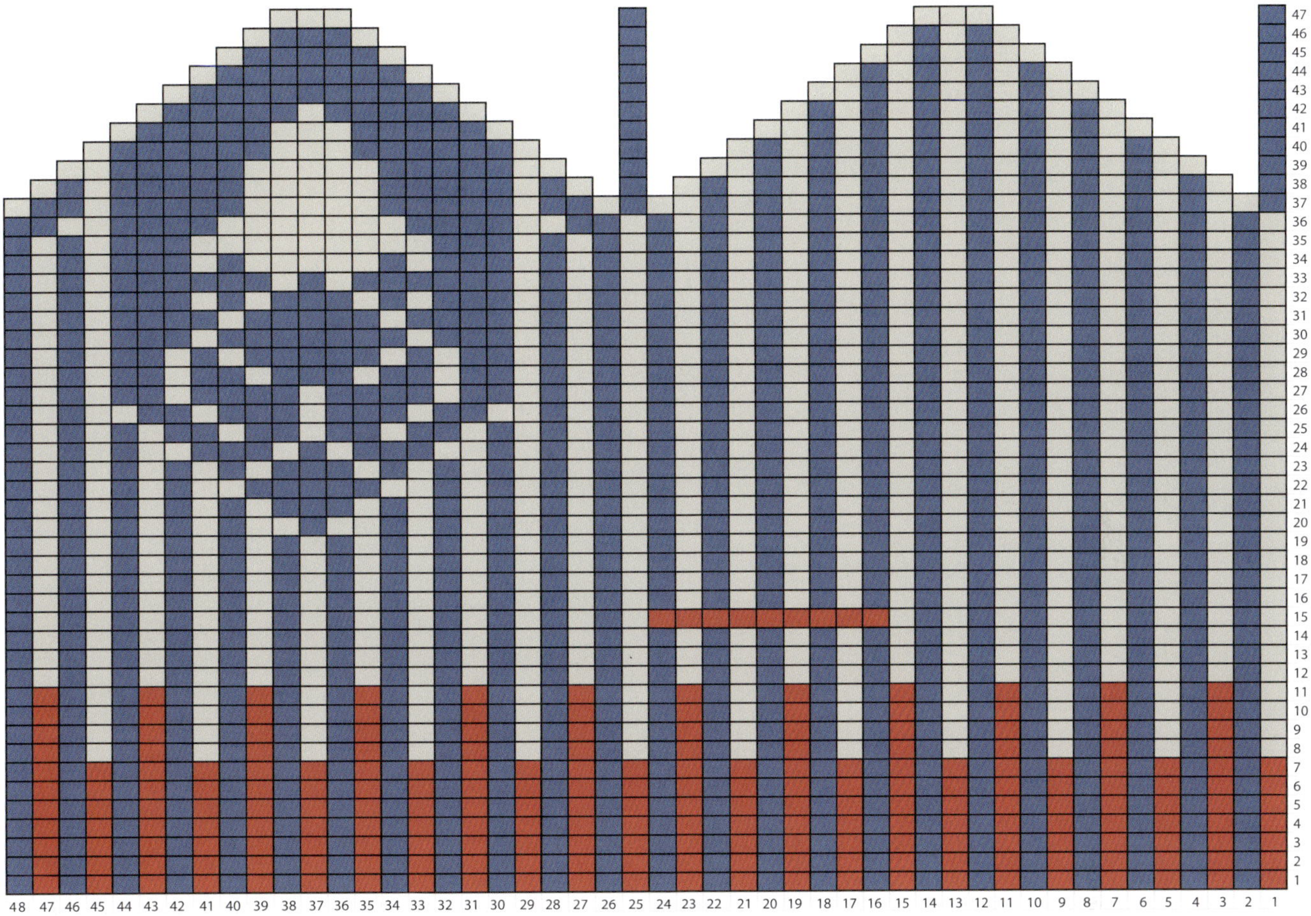

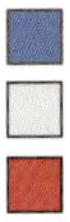

- Grundfarbe
- Musterfarbe 1
- Musterfarbe 2

Zählmuster Daumen

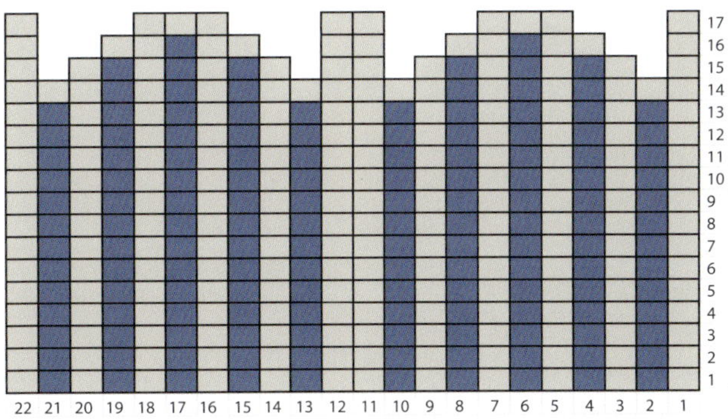

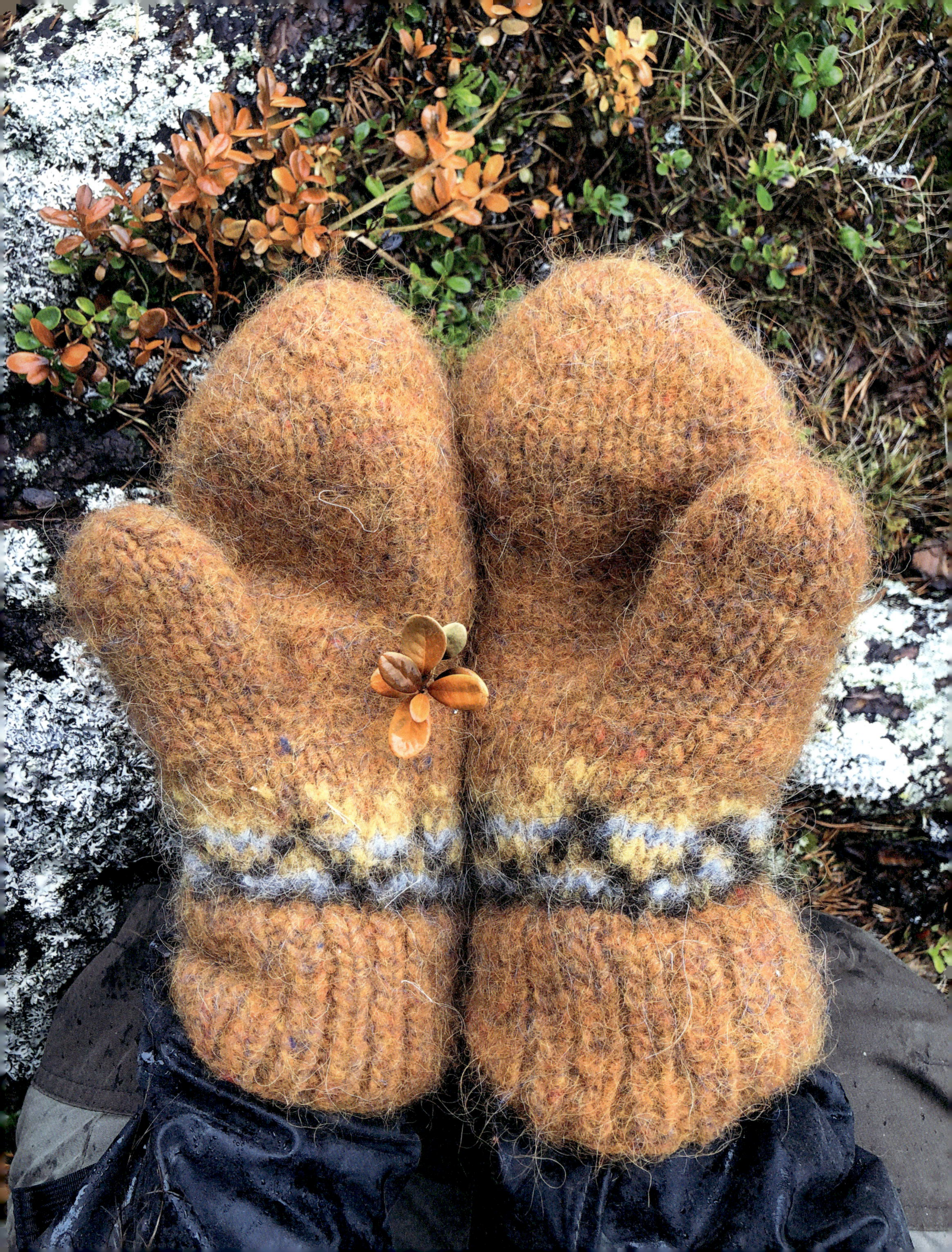

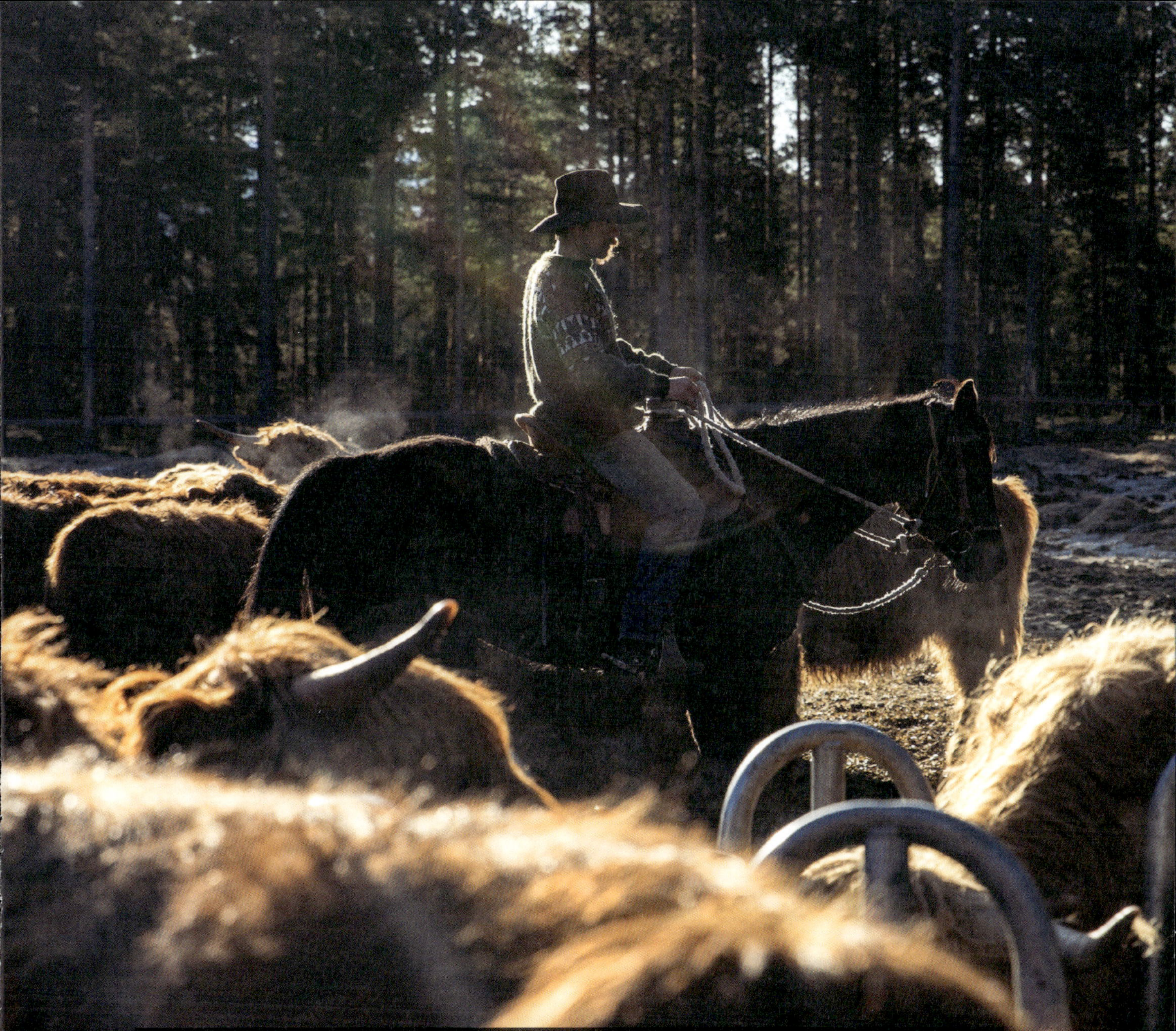

Die meisten Fotos in diesem Buch wurden von Marte Stensland Jørgensen, Fotojournalistin und Hundeschlittenführerin, in den Bergen rund um Folldal aufgenommen. Sie hat am Femund- und am Finnmark-Lauf teilgenommen und trainiert die Hunde der erfolgreichen Hundeschlittenführerin Sigrid Ekran, die 2011 und 2015 Weltmeisterin im Hundeschlittenrennen über die lange Distanz war. Die Fotos aus der Nordmark stammen von dem Naturfotografen Augustus Moltubakk.

Der Bergbauernhof Einun liegt in der Kommune Folldal. Er wird von Sigrid Ekran und Erlend Johannessen mit schottischen Hochlandrindern bewirtschaftet. Die Kälber kommen im Februar zur Welt, zu Beginn des Sommers treiben Sigrid und Erlend alle Kühe und Kälber 40 km weit in die Berge, auf die Alm am 910 m hoch gelegenen Børsjøen-See. Hier laufen die Tiere frei herum und fressen das saftige Berggras, bis sie im Herbst schließlich von allein nach Einun heimkehren. Im Herbst kann man am Børsjøen auch jagen und Forellen angeln. Im Winter fahren Sigrid und Erlend zum Eisfischen an den Børsjøen, zünden Lagerfeuer an und genießen das Leben im Gebirge. Die Alm stammt aus dem 19. Jahrhundert und in ihren Wänden steckt viel Seele und Geschichte.

Auf Einun werden Fleisch, Fisch, Jagden und Hundeschlittentouren angeboten. Man ist hier stolz darauf, das ganze Jahr Wollpullover zu tragen und mit den Tieren, der Natur und den Bergen im Einklang zu leben.

www.Einun.no

Herzlichen Dank an alle, die zu diesem Buch beigetragen haben! Vielen Dank an die Teststricker*innen, die Tag und Nacht gestrickt haben. Danke an alle Freund*innen und Familienangehörige, die sich als Models zur Verfügung gestellt haben. Danke an die Fotograf*innen, sie haben tolle Arbeit geleistet. Danke an Kitty für ihr Layout, das ultimative i-Pünktchen. Danke an meine Redakteurin Sirikit, die immer gute Ratschläge parat hatte und die meine Designs mit großem Enthusiasmus nachstrickt. Danke an Waqas, der mich aufgerichtet hat, wenn ich mutlos und erschöpft war.

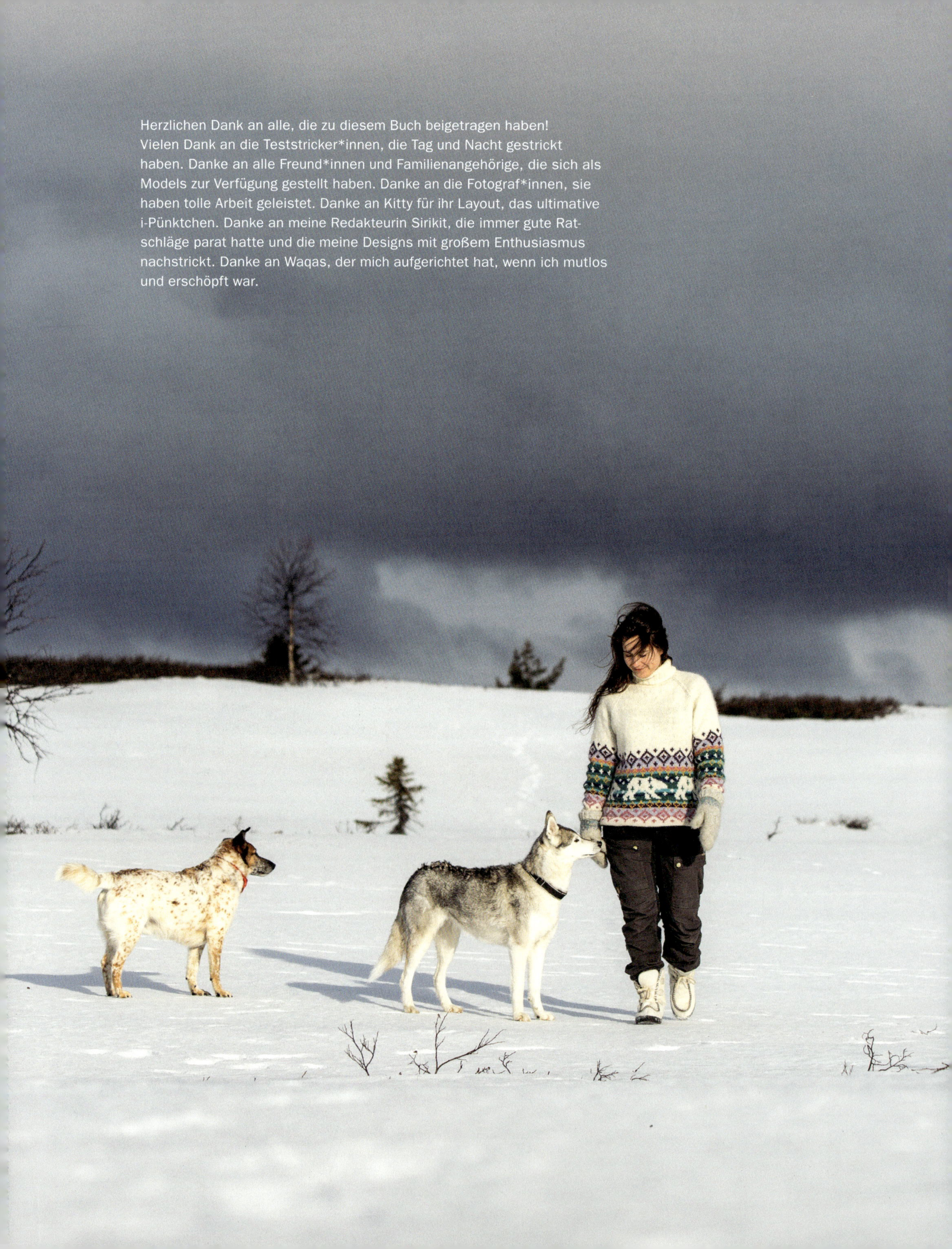